未名译库·学术译丛

魏常海 诸葛蔚东 主编

成熟的江户

Chengshu De Jianghu

[日] 吉田伸之 著
熊远报 等译

北京市版权局著作权登记号　图字:01-2011-2779号

图书在版编目(CIP)数据

成熟的江户/(日)吉田伸之著;熊远报等译. —北京:北京大学出版社,2011.5

(未名译库·学术译丛)

ISBN 978-7-301-18281-9

Ⅰ.①成… Ⅱ.①吉… ②熊… Ⅲ.①社会发展史-日本-中世纪 Ⅳ.①K313.36

中国版本图书馆 CIP 数据核字(2010)第 249238 号

书　　　名:成熟的江户
著作责任者:〔日〕吉田伸之　著　熊远报　等　译
责 任 编 辑:魏冬峰
标 准 书 号:ISBN 978-7-301-18281-9/C·0639
出 版 发 行:北京大学出版社
地　　　址:北京市海淀区成府路205号　100871
网　　　址:http://www.pup.cn　电子邮箱:weidf02@sina.com
电　　　话:邮购部 62752015　发行部 62750672　编辑部 62752824
　　　　　　出版部 62754962
印　刷　者:三河市富华印装厂
经　销　者:新华书店
　　　　　　730 毫米×980 毫米　16 开本　16.75 印张　239 千字
　　　　　　2011 年 5 月第 1 版　2011 年 5 月第 1 次印刷
定　　　价:33.00 元

未经许可,不得以任何方式复制或抄袭本书之部分或全部内容。

版权所有,侵权必究

举报电话:010-62752024　电子邮箱:fd@pup.pku.edu.cn

本书的出版得到
日本三得利文化财团
资助

目　录

第一章　18世纪　由通史到整体史 / 1
　1　通史和整体史 / 1
　2　18世纪的政治过程 / 5
　3　秩序结构——统治层身份 / 15
　4　秩序结构——民间社会 / 21

第二章　社会性权力——豪商与町 / 28
　1　何谓"社会性权力"？/ 28
　2　超级大商店——三井越后屋 / 33
　3　町与大商店——京都冷泉町 / 60

第三章　身份性边缘——劝进与艺能 / 90
　1　构成近世社会的"身份性边缘" / 90
　2　愿人僧人——是僧侣还是乞丐？/ 98
　3　乞胸——特异的艺能人集团 / 127

第四章　汇聚于市场的人群 / 155
　1　商人与市场社会 / 155
　2　蔬菜市场和甘薯 / 161
　3　探索鱼市内部 / 188

第五章　江户的小宇宙 / 218
　1　广场与境内 / 218
　2　18世纪社会的成就以及历史的"最深远宇宙图像" / 231

年表 / 245

参考文献 / 257

译后记　熊远报 / 258

第一章

18 世纪　由通史到整体史

1　通史和整体史

描绘"成熟"——通史是什么？

以 18 世纪为中心，描绘"成熟的江户"是《日本历史》这套丛书交给本书的任务。这里所谓的"江户"，主要是指近世、尤其是江户时代，同时也指曾是德川幕藩体制下首都的巨大城下町江户（现在的东京）。

横田冬彦为《日本历史》丛书撰写的第 16 卷《天下泰平》主要聚焦于 17 世纪，以政治状况为中心轴，从不同侧面讨论了日本近世社会的形成所具有的意义。我在本卷中，将以横田冬彦辛勤探索的成果为出发点，以江户为中心，从社会史—整体史的视角来具体地考察确立后的日本近世社会，在江户时代究竟是以怎样的内容结构走向"成熟"的？而且我将限定具体的研究素材，对一个一个的问题尽量展开详细、精致的描述。

在《日本历史》这套丛书的发刊词中，主编就丛书的特色作了几点说明，其第一即本丛书的定位是"困惑时代的探求——21世纪最初的日本通史"。但是，所谓通史，原本究竟是什么样的形态呢？比如20世纪末，由岩波书店出版的25卷本《日本通史》，给主要部分的21卷的各卷卷头都配有一个"通史"内容，其目的在于"以包含对外关系的政治经济过程为中心，进行通史式的叙述，描出那一时代的历史面貌"。如果仔细分析其中配给日本近世社会的五卷，可知其将17—19世纪的各世纪分为两半，每一卷叙述的是半个世纪的通史。以国家层面的政治史为中心、兼顾对外关系史、在背景上涉及经济方面的内容，这种内容配置形式实际上成了所谓通史的标准叙述方法。

但是，通史为什么必须要以国家的政治史为中心呢？描绘某一时代的历史面貌时，难道只有上述意义上的政治史才是最为有效的吗？如果暂且将上述看法视为不易之论的话，那像我这种主要以城市社会史为专业方向的研究者，叙述通史就变得极为困难了。通史是什么？通史究竟应该如何叙述呢？另外，历史研究的最终目标在于作通史叙述吗？实际上有关这一点，我觉得学术界迄今并没有作深入思考。因此我认为在我们所处的这一"混乱的时代"里，必要的不是多次反复撰写的、异曲同工的政治史式通史，而是社会的整体史。

整体史与社会性结合

前述的这种我对通史形态的疑问，实际上是与法国的社会史研究中，自19世纪末至20世纪初所进行的、亦即对所谓实证主义史学的批判密切联系在一起的。所谓实证主义是指专以仅仅确认文书史料中记载的史实为目标的历史认识方法。二宫宏之列举了实证主义史学批判中强调的三个方面：① 实证主义史学将一个一个孤立的史实视为毫无相互关联、孤零零的存在。② 在实证主义史学学者那里，那些容易以文书形式留存下来的、在历史表层显现的事件受到注目，历史流于事件史——具体地由政治史、外交史——等构成。③ 在实证主义史学学者那里，一个个事实间的因果关系，被按照时间上的先后关系来解说，历史化为一种记载、叙述先后相继出现的诸事实的"编年志"(二宫宏之《观照整体的眼睛和历史学家们》)。1929年创刊的《社会经济史年报》(年鉴学派)为了克服实证主义的这种弊端,将"活着的历史学"作为基本理念,强调恢复人的"整体性"的"整体史"才是历史学应该追求的方向。

我觉得实证主义史学的上述三个特征也是我们现在所谓通史很容易犯的弊端。据二宫宏之介绍,近年来,法国历史学追求的"整体史",是以"从历史的'深层'出发,将包含着历史表层的、多样的人们活动的总体"作为一个"重层性多元性"结构的"整体"来理解的,这一点是整体史的研究目的。这里所说的"深层"是指人们的"心灵"(心性)和"身体",深层—表层的复杂关系在这里暂且不作详细讨论,要把握整体史、亦即把握重层性多元性的历史社会结构的整体这一点是很重要的。而且,二宫宏之自身也以法国绝对王权时期的统治结构为中心,具体地描述了不断受传统社会结构的制约而又适应这一结构的权力秩序以及构成权力秩序基础的社会性结合关系(sociability)的状态,展示了整体史研究方法的一个侧面。

整体史和"重层与复合"论

在描述以18世纪为中心的近世社会特质的本书中,我特别希望自己能吸收上述法国史研究中有关社会性结合的成果,但本书并不是迄今为止屡次被同样以所谓政治、外交为中心展开叙述的"通史"写作的重复,而是作为一种方法论,从社会结构整体的深处把握历史整体状况的整体史研究的尝试。

在这一目标下,应该重视作为其前提的社会分析方法,有关这一点,我想特别提及塚田孝的"重层与复合"理论。这一理论是塚田孝基于日本近世贱民制度的研究提出的,亦即社会结构分析的方法论(塚田孝《社会集团研究》,收入《近史日本身份制度研究》)。塚田孝指出:近世社会是由社会集团(共同组织)的重层复合的交织状态而形成的整体社会。这里的社会集团是指构成近世社会的各式各样的社会身份集团。以武士的"家"为首,普通村民的"村"、市镇居民的"町"(街道)、职人①的共同体组织,贱民的共同体组织等等都是这些社会身份集团的基础性内容。

塚田所谓的"重层"是指"复数的村落组合成规模较大的复合村,复数的町②联结成复合町,这样的基础性社会集团不断地形成从属的、派生的集团关系"。亦即具有相同性格特征的社会集团间的关系。另一方面,所谓"复合"是指"不同性质的社会集团间的交流与联系"。比如,市镇居民(町人)与下贱的非人③,町人与座头④之间的关系等等,即指不同性质的社会集团间的关系。近世社会可以说是从统治者到贱民,范围极为广泛的、而且是在很多社会集团间纠织盘结的无数相互关系结构中形成的整体社会。

正是"重层与复合"论的分析方法,为我们详细而精致地描绘近世社会的实际状态、准确地理解当时社会提供了有效的途径。而且它同时也向我们揭示无论分析某一个别性事例,还是把握社会的整体状况,看上去并不相干的现象间均有十分密切的关系。

社会性权力与分节结构

笔者认为以塚田的方法论为基础,进而不仅仅将历史社会作为社会集团的复杂关系结构来考虑,而且应该在那里发现固有的秩序结构也是十分重要的。所谓秩序结构,我们可以打一个比方来表现,有如具有多样个性的铁粉,因几块放在近处的磁石的吸引,而吸附在磁石上,形成各自特定的形状。也就是说我们把一粒粒的铁粉比作一个个社会集团,进而把统治者等等比作磁石。这样来看的话,近世社会相当于以统治权力为中心的磁力所及的范围,亦即磁场。在那里,领主权力与被统治身份者团体间的关系构成社会的骨骼,因此而形成的结构我们称为权力秩序。

但是,近世社会的磁场并非是由封建领主和人民这一二元结构组成的单纯的社会秩序。特别成问题的是在被统治者内部,我们也能发现一

---

① 职人指工匠。
② 町指市镇。
③ 非人为江户时代最底层的贱民,主要从事押送犯人和葬埋罪犯尸体等工作。
④ 座头为以说唱、按摩等为业的剃度盲人。

些边缘的社会集团以及大小不同的将人们联成一团或束缚人们的磁场。比如基层社会中的"豪农"①、都市社会中的大商店主等就类似于上述情况。具体地考察他们的磁场的状况是本书最初的任务。但我想在这里暂且一概将其称之为"社会性权力"（有关社会性权力的内涵将在第二章第1节中详述）。不同于领主等权力，社会性权力构成一个磁极，我们将由此而形成的秩序状况称为"分节结构"（有关分节结构的内涵将在第五章第2节中详述）。

2　18世纪的政治过程

由赤穗事件到伊能忠敬

将以上所述作为方法上的前提，在本书中，尽管还只是一部分，但我想尝试描述的是18世纪的日本整体史。在进入正式描述之前，我想先将"18世纪"的定位以及被称为幕藩体制的近世社会秩序结构的概略作一个简单的素描。

首先请看本书末尾的年表，如果从主要话题上来观察18世纪日本的话，那可以说是由赤穗事件到伊能忠敬的100年。

1701年是元禄十四年。这一年的3月14日上午九点左右，在江户城的松之廊下，发生了赤穗藩主浅野长矩（34岁）将幕府权臣高家②吉良义央（61岁）砍伤，自己也于当天切腹自杀，浅野家所领有的53000石领地被幕府没收的大事件。但这一事件并没因此而结束，浅野长矩死后丢下的藩士中的46人，在浅野藩的首席重臣家老③大石良雄的领导下，于翌年12月，袭击了在本所松坂町的吉良家的邸宅，杀死吉良义央，为被迫切腹自杀的主君浅野长矩报了仇，这一群武士实际上以为主君殉死的方式而死。作为显示江户时代武士伦理意识的典型事件，这一群武士的行为被

---

① 豪农为农村社会中强有力的地主。
② 高家系江户时代为数不多的名门，负责幕府典礼仪式。
③ 家老为大名的重臣，统率藩主的武士，掌管藩主的内务。

认为是给封建社会添彩的忠君"美谈"。通过18世纪中期创作的净琉璃①作品《假名手本忠臣藏》等媒介,这一事件起到了更加强化、甚至接连覆盖全体平民百姓的、所谓"喜欢武士的日本人"这一社会共识的作用。

另外,在18世纪的最后一年,1800年(宽政十二年)闰4月19日,虽然身居下总佐原的普通百姓身份,但又是大商人和学者的伊能忠敬(56岁)为了测量南从奥州道中,北至虾夷的广大地方②,自江户出发,开始了日本全国沿岸地域的测量工作。众所周知,他制作的地图采用了科学方法和先进的技术手段,成为非常精致的经典之作。直至1880年代陆军主导的"迅速测制地图"为止,他的地图被作为描绘日本列岛最好的地图而广泛利用。

武士为主君复仇殉死的封建道德,和基于近代的合理主义和科学理性的地图测量,我觉得在时隔100年的这两个插曲中,明确地显示了终于被西洋世界强行拉入近代社会的18世纪的日本社会自身的变化程度、这一社会的两面性以及长达一个世纪的社会变动。

沉静的国际局势

与18世纪日本有关的东亚国际局势,如果同以前、以后的世纪相比,显得十分沉静和安定。17世纪是在面临收拾丰臣秀吉侵略朝鲜的残局、对应动荡的东亚局势的同时,尽管被扯入已经开端的全球规模的世界史体系中,却又不断强化日本内向"锁国"政策的过程。不过,在17世纪中期以来一直延续的所谓"华夷变态"(中华—明朝的灭亡,蛮夷—清朝征服中原)的最终阶段;曾经与清朝协作的汉人军团大规模叛乱(三藩之乱)在1681年(康熙二十年、天和元年)被平定后,东亚的国际形势为之一变,转而沉静下去。接着,清朝停止执行海上贸易封锁政策(迁海令),开始积极推进海外贸易政策(展海令)。全面推行锁国体制的日本与清朝之间虽无正式的国交关系,但因清朝的积极贸易政策,很多中国船(唐船)满载着生丝、药材来到长崎,以换取日本的金银等物,展开了非常活跃

---

① 净琉璃为日本的传统说唱艺术。
② 虾夷地方在这里主要指今北海道地方。

的国际交易活动。

另外，西欧各国，特别是以东印度公司为尖兵的英国、荷兰、葡萄牙、西班牙等等杀进了以中国为中心的东亚国际秩序中，他们与亚洲各国和地区继续开展贸易活动，但这种贸易基本上还停留在工业革命以前的重商主义活动范围之内。俄罗斯同中国自1689年缔结了《尼布楚条约》，确定两国国境后，双方关系进入比较安定的时期。荒野典泰氏在讨论当时的这种国际关系态势时指出："将与在北方的俄罗斯和在南方的西欧诸国的关系放在外侧，在清朝巨大的华夷秩序中，内含着各自展开的，交错不清的日本—朝鲜的华夷秩序等的多重复杂关系，这一复杂的多重国际关系框架基本处于稳定状态。"

在这一背景中，作为幕府直辖的唯一的贸易系统，通过长崎形成的日本与荷兰、日本与中国的关系，由1715年（正德五年）颁布的"正德新例"（《长崎海舶互市新例》）奠定了基本框架。这种关系直至18世纪以后的"外压"到来之前一直被保持下来。当时的这种日本与外国贸易关系的内容包括以下几个方面：第一，为了限制激增的中国货船而导致金银货币过度流出国外，幕府以1685年（贞享二年）颁布的《御定高仕法》（将日本与荷兰、中国的贸易额限定在每年银9400贯内）为基准①，维持与外国的贸易关系。这一办法将铜出口的上限定在中国船300万斤，荷兰船150万斤，超过了这一上限的部分，由水产品等各种实物来支付抵消。第二，就贸易船的数量而言，容许30只中国、2只荷兰船航海来日。其中对于中国船，幕府以通事的姓名发给信牌进行管理②，使其遵守贸易规定。通过这一方式，幕府确立了"锁国"背景下以长崎为窗口的、长期而且稳定的海外贸易体系。

此外，"锁国"体制下的幕府还和朝鲜、琉球、虾夷地方的阿伊努人结成了国际关系。与朝鲜的关系，以对马藩主同朝鲜国王间的进贡贸易为核心，通过对马和长崎这两个窗口展开。琉球被置于萨摩藩的控制之

---

① 一贯约为3750克。
② 通事即翻译。

下①,在这种状况下,对中国的朝贡贸易、向萨摩藩提供黑糖和姜黄②成为琉球与外部贸易的主要内容。另外,在虾夷地方,松前藩③垄断了与阿伊努人进行贸易的权利,松前藩在捕捞作肥料原料用的青鱼、出口用的袋装海产品等渔业生产方面,开始向残酷奴役阿伊努人的体制转变,其间已有本州岛内的大商人资本参与这一过程等等,在这里其实已经呈现出幕藩体制进行类似殖民统治的种种特点。

18 世纪的中央政治史——德川家宣、德川家继时期

在前述的东亚国际关系环境中,如果从德川幕府将军这一角度而言,我们可以说 18 世纪日本的中央政治史是从第五代将军德川纲吉(1680—1709 年在位)的末期,经过第六代将军德川家宣(1709—1712 年在位)、第七代将军德川家继(1713—1716 年在位)、享保改革时期的第八代将军德川吉宗(1716—1745 年在位),进而经过第九代将军德川家重(1745—1760 年在位)、第十代将军德川家治(1760—1786 年在位),到第十一代将军德川家齐(1787—1837 年在位)初期——宽政改革期,是前后长达七代的治世时期。由上面的叙述可知,这一时期的国际环境基本上处于稳定—停滞性状态,对外的危机意识并不存在等等,政治处于内向性发展,政治史方面,内政部分约占其大半。下面,以幕府将军的治世期间为基准,我简单地概述一下当时政治史上的主要话题。

在 18 世纪的开头,即德川纲吉政权的末期,几乎难以发现很突出的话题。1707 年(宝永四年)11 月,富士山这座活火山大规模喷发,对因火山灰受巨大损害的地域,1708 年闰 1 月,幕府下令全国无论其为幕府领地,还是大名领地,每百石单位,上交国役金二两,以充灾害复旧费用。当时也就只有这样一件事稍稍引人注意。

1709 年,长达 30 年的德川纲吉政权终于迎来了末期,以旧甲府藩主的身份成为德川纲吉养子的德川家宣在 47 岁时,做了第六代幕府将军。

---

① 萨摩藩是位于今鹿儿岛西部的诸侯国。
② 姜黄是一种亚洲热带草本植物,根径可作香料和药材。
③ 松前藩主要指位于北海道渡岛半岛西南部、以城下町松前为中心的诸侯国。

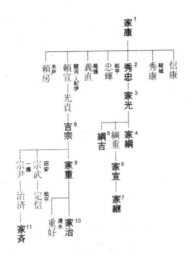

【德川将军家系图】

（粗体字为将军，数字为代数）

德川家宣视身边的佣人间部诠房、侍讲新井白石为心腹,他继承了德川纲吉政权以来以谱代大名①为核心的权力结构,极为迅速地实施了下列改革:废除动物保护条令,整顿幕府领地的代官②,改铸货币(正德金银),新设闲院宫家③,改定朝鲜通信使国书上的"日本国王"称号,实施长崎贸易中的正德新例等等。这些改革被称为"正德之治"。1712年德川家宣去世后,间部诠房、新井白石在短期内辅佐年幼将军德川家继,但因将军7岁多即死去,改革并没取得什么大的进展就遭遇了挫折。

德川吉宗政权期——享保改革

德川家继之死意味着德川秀忠血统的断绝。接下来,从最初的德川氏三家之一的纪州藩德川家迎来了新将军。新将军即为德川吉宗。德川吉宗(赖方)是德川家康的曾孙,1705年(宝永二年)成为第五代纪州藩主以来,正在推行以重建财政秩序为核心的藩政改革。也就是说德川吉宗

---

① 谱代大名为江户时代大名的一种级别,多为关原之战前的德川氏的臣子,以及与此相同级别的大名。

② 代官为主要负责幕府领地的赋税征收和民政事务的官僚。

③ 闲院宫家系天皇家的四亲王之一,由新井白石建议设立,始于东山天皇的皇子直仁。

带着藩政改革的经验坐上了江户城幕府政治中枢的位子。

德川吉宗的政治改革,首先在大名①、旗本②中,特别重用谱代③—门阀④,提拔从纪州藩带来的旧家臣为幕府重臣,以这些人作为其政权的权力基础。其次实施的不是老中⑤合议制,而是将新设的御用取次和旧有的三奉行(寺社、町、勘定)⑥放在权力中枢,让这些机构和官僚具有实权。另外,从不拘一格用人才的角度,任命水野忠之为胜手挂老中(管理财政和民政)、大冈忠相为町奉行、神尾春央为勘定奉行,对任命的人才采取优遇措施,用足高制(对收入没有达到所任职务工资标准的官员,在其担任实职期间,补足其不足的收入部分的制度)保证官员任职期间的家格门第等。为了推进财政和民政上的改革政策,大幅扩充了勘定所机构。在这个机构中,培养了不少被称为"地方诸葛亮"的管理人才。通过这一系列措施,大大地充实和增强了中央统治机构的职能。此外,德川吉宗从强化自身血统这一立场出发,新给世子家重之弟宗武设"田安家",给自己的小弟弟宗尹设"一桥家",让他们具有宗家继承权。这与其后德川家重让次子重好设立的"清水家"合在一起共为三家,德川吉宗直系的"御三卿"就是这样出来的。

德川吉宗的政治——成为享保改革骨骼的是年贡增收政策、通货政策,以及城市—农村政策。在幕府实施的年贡增收政策中,有如下重点:第一,在以山林、田野、河海为对象的新垦田地开发过程中,积极利用实力雄厚的商人们的资金。由此而开发出来的新田地被纳入幕府领地中,这

---

① 大名系江户时代领地在一万石以上的诸侯。
② 旗本为江户时代将军直属的家臣中,报酬不满一万石、具有御目见以上资格即能够参见德川将军的武士。
③ 谱代即代代供职于领主家的世臣。
④ 门阀指幕府时代门第较高的家族。
⑤ 老中为江户时代的幕府官职,直属于将军,总理幕府政治,管理朝廷、大名事务,直接统辖边远藩国的官吏。担任老中一职的有四至五人。
⑥ 寺社奉行是江户时代管理有关寺社的人事、杂务、诉讼等事务的行政官员。町奉行是江户时代负责管理江户、京都、大阪等城市的行政、司法、警察等事务的行政官员,这里主要是指负责管辖城市事务、听断居民诉讼的江户奉行。勘定奉行是江户时代的幕府官职,其职责为监督幕府直辖地的管理官,负责处理税收、金钱支出等的幕府财政事务,以及领地内有关农民的行政、诉讼等事务。

一政策实施的结果，到1722年，约为410万石的幕府领地额增加了50万石，亦即幕府领地增加了12.2%。第二，在交纳赋税方面，对全国的幕府领地实施定免法（在一定年限中，实施定额年贡率的赋课方法），另外，对畿内等地方随着商品作物的生产而增加剩余产品的村落，推行三分之一交纳现金的方法（让其用银交纳三分之一年贡的方法），借此实现各种年贡赋税的增收。改革之初，幕府年贡赋税收入约为130万石至140万石，享保中期以后，年贡赋税收入量达到160万石至180万石，实现了相当数量的增收。

在通货政策方面，德川吉宗试图彻底解决为获取余利而粗制滥造的元禄金银货币品质低劣，以及因乾字金①、正德金银的挫折等原因而混乱的货币体系问题，继承了正德时期的货币政策，对货币政策进行了根本性调整。铸币改革收到了实效，使货币恢复到了庆长时期金银货币品位同质同量的水平，这一通货政策就是1716年（享保元年）以后，以铸造享保金银货币为中心的优质货币政策。但是，这种政策难以满足社会上不断增加的货币需求，1736年（元文元年），幕府实际上不得不再次回到铸造劣质货币政策的原点上，由此而铸造的低品质的金银货币（文字金币、文字银币）以后就长期固定下来了。

幕府的城市—农村政策具有与当时的社会经济发展状况密切相关的重要内容。这些政策包括：第一，对以江户为中心的城市行政进行改革。1719年幕府发布"相对济令"（有关金钱借贷纠纷让其在当事者之间解决，借以抑制诉讼件数增多的政策，1729年废止），在1720年，幕府设置街道防火协会，在1721年，幕府下达组织商人—职人协会命令，1722年，幕府创设支配名主交替制，同年，幕府设立小石川养生所，同一年，幕府对街道住民的"足役"②采取了以银代纳的政策。这些政策和措施是当时城市行政改革的主要内容。这一系列政策措施原本是为了更加合理、有效地对膨胀起来的巨大城市的社会和经济活动进行统治和管理，也是为了构筑城市的防御灾害体制，试图导入一部分封建性社会政策。但同时容

---

① 乾字金是1710年幕府制造的一种小额硬币，因铸有"乾"字而得名。
② 足役系江户时代徭役的一种。

认了城市内的商人—职人协会以及同业组织。这些政策可以说显示了幕府事实上默认居于市场社会核心的市场同业组织以及巨大商店等势力雄厚的商人阶层作为城市内部的社会性权力的存在。

第二，实施以抵押土地为中心的农村政策。1722年4月，幕府发布的"质流地禁止令"和1723年8月取消"质流地禁止令"都具有象征性意义。"质流地禁止令"是针对17世纪末以来快速扩张的强势地主阶层兼并普通农民的抵押土地而实施的抑制性政策。但是，以禁止抵押典当土地流入债主的"质流地禁止令"的发布为契机，在越后颈城郡和出羽村山郡，发生了因耕地被剥夺的小农强烈要求赎回抵押土地的暴力骚乱，幕府对要求赎回抵押土地的骚乱事件十分震惊，不得不改变政策，转而取消了"质流地禁止令"。幕府由此转为拥护抵押地主（债主）的权利。正是如此，幕府权力开始依存抵押地主/村落的底层官吏等有力的地方统治力量，公认地方社会中社会性权力的存在，大幅调整了农村政策。

德川家重、德川家治时期（宝历至天明）和田沼政治

德川吉宗于1745年（延享二年）辞去将军职务，到1751年（宝历元年）他去世为止的数年间，在幕后监护由西丸的大御所①当上第九代幕府将军的德川家重（当时35岁）。德川家重因身体病弱，于1760年将幕府将军一职让位给长子德川家治（当时24岁）。弱势的第九代、第十代幕府将军政治主导权的发挥远远不及德川吉宗。纵观这一时期的中央政治史，以补充软弱的幕府将军权力的形式，君临幕府政治核心的田沼意次的存在是非常重要的。

田沼意次的父亲田沼意行是伴随德川吉宗来江户的纪州藩的下级旗本，但是与德川家重成为幕府将军的同时，田沼意次的政治地位获得超乎寻常的快速度提升，1750年代，他担任"侧用申次"这一幕府将军身边的重要职务，同时他也由高级旗本逐渐逼近大名这一当时社会身份的顶点。田沼意次则在德川家治政权时期更加受到重用，1767年担任"侧用人"职

---

① 御所多指天皇、皇子、亲王、将军、大臣的住所。

务、1772年担任"老中"一职，真正成为幕府权力的中枢，实际主持幕府大政。因此我们大体上可以将1750年代末至1786年(天明六年)的幕府政治称为"田沼时代"。

　　成为"田沼时代"政治象征的有他主持推行的流通政策、虾夷地方开发政策、印幡沼开发计划、一揆对策等等①。其中重要的是流通政策和一揆对策。幕府实施流通政策的目的是试图更为直接地掌控地方社会因发达的商品生产而产生的剩余部分。其内容具体为给畿内从事棉花、棉布以及油类生产、贩卖的生产者—商人以"在株"之权(在地方社会被公认的商业—手工业的经营权)，以让他们向幕府交纳"公物运送税"为交换条件，公认他们的存在。另外，在江户、大阪等地广泛承认的批发—经纪业等行业的"株仲间"(以交纳营业牌照税为代价，获得营业独占权的商业—手工业者共同组织)，幕府以此作为中央政权对流通行业进行管理与控制的基础。通过实施这种新的流通政策，幕府可以直接掌握城市中的大商店、农村社会的豪农这种社会性权力，这一政策所显现的幕府中央政权与上述社会性权力共存的选择具有突破性意义。从相反的角度来看，也可以说这一政策意味着大商店和豪农阶层从幕府那里获得了在政治社会中行使自己影响力的途径。

　　另一个一揆对策，是1770年(明和七年)幕府以布告牌形式向全国发布的《一揆徒党禁令》。这份《一揆徒党禁令》是幕府针对当时全国范围发生的、规模前所未有的百姓一揆运动，向所有人强调了幕府和诸藩的原则立场。在这份布告中，幕府一方面视人们的结党和暴力强诉等行为为违法，做出严惩不贷的姿态，另一方面，又表示了敞开合理合法的上诉渠道，汇聚下情("民意")的意图。对一揆要求中显示出来的普通民众的动向，幕藩权力体制不得不采取对应措施，这一点在武家垄断的政治世界中，民众性这一要素开始产生强有力的牵制作用。幕府的《一揆徒党禁令》正是明确显示了这一点的一个具有象征性意义的法令。

---

① 一揆在近世社会主要是指反对、抵抗统治者的农民武装斗争。

德川家齐政权初期——宽政改革

　　天明年间大事接二连三，因气候异常、浅间山火山大爆发等等因素，以东北地区为中心，全国范围内发生的迄今未曾有过的天明大饥荒，导致这一时期全国范围的各城市、乡村，因贫困而出现了民众一揆运动和破坏狂潮。幕府将军德川家治于1786年（天明六年）去世。紧接其后的是田沼意次被免去要职。由一桥家过继给德川家治作养子的德川家齐虽然顺利地成为继承人，作了第十一代幕府将军，但他还只是一个15岁的少年。一段时间内，幕府的权力真空状态依然如旧。1787年5月，在江户和大阪发生了大规模的破坏性骚乱后，当时年仅30岁的松平定信得到幕府的提拔，成为"老中"这一要职中的首席，辅佐少年将军德川家齐。松平定信上任之后，将田沼派的政治势力赶出幕府权力中枢，开始实施宽政改革。

　　松平定信原本为田安宗武之子，亦即德川吉宗之孙，因这一血统关系一度可能成为德川家治的继承人，但因受到田沼意次等人的阻挠，只得做了白河藩松平的养子，1783年，松平定信继承父职，成了白河藩主。他在天明大饥荒中，采取措施，重振藩政获得成功。根据山口启二的著作《锁国与开国》的研究，他主持幕府大政后实施的宽政改革，其要点为以下几个方面：

　　（1）减免年贡，实施"返乡"（将集中在城市里的人口"下放"到荒废的农村地区的政策，所谓"旧里归农令"）等农村政策。

　　（2）限制特权商人对市场的垄断，实施针对"札差"（管理旗本等武士的库藏米谷，以此为担保而经营金融业的商人）等的"弃捐令"[①]，压制城市的商人资本势力。

　　（3）采取针对饥馑和贫困的恒常性政策，即封建性的社会政策，幕府命令大名们储藏谷子，在江户以救荒基金设置的社仓——由各街道内的町会具体经营管理，幕府对无正当职业和固定住处者采取救济对策，还在

---

　　① 宽政改革中，幕府下达的要求"札差"等免除大名、旗本等借贷的现金以及谷米还债的命令。

江户的石川岛设置了收容所。

（4）为了应对以1792年（宽政四年）拉克斯曼南航根室为象征的、俄罗斯南下的早期性外国势力的压力以及1789年国后阿伊努人的叛乱，幕府实施了有关虾夷地、外国船舶管理的政策。

（5）推行出版统制以及禁止在汤岛圣堂作朱子学以外的学问的讲习（异学之禁）等文化、思想控制政策。

另外，在政治改革之初，1789年发生了被称为"尊号一件"的事件。1779年（安永八年）即位的光格天皇是闲院宫家出身、做了养子成为天皇的，但他想给自己的亲生父亲典仁亲王封太上天皇的尊号，这一计划却遭到松平定信等幕府重臣的反对。1791年，朝廷根据朝臣们的共同意见向幕府提出批准给典仁亲王封太上天皇尊号的要求，但是，朝廷重臣中的武家传奏（负责与幕府交涉的重要大臣）、议奏（以监督管理宫廷为职掌的大臣）等却因此受到幕府的处分。以这一政治事件为契机，天皇的政治地位在幕府时代实际上开始逐渐上升。

松平定信通过改革，一扫幕府政治中的田沼意次派人马，集结了谱代大名中的改革派势力，的确可以说缓解了天明时期的危机状况，完善了幕阁中枢的行政体系，巩固了至19世纪中期为止幕府的政治基础。但是，松平定信在1793年因处理"尊号一件"事件，与德川家齐发生矛盾而辞职，其政治改革实质上中断了。

3 秩序结构——统治层身份

将军家——多种多样社会身份的顶点

近世社会是由以将军家（宗家和御三家、御三卿）为顶点的武士、天皇家—贵族阶层，进而经营寺社领地的一部分僧侣，以及神职等具有统治者身份的社会，和被统治者"农工商"为中心的、兼涉圣俗的多样性身份以及职务的人们组成的民间社会构成的。这些人一边属于某某家、地缘性的共同体或者共同组织等等，同时从事各自的职业，经营自己的工作和生活。以下,我要以18世纪为中心,将主要的统治身份和民间社会分开来,概述这种由多样性身份构成的近世社会的秩序结构。

所谓将军家是指以德川氏的本家为中心,由德川家康的庶子开创的尾张(62万石)—纪伊(55万石)—水户(35万石)御三家以及18世纪由德川吉宗的血统分出来的田安——桥—清水的御三卿构成的。德川氏的嫡系本家以居于江户城最中心的幕府将军为顶点,具有巨大的家政机构—军事机构(番方)—财政司法行政机构(役方),具有以谱代大名为首的、旗本、御家人等等大量的家臣(幕臣),他们在行政和军事机构中各司其职。另外,在世子(或者将军隐居用大御所)居住的江户城西丸也设置了独自的家政机构。御三家是亲藩(一门)的一部分,无论是谁,都是有一国领地的最高级别的大名。"御三卿"虽然在江户城中有豪华府邸,每人每年从幕府那里可以领取10万石独自支配的财产,但他们不是大名,而是幕臣,家政也置于幕府老中的管理之下,其领有的财产也是零星散落的,作为固有的家组织,其结构和机能并不完全。

大名——具有与幕府相似的统治机构的武家

近世大名是领有国、郡,或者是有一万石以上的一定领域,对所领地方进行政治统治的地方诸侯,他们准据幕府将军家的政治体制,拥有独立的家臣团队和家政机构、军事机构、财政司法机构,是得到幕府将军承认的武家门第。在近世大名中,存在着德川政权诞生之前与德川家具有同等门第的旁系诸侯、亲藩以及德川家出身的谱代三个系统,他们总共约在260家到270家。

旁系大名分为战国时期以来的旧家大族、以及织田信长—丰臣秀吉政权时期提拔的军政要员。旁系大名的领地主要配置在东北、西南等地,亦即远离关东、畿内等中央区域的地方,他们中间具有国主级别的重量级大名也很多。在旁系大名中,其领国内顽固地残存着中世纪以来的在地领主等遗留制度,带有旧时固有的社会结构、统治形态的情况比较多,在幕府将军进行的所谓改换体制、转封等等的恫吓和严厉管制中,旁系大名也开始慢慢地近世化了。但他们在幕府体制中未能担任重要职务,基本上被幕府政治权力体系排除在外。

亲藩主要是德川家康的儿子们被封为大名,以及由此分出的子孙们构成的。这一部分除了前面已经介绍过的御三家、御三卿这些德川家康嫡系血缘关系者,还包括庶出的、以松平为姓的家门。在松平家门之中,还出现了越前、出云这两个有国主资格的实力派。

谱代大名是三河时代以来的德川家中①,具有较高出身门第的将军家直属武臣,后来被提拔为大名的人。他们占大名总数的一半以上,其领地数量虽然多为小规模的,但却担任老中、若年寄②、寺社奉行等幕府中央政治中的重要职务。

上述的二百多个大名,正如亲藩、谱代、旁系诸侯这些名称所象征的与将军家的距离,俸禄数量(石高)所象征的领地规模(10万石以上、5万石以上、1万石以上)③,国主(领有封国)—准国主—城主—城主级别—无城等领地级别,江户城参勤觐见时被安排的房间(大廊下、溜之间、大广间、帝鉴之间、柳之间、雁之间、菊之间),官位(侍从以上—四品—诸大夫)等要素,被多层次地区别开来,编入阶层性秩序中。在这些大名的家中,存在着与幕府相似的家政机构、军事机构、财政司法行政机构,与领地规模相应,还拥有家臣团。大名们还拥有所领地域内的土地(水田、旱田,住宅基地、山林田野河海),以城郭、府邸、兵营为据点,通过法律和武力对居住在农村、市镇的农民、町人、职人等劳动人民进行统治,通过年贡、杂税、营业牌照费等形式,搜刮普通老百姓小本经营而产生的多种多样的剩余劳动。

旗本和御家人——由名门贵胄到"组内之人"

作为将军的直属臣子,御目见(具有谒见将军的资格)以上、原本为

---

① 三河为旧诸侯国,在今爱知县东部,系德川家康创业之地。

② 若年寄系江户时代幕府中仅次于老中的重要官职,直属将军,统辖幕府中老中直接控制以外的官僚、旗本等。

③ 日本中世、近世社会中,身处高位的人对所属的官僚、家臣等按其职务与地位给予的俸禄、领地,通常用石来表示。石为体积单位,主要用于米谷称量,1石为10斗,大体与中国古代的称量单位相当。

武士身份者中，俸禄在万石以下的人称为旗本，1712 年（正德二年），旗本的数量达到 5400 家（1799 年这一数字是 5186 家）。旗本之中，过去为名门贵族的高家（26 家），与大名同样以领地为据点、实施参勤交替的数千石级别的"交代寄合"（29 家）等为高级旗本①，另外也有只有数十石的低级旗本。旗本实际上具有极为多样性的特征。但旗本大多数的俸禄在 500 石至 3000 石之间。他们由与大名并列的诸大夫以及布衣、布衣以下这样三个层次序列化。在幕府的职官制度中，大番头、留守居、书院番头、小姓组番头、江户町奉行、勘定奉行等重要职务，通常由 3000 石以上的旗本担任。除了一部分外，旗本一般都以组为单位常住在江户的武家地区，他们的领地（称为知行所）零星地分散在关东、畿内的情况比较多。这些旗本一般从现地有声望能力的普通庶民中提拔地代官等，委托他们对知行所②——分封领地内的土地和人民进行统治管理。

在布衣以下的人中，御目见以下身份的人被总称为御家人。御家人又分为徒③以下的足轻—奉公人等的各序列④，以及谱代、二半场、抱（包雇）等阶层⑤。这类幕府的御家人在 1712 年（正德二年），总数约有 17400 人。其中 15700 余人作为"组内之人"，接受由旗本、一部分御家人构成的"组头"以组为单位的编组和领导。这种属于"组内之人"由手代（小吏）、中间（从事杂役的奉公人）、小人（武士的仆从）、坊主（从事杂役的僧装者）、伊贺国的人、六尺（从事抬轿等杂役的人）、下男（仆人）、小间遣（女仆）、贿人（厨子）、厨房做饭的、扫地的、露地者（茶室侍从）、黑锹者（负责防火、扫除、搬运的杂役）、藏番（守仓库的）、番人（看门的）、抬轿子的、木匠、泥瓦工、背人驮物者、为高官夫人抬轿等杂役、仓库上卸货的搬运工等等职业者组成，他们之中包含着很多从事与职人—"日常杂用"层（参照第三章第 1 节）同样职业的人。他们并不具有独立的领地对庶民实施统

---

① 参勤交替是江户幕府强加给大名以及具有 3000 石以上级别的旗本等的义务。根据相关制度规定，大名与旗本必须隔年从封地到江户的邸宅内居住，置于幕府将军的统率之下，所带随从人数依据所得领地的数量而定。
② 知行所指江户时代因官职得到的相应领地。
③ 日本中世、近世徒步先导高官出巡队列的下级武士。
④ 足轻为江户时代最低级武士。奉公人为主家从事军役、杂役等。
⑤ 谱代为世代相承服侍主人，二半场在武士家中，位于谱代与抱之间，抱为包雇者。

治,而是从幕府直接领取切米—扶持等生活补助。另外,幕府在江户城市区给他们以宅基地和住宅,他们在这里将住宅出租给下层城市居民,以收取地租和店租。

朝廷社会——天皇家与臣下

江户时期的天皇自后阳成到孝明为止共有 15 人（其中包含二位女天皇）。在德川幕府统治下的日本,天皇的功能就是赋予将军权威、祈祷国家安全等的宗教性职能、宣示年号、铨叙官吏、对不同门派的宗教派别进行统治等等。德川幕府通过后面将叙述到的武家传奏等方式控制朝廷的同时,另外由京都所司代、宫禁中配置的幕府官吏（旗本）直接监视朝廷的动向。

近世的朝臣都封闭性地集中居住在邻接宫禁御所的公家町这一狭小的社会空间——朝廷社会（参照下页图）。他们由是堂上公家的摄家、清华家、大臣家、名家、地下官人组成。以五摄家（执柄家）为首的堂上公家在 18 世纪中叶,有 133 家（摄家 5 家、清华家 9 家、旧家 54 家、新家 65 家）,天明年间共有 150 家。摄家在幕府的公认下,垄断了朝廷社会的统治权。堂上公家作为摄家的家令而被组织化。对天皇而言,公家承担朝廷的各种事务。他们中的一多半都从幕府得到大体与中下级旗本相同的知行所——家庭领地。

公家都各有固有的家传职业。比如有职①、儒道②、歌道③、蹴鞠道④、阴阳道（如土御门家）、天文道、历法道、乐道、琵琶道等等。此外,处于近世公家社会中枢位置的武家传奏（摄家以外的二人）、议奏（从羽林家—名家中选出的四至五人）从幕府中获得俸禄,他们在天皇之下,与五摄家一起,参与朝廷政务的处理。地下官人包含外记方⑤、官方、藏人方⑥、检

---

① 有职指熟悉朝廷、武家的职官职掌和典礼等事物者。
② 指熟知儒学者。
③ 指熟知和歌者,如上冷泉家。
④ 指专长蹴球者,如飞鸟井家。
⑤ 专事文书起草等工作。
⑥ 天皇身边处理日常生活服务、传递臣下奏章的人。

非违使①、乐师等等,1787年,这一类人共有728人。

【公家町的结构图】

(内藤昌—大野耕嗣"关于公家町的位置与其范围"[《日本建筑学会东海支部研究报告》1971年6月])

综合以上叙述来看,近世的天皇、朝臣构成的朝廷社会总体上是一个以天皇为主,即家长之下的大家族团体,就其存在的基础是拥有乡村和庶民的封建领主,在这一点上,可以说朝廷社会与大名家具有相同性质。

僧侣——46万寺院

近世社会,数目非常庞大的寺院遍布日本列岛的各个角落。寺院从幕藩体制中获得了日常性地检查地方社会是否有违反幕府天主教禁令、鉴别被统治者身份这种职能。在主要的宗派中,有天台、真言、净土、法相、律、日莲、时、净土真宗(东本愿寺、西本愿寺、高田、佛光寺)、禅(曹洞、临济、黄檗)等等宗派。就1725年(享保十年)的例子来看,以净土宗的14万座寺院为首,各宗派合计有46万多座寺院。其中包含不少小寺

---

① 兼警察和审判官职务的管理。

庙和净土真宗的小规模道场,与后边将要看到的村、町数量相比,这可以说是一个相当大的数字。

这一类寺院有几种类型。(1)将军家和大名家的菩提寺;(2)以中世纪以来有传统的宗派总本山(包含贵族寺院)为首的势力庞大的大寺院;(3)城市区域内居民的檀那寺;(4)地方社会中居民的檀那寺(从属于村落社会的中心)等等。(1)和(2)大多数集中在三大都市和城下町等城市区域,(2)多在京都、奈良以及畿内的山中。但是寺院的大半都是以近世民众为中心的、由檀家组织支撑的比较单一的中小规模寺院。

一部分有势力的寺院从幕府将军那里得到朱印地(免除年贡、诸种徭役等负担,享有排他性领有权的土地),以此作为各自的领地(寺领),拥有因得到朱印地而能统治的村—町,此后,寺庙也能征收年贡和各种徭役。这些势力较大的寺院以被称为"寺中"的这一僧侣共同组织为核心,构成了一个独特的社会。这就是所谓寺院社会。如何确认寺院社会成立的指标,其实是很微妙的,但是将这些拥有寺领和寺领百姓的寺院视为"寺院领主",与其他中小寺院区别开来,将构成其主体的僧侣及其集团的寺中组织视为统治者的一部分是必要的。

4 秩序结构——民间社会

地方社会——村和百姓

接下来,我们将从村—町这一地缘性共同体以及仲间—组合等职缘性共同组织等侧面,来概观前面叙述过的种种统治者、被统治者构成的民间社会的情况。

村是以百姓的宅基地构成的集落为中心、拥有以水田旱地等等耕地,包括固有的荒野—山川—海滨等广大领域的小社会(参照下页图)。其中心是支撑百姓小规模经营和生活的自治组织,即"村中"。村以农业生产为中心的农村居大半,但也包含渔村—山村—农村社会中的小集镇等多样形态。另外,村也可以依据生产量、居家数量为指标,区分村规模的大小、村领域的广狭、因所处地理环境出现的地域差等等,这些村落一个个都有独特的个性。但是,村落在以下几个方面具有高度的自治机能和各自的文化等共同特点:(1) 都以所谓名主—庄屋的领导、组头等等村级官吏为中心,管理村落的日常性事务;(2) 具有各自的村内法律(村捉、村法);(3) 能共同利用或共有可以共同使用的山林、草场和海滩等;(4) 自主性经营管理水利、防灾、治安等共同业务,独自维持、承传具有个性的地域民俗和文化,等等。幕府、大名、旗本等等领主权力全面依存于这种具有高度的自治机能、以农业生产为中心、有较高生产力的村落共同组织,以使用武力为背景,全面地从村落社会汲取年贡、杂税以及各种劳役。

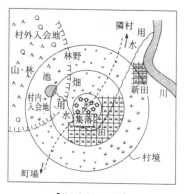

【村庄模型图】

这种村庄,在 1722 年(享保七年)全国共有 63976 个(参见大田南畝《竹桥余事·别集》),1854 年(安政元年)有 63126 个(对马地区除外)。从当时的粮食生产总量看,一村平均为 408 石,人口平均为每村 404 人(参见《治所一览》)。其实,这类村庄从生产总量只有数石的小村到超过千石的大村,其规模大小均不相同。不过,近世中期以后,由四百余人组成的村落共同体在全国有 63000 余个,这些村落个性丰富、各自成为支撑人们日常生活和工作的纽带这一事实,让我们有重新重视的必要。

都市社会——町和町人

在城下町、宗教城市、矿山町、门前町①、港町、旅店等城市区域内,町是作为城市的基础而存在的地缘性共同体组织,与地方的村落社会一起,构成近世社会的根基。作为町内的居住者,在商人、手工业者这类小规模经营主体之中,具有宅地者(房主)原本就是町人身份,町人自主性地运营的自治团体就是町。另外,在一部分町中,也有拥有土地的地主同时也是下级武士的情况,这种时候,往往由武士的管家作为代理,具体参与町内自治的运营。

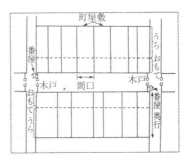

【町模型图】(以两侧町为例)

以城下町为首的近世的各种城市,可以说是以上述各种町的复数连接而形成的街区(町人居住地)为核心而构成的。町与村落相同,也有町内法律(町掟、町法),以保证町人的财产安全以及营业上的信用。而且由町人的代表名主、年寄(老人)、肝煎②等人自主性地营运。町与村不同,仅由宅地(町住宅地基)构成,虽然没有耕地和山林、草场,但町内的道路、邻接的河岸等等作为事实上的共有空间,像所有的共用地一样,由町人使用。

这类町在全国共有多少呢?因为缺乏统计资料,只能作一推测。江户有1678町(1745),大阪有三乡644町(1753),京都有1615町(1715),仅仅三大都市已近4000町,如果加上200左右的城下町以及

---

① 中世纪末期以来在寺院的门前形成的街区。
② 操持各种事务者。

其他城市的町的话，其数量大概在 10000 左右。当时每町的人口约在 300 人到 400 人左右，与村落的规模大体相同，这一点我觉得也应该值得注意。

63000 村、10000 町

如上所述，到 18 世纪初，约 63000 个村落和 10000 个町覆盖了日本列岛几乎所有的地方（除了虾夷和琉球）。占人口大半的"农工商"职业者以被称为村—町的地缘共同体为依托，一个个小家族都沉潜其中，努力地经营自己的生产和日常生活。贱民①身份的人们也依准普通庶民、町人在各地形成了各自的村落或町。

63000 个村落和 10000 个町虽然具有如前所述的共同特点，但实际上，一个一个的村落和町都是充满个性的，而且规模大小也是千差万别的，它们各自形成了独立的小天地。如果打一比方，这一状况就像一个 70000 人聚集的巨大的足球赛场，其观众席可以视为一个整体，但同时，如果仔细去观察的话，毫无疑问地，作为观众的每一个人都是具有不可替代的人生、有独自个性的个体。为了进一步深入理解近世社会，我们不是将所比喻的这一巨大足球场中的众多观众全体视为一个平淡无奇的景观，而是千万不要忘记遍布日本的这些村—町，或者是它们中的几个村—町合在一起而形成的地域社会都是具有自己的个性和独特历史的。

仲间和组合——与村—町不同的共同组织

在思考近世民间社会的构成时，在构成近世民间社会基础的村—町社会内部，或者超越一个个具体的村—町的狭义范围，在与村—町这种地缘性共同体不同的社会结构中，以各种各样职业—功能为机缘而显现的社会性结合，或者说共同组织的存在是非常重要的。这些共同组织除了城市中供应木材、大米、炭、薪、竹、油、盐、酒、酱油、茶等等的批发商，绸缎

---

① 贱民，处理牛马尸体、在逮捕罪人和处理死刑犯时做比较下贱事情的人。

布匹、生丝、纸、大米、鱼、石头等等的经纪人,另外,除了木匠、拉锯的、修理屋顶的、石匠、泥水匠、草席铺等御用职业外,从原理上讲,都没得到政治权力的公认。但特别是在享保改革的进程中,市区范围内,这些共同组织的存在开始得到幕府的主动公认。比如在江户,1721年(享保六年),有关染坊、点心房、陶瓷店、皮革手工艺店、板木店、木屐店、三弦店、玩具小弓店等等96个职业种类,町(街道)衙门下令以一定的地域(最靠近为原则)为单位,设置商人—工匠的同业组合。这种新的措施意味着幕府很大程度上改变了长期以来以町这一地缘共同体为基础、进行社会控制和社会统合的政治形式。另外,很重要的一点是构成这类仲间和组合主体的一大半都是小规模经营的商人—工匠们。

由这些商人—工匠等小规模经营者形成的社会性结合和共同体组织决不仅限于城市的市区。在基层社会中,也因农闲时期的小买卖或者农闲时期进城打零工挣钱等等契机,如在酒店、典当店、绸缎布匹店、旧衣店、鱼盐店、谷米店等等多样性的职业中,共同体组织如雨后春笋般破土而出。而且从18世纪末,在与村落不同的形态中展开的町(街道)内共同体组织开始得到幕府政治权力的公认。特别是田沼主政的幕府时期,政治权力采取了发展商业的积极政策,公认而且催生了基层社会中的商人—工匠共同体组织的形成与展开。这一点在18世纪的幕府政治中具有划时代的意义。

社会性权力与身份性周缘

如上所述,18世纪的民间社会以近世初期以来的村落、町为基础,与泛及城市和基层社会的多样性小规模经营者的共同体组织一起成长起来。18世纪的全部历程可以定位为这些共同体组织以村落、町为依托而形成"重层与复合"社会结构的时期,"重层与复合"社会结构的形成过程构成了"成熟"社会的基本内容。

但是,民间社会的全体,并不是仅仅从以这些小规模经营者为中心的村落—町,或者仲间和组合等等的社会性结合,以及重层—复合的社会关系中形成的。在思考以重层—复合的社会关系为基础而展开的社会真实状况/社会结构的时候,我觉得有必要将社会性权力与身份性因素结合起来考虑。有关这两个问题的细节,我在第二章第1节、第三章第1节还会具体讨论。不过,我们必须同时考察下述的两方面问题:在民间社会,小规模经营者变成了性质完全不同的大规模经营体,大规模经营体成为将社会整合为直接的、实体性存在形态的各种动因的社会性权力,另一方面,土地所有、工具所有等由原本为小规模经营基础的民众性所有形态中异化出来,出现了被置身于完全不同性质的所有对象的境况中的人的问题,亦即身份性周缘(边缘化)的问题。

本书构成

以上面的叙述为前提,本书视18世纪为民间社会的成熟,而且是置于民间社会成熟之上的体制因权力变动而重组的时期,本书从这一视点出发,将以三个局面、六个故事来具体地描述"江户的成熟"。

但在这里,其实我还是很大胆地限定了研究对象的范围,另外也希望读者能容忍我采用比较任性的叙述方式。就限定研究讨论的对象而言,主要指以幕府时代的三大都市,尤其以江户的都市社会作为主要素材这一点。其基础虽说是笔者多年进行的研究、集中在以江户为中心的近世巨大城市上,实际上同时也有以笔者主张的近世社会论为前提、探索新的历史叙述方法的个人打算。这是由于江户的都市社会不仅包含当地出身的"原有的平民百姓",而且构成近世社会具体内涵的所有的身份和职业类型都流进江户城中,他们交相影响和互动,从而形成了一个创建多元性民众世界的社会性熔炉。揭示这种熔炉的结构和内容,探讨其意义,正可与描绘近世社会的全体状况直接连在一起。

就有关我的任性叙述方式而言,虽然本书在这一套丛书的配置上,处理的时段是以18世纪为中心的,但是在研究素材上因现存史料连续性等的关系,会上溯到近世初期,或者会下及自19世纪中期至幕府末期,在材料运用的时间段上往往有自由来往的情形。

像我这样限定研究讨论的对象,比较任性地叙述历史是不是真能如本书开头所说的为整体史的研究、叙述开辟新路呢?我自然没有充分的自信,但是很想通过各种各样的摸索和试错,以"成熟的江户"为关键词,从第二章开始进行具体讨论。

参 考 文 献

朝尾直弘《近世封建社会的基础结构》(御茶水书房,1967 年)

朝尾直弘《思考城市与近世社会》(朝日新闻社,1995 年)

朝尾直弘等主编　岩波讲座《日本通史》近世 1—5 卷(岩波书店,1993—1995 年)

荒野泰典《近世日本与东亚》(东京大学出版会,1988 年)

岩渊令治《问屋仲间的功能·结构与文书的作成·管理》(《历史评论》561 号,1997 年)

久留岛浩《从最近的近世村落研究中我们能学到什么?》(《历史科学与教育》2 号,1983 年)

高埜利彦《近世日本的国家权力与宗教》(东京大学出版会,1989 年)

高埜利彦《江户幕府与朝廷》(《日本史》系列第 36,山川出版社,2001 年)

二宫宏之《观照整体的眼睛和历史学家们》(木铎社,1986 年)

藤田宽《近世政治史与天皇》(吉川弘文馆,1999 年)

水本邦彦《近世的村社会与国家》(东京大学出版会,1987 年)

吉田百合子《兵农分离与地域社会》(校仓书房,2000 年)

第二章

社会性权力
——豪商与町

1 何谓"社会性权力[①]"?

地域社会与社会性权力

  第一章中已经谈到,在对近世尤其是其民间社会的秩序结构进行观察时,幕府及各藩的领主权力固然有着很大的决定权,但除此之外,也应关注那些处于民间社会、在其内部对社会结构产生影响的存在。如前所述,我们将其称为社会性权力。可以说,事实上从古代国家形成之前到现代社会,这种存在虽然形态上经历了种种变化,但却始终是有迹可循的。

---

  ① 权力一词在本书中有特殊含义,既指一定的统治力量也指其持有者,这里是指一定的权力持有者。

例如,古代社会的地方①首领,古代末期到中世末期的地方领主②或土豪,近代地方社会的大地主、名门望族以及大型企业等等。在统治权力之外,他们通过对其各时代生产、流通的手段,武力以及知识等诸方面的垄断,成为对其周围的地域社会有着一定的私人控制力的社会阶层。也就是说,这些可以称之为拥有社会性权力的阶层是一直存在着的。而在近世社会,则可以将诸如地方社会的村方③地主、都市范围内的实力商人/大商店店主阶层作为这种社会性权力来设定。

村方地主——地方社会的社会性权力

在这里我们将首先讨论一下有关近世地方社会的社会性权力问题。佐佐木润之介先生着眼于盘踞于地方社会的实力农民,将之称为村方地主,并对其特征进行了如下三点的总结:

① 身为乡村官吏阶层,掌控着村落内部本百姓④们进行经营的各种条件(水利、入会⑤等)。

② 其本身也是本百姓中的一员。

③ 通过家族成员或仆人进行自耕经营,同时也进行寄生性的佃耕经营。

此外,从佃耕关系的性质变化及其具有控制村落内部市场及商品生产的高利贷商人性质等方面分析,可以看出村方地主经历了(a) 第一次名田地主、(b) 租地地主⑥、(c) 豪农三个阶段的变化,而这三个阶段具有

---

① 原文为"在地",即地方之意。"在地"是日本早在平安时代之前已有的概念,它指与奈良、京都所代表的中央地区相对应的地区,指农、山、渔等地区的进行实地生产的地方。在江户时代"地方"一词有特殊含义(参见下文注释④)。

② 原文为"在地首领",与庄园领主相区别的概念,后者指中央地区的土地持有者,在地领主包括地头、下司、公文等职务。参见上文关于"在地"的解释。

③ 江户时代用语,指农村地区,有时也指农村地区的一些地方官员,与之相近的还有山方、浦方等,均从属于江户时代的"地方"这一概念,与町方所对应的城市地区相对。

④ 江户时代拥有房屋地产及田地的农民,需要负担年贡及各种杂役,享有村庄成员的权利及义务。与水吞百姓相对。

⑤ 指加入相应的民间团体或组织。

⑥ 租地地主指把土地租给农民以征收地租的地主。

如下几方面的特性：

（a）所谓第一次名田地主，是指依靠家族成员及仆人来进行耕作的地主自耕经营形式，以这种经营形式为中心，地主将除此之外占有的耕地（剩余土地）委托给其他仆人进行佃耕。这种仆人佃耕是一种单婚式小家族性质的经营，可以让仆人迅速转变为独立的本百姓。

（b）抵押地主，是指由于货币经济的渗透，第一次名田地主同时具有高利贷经营者性质的一种状态。他们大量兼并村内及邻近的小户农民用作抵债保证等的抵押地，而他们的自耕地经营则主要依赖以年为单元的长工等雇佣劳动力来进行。

（c）豪农是指商人化的抵押地主。他们在商品生产及流通等方面对普通的本百姓进行统治，同时通过与町方①商人的合作，与权力建立起共生关系。

佐佐木先生所说的第一次名田地主，实际上是指中世以来有着一定发展谱系的地方土豪。在 17 世纪，这种地方社会的旧社会性权力/地方土豪，一方面由于受到小户本百姓等小农经营者的冲击而开始立足不稳，另一方面，由于幕藩权力试图令小户农民的村落进行均质化发展，使第一次名田地主在兼并抵押土地等方面一直受到挤压。然而，到了享保改革②时期，幕府改变了此前的方针，允许兼并抵押土地，并开始着眼于将抵押地主化的地方地主扶植为地方社会的统管力量，因而在将其纳入统治机构底层力量的同时，也开始允许他们在地方统治方面发挥重要作用。

18 世纪作为幕藩权力正式承认这种地方社会的社会性权力的时期，也是十分重要的。在这一背景下，抵押地主阶层在 18 世纪后半叶迅速实现了向豪农的转变。

---

① 江户时代用语，意思与"地方（じかた）"相对，主要指町人等居住的城下町等繁华地区，但在城下町等地区内部町方则被用来指与按照身份不同而划分的居住区域如武家方、寺社方等相对的概念。此外也用来指町奉行等町内的官吏。"地方"在江户时代又包括村方、山方、浦方等。

② 享保年间（1716—1735）德川幕府第八代将军德川吉宗时期所进行的幕府改革。

大商店——都市地区的社会性权力

下面我们将就都市地区的权势町人的问题从社会性权力的观点来进行研究。这里主要指的是一种被称为大商店的存在。在18世纪前后，关于这种大商店的标准，除了经营规模的大小之外，一般认为还包括如下四点：

① 店铺的规模。指所建店铺的店面宽度约达到四至五间①左右规模的店铺，这意味着要用面积大于町屋敷②的地皮来作为该店铺的用地。

② 奉公人③的数量及质量。拥有大约十人以上的奉公人，同时拥有在铺面直接从事营业工作的伙计④、丁稚⑤等奉公人阶层和在后厨等维持店铺运营功能的场所从事打下手工作的奉公人，奉公人中出现上述双重化现象是其要点。

③ 在该都市地区拥有多处抱屋敷⑥。这些抱屋敷，一部分被用作他们自己的寓所及店铺用地，而剩下的则被用作租地或租房用地，由此形成以收取地租、店租为目的的土地经营，即所谓町屋敷经营。

④ 通过业务上的往来、店后勤运行方面的关系等，与以町内或临近地域为中心分布的各种小商贩、职人⑦、日用⑧建立联系，从而与

---

① 建筑用长度单元，一般1间为6尺（约1.818米）。
② 屋敷一般指房屋和地产的统称，有时也专指宅邸。町屋敷即在町内所拥有的土地及土地上的房屋设施等。
③ 原指侍奉君主之人，在安土桃山及江户时代主要指雇佣关系下的雇佣人，在江户时代奉公人分四种。（1）武家奉公人，包括若党、小者、仲间等。（2）百姓奉公人，包括下男、下女等下人，主要从事家庭性或农家工作。（3）年季奉公人，包括丁稚、伙计等，主要在商家通过缔结劳务契约供人使役。（4）质物奉公人，即被卖身无自主权的奉公人。
④ 江户时代商人家中的奉公人，职位在番头（掌柜）与丁稚（学徒）之间，住在雇主家中，相当于正式店员，有薪金。即二掌柜或伙计。
⑤ 江户时代商人或职人家中的年季奉公人，一般年纪较小，基本无收入，相当于学徒、徒工，随着工作年龄的增加会晋升为伙计。
⑥ 即所持有的屋敷。
⑦ 手艺人、工匠。
⑧ 日用指日工。

这些被称为"出入中①"的集团结成主从关系。在举行冠婚葬祭②仪式，以及遇到发生灾害、突发事件的时候，出入中们会迅速赶来为大商店效力。

具有上述特征被称为大商店的权势町人究竟于何时出现的？具体情形并未得到清楚认定，所以对这一问题做出推测尚有一定困难。但从后来的三井越后屋及其周边的事例来看，我觉得至少在京都等地区，17世纪中叶左右可能已经发生了一次具有突破意义的变化。而且即便在时间上存在着少许差异，也可以推测在17世纪末至18世纪前半期，以三都③为首的全国各都市地区已经开始普遍而广泛地形成具有上述特征的大商店。

本章的结构——三井越后屋的成立过程

18世纪可以说是地方社会与都市地区中被称为社会性权力的村方地主、大商店阶层普遍形成的时期。本章将以三井越后屋为例进行说明。三井越后屋在这一时期的都市地区，特别是在以三都为代表的地区，作为社会性权力而异军突起，并对18世纪以后的社会动向产生了巨大的影响。

在这一章的前半部分，我们将回顾三井越后屋从初步形成到一跃成为超级商人即超级大商店的过程，之后将着重从当时的店铺特征、各种销售形态等方面，对其在17世纪中期到18世纪前期这一时段所实现的飞速发展状况进行考察，从而确认其在18世纪前期所达到的发展程度。

在本章接下来的后半部分，我们将目光移至京都的冷泉町，借此来管窥近世初期都市社会的真实面貌，接着稍微仔细地考察因三井等大商店的登场、大商店长足伸展后都市中的町这一社会是如何被迫变动的。

---

① 即经常发生往来关系的伙伴之意。
② 即成年礼、婚礼、葬礼、节日。
③ 在江户时代指京都、江户、大阪。

2 超级大商店——三井越后屋

三井的各家支系及其店铺

《熙代胜览》中的妙笔之一,便是对当时江户城的名胜骏河町三井越后屋的店头景观的描绘。作为对第一章中提及的"成熟的江户"的可视化图像进行检验的第一步,我们将首先观察一下《熙代胜览》画面中央部分所描绘的、代表了江户中心地带的繁华大店铺——三井越后屋这所屹立街头的大商店的出现、成长过程及其背景,进而考察其在近世城市中,成功实现大型化的商人家的特质及其发展程度。

堪称江户时代的典型范例的大豪商三井,从18世纪后半期开始至19世纪初,其家族及营业组织、店铺均以京都北家的大元方(1701年开设)为统辖机构,主要构成如下。

三井的同族集团以总领家①的北家为首,包括由中立卖②(二条)家、新町家、竹屋町家、南家、出水家等六家组成的本家,以及由松坂南家、松坂北家、小野田家、家原家、长井家等五家组成的支系分家。其中除松坂二家(南、北)之外,其余各家的居所均在京都。

三井的营业店铺由以丝织品、棉、麻经营店为中心的本店③部门(本店一卷)和两替店④部门(两替店一卷)两部分构成。其中本店一卷以京本店(主要业务为从京都西阵采购丝织品)为中心,同时也以包括江户本店、向店、芝口店、大阪本店等销售店,以及西阵、新猪熊东町的上之店等采购店,加工部门的红店(现京都市上京区小川町)等为主轴。除此之外,在近江中村、奈良、伊势松坂、上州藤冈、桐生、涩川、伊势崎、武州寄居、大宫、熊谷、八王子、青梅、信州上田、中野、奥州川俣、野州真冈、出羽

---

① 即总领之家之意,总领指继承家族名称的子裔。
② 即中间商。
③ 即总店。
④ 江户时代从事金、银及钱货兑换及借贷的店铺。

米泽、伯耆赤崎等全国各地,都将被称为"买宿"的丝织品、棉织品及麻织品产地的采购批发商①置于旗下。

此外,三井在江户、大阪、京都更是拥有大量的町屋敷。其中,江户有约80—100家左右,大阪十几家,而京都则约为80—90家。这些地方均是作为三井各家的居宅或店铺来使用的,但大部分作为租地或租借店铺被租赁出去。总之,豪商三井家对所持有的町屋敷及其周边的地域社会而言,是十分特殊的存在。

如此规模的大型商人三井越后屋,其家族及其经营的框架在17世纪末就已大致形成了,下面我们要考察自17世纪至18世纪,三井越后屋是如何膨胀为无与伦比的超级大商店的。

三井越后屋诞生之前——从三井高安到殊法

有关三井家的历史,在下文将要提及的三井高平(三井高利的长子)于1722年(享保七年)写作《宗竺遗书》的同时,所著的《家传记》以及当时三井高利的三子三井高治所著长文《商卖记》中,均有相关创业记载可资参考。但有关三井草创时期的第一手史料仍较为匮乏,迄今为止的研究也主要是以上述两种史料为基础的。本书也将通过对《商卖记》的重新解读,来简单回顾三井越后屋创业时期的历史,并选择其中几个问题进行讨论。

三井家以一位名为越后守②高安(1610年没)的人为家族始祖。据说此人曾为近江佐佐木六角③的家臣,也曾是"一城之主"(《家传记》)。1568年(永绿十一年)六角灭亡后,成为浪人,并搬至伊势,来到了由蒲生乡④所新建的城下町松坂,自称治郎右卫门。据传来到松坂后的三井一族"年景颇丰,人口亦众",过着比较富裕的生活,这一迁徙对于三井家而言还具有"町人之始"的意义,即由武士到町人的身份变更。但据说三井高安仍"从未将武具闲置",而且"武士之精神气一刻不离",此后,武士这

---

① 批发商的原文是"问屋"。
② 官位名称。
③ 镰仓至战国时代,以近江南部为主要势力范围的守护大名家族。
④ 蒲生氏乡(1556—1595),安土桃山时代的武将,后为一方大名。

第二章 社会性权力——豪商与町

一身份意识仍然持续保留下来。《商卖记》中对三井高安之前的家族渊源全无记载，由此，我对上述记载究竟传达了多少真实内容仍存疑问，但在18世纪初期确立起大商人地位的三井越后屋，将其家族的由来与强有力的武士身份相联系，则意味深长地显示出商人们向往、憧憬武士阶层的深刻情结。

三井高安于1610年（庆长十五年）没于伊势松坂，长子则兵卫高俊（道镜①，1633年没）继承父业。据说高俊痴迷于"连歌②、俳谐③、游艺④"，而并未留下任何值得称道的商人业绩，但其妻殊宝（1676年去世，87岁）经营典当、酒、酱、茶、烟等商品，年纪很轻便开始守寡，殊宝发挥其"商人之心"的天性，从这一时期起便开始使用越后屋的屋号。殊宝育有多子，他们中的大多数成了后来的三井各营业店的始祖，《商卖记》中也因此将殊宝比作"巴御前⑤"，盛赞其为"三井家的商业始祖"。

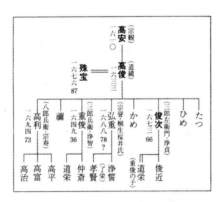

【三井则兵卫高俊关系谱图】
（数字指卒年和年龄）

---

① 佛教信徒的法名，下同。
② 日本传统诗歌形式的一种，由相当于和歌的上句和下句即五、七、五和七、七的短句组成。
③ 源自连歌的短诗的一种，一般由十七字、即五七五组成。
④ 即与游乐相关的各种艺能，如茶道、插花、谣曲等。
⑤ 平安时代末期以英勇闻名的女子，生卒年月不详，传为源义仲之妻，屡立战功。

三井高利的三个哥哥

  三井高俊与殊宝共育有四子四女（参见上页图），其中四子为长子三郎左卫门俊次（净贞）、次子清兵卫弘重（宗誉）、三子三郎兵卫重俊（净智）、四子八郎兵卫高利（宗寿）四人，而其四女亦分别嫁给了射和①及松坂的权势商人。

  在三井高俊之后，继承三井家总领家之位的是三井俊次（1673年没，66岁），宽永（1624—1644）初期，他首次以三井家族成员的身份来到江户城经商，所选的地点便是本町四丁目②，最开始经营的是一家以女用杂货为主的店铺。这家店铺很快即发展为吴服店③，随即又先后在本町一丁目、二丁目开设了吴服店，之后又移师京都，在御池町设立了为江户吴服生意提供采购原料的店铺，其后定居于三条室町。

  一般认为，三井俊次的本町四丁目店是当时三井家族最为重要的店铺，后面还将要谈及，其最小的弟弟三井高利14岁时曾在这家店里工作，此外，樱井净誓（三井弘重之子）、三井高利之子三井高平和三井高富曾于1667—1668（宽文七—八年）、三井高治于15岁时都曾经来到江户学习并在这里工作。因此，三井俊次的四丁目店对于三井家族而言，起到了让家族年轻子弟与伙计们一起学习营业之道、进行严格经营训练的教育场所的作用，而且这一系统以"钉拔④三井"之名，作为江户本町的服装商号老铺一直延续到近世后期。

  次子三井弘重（1688年没，78岁？据《商卖记》为83岁）幼年时曾作过上州⑤桐生⑥樱井的养子，长期住在桐生，后回到松坂，与江户似乎没有多少关系。三井弘重的长子樱井净誓曾在三井俊次的本町四丁目店做过伙计，其后开起了自家的店铺，在一、二丁目开设吴服店。四子

---

① 地名。
② 丁目，町的区分单元，比番地稍大，一般冠以数字区分记名。
③ 类似于我国的绸缎庄，以和服衣料为主。
④ 家纹名称。
⑤ 旧国名，关东八国之一，今群马县，亦称上也国。
⑥ 地名，位于今群马县东部。

第二章 社会性权力——豪商与町

则右卫门孝闲(了荣)是三井高利的养子,后来成为本家中的一支、松坂南家之祖。

三子三井重俊(1649年没,36岁),被认为与三井俊次一样具有天赋商才,1630年因与兄长发生争执而自立门户,在江户中桥(今中央区日本桥三丁目附近)开设吴服店,这家中桥店据说曾经繁盛一时,将其兄长的老顾客夺去大半。1633年(宽永十年)老父三井高俊过世后,三井俊次转而管理京都店,钉拔三井的本町一、二丁目店的经营均委托给了三井重俊。由此,三井俊次/京都采购店、三井重俊/江户吴服店的业务分工得以确立,但此形态并未能长期持续下去,很快三井重俊便引退回到了松坂,1649年(庆安二年)仅36岁便过早去世。在此期间,据说是由三井高利开始接手三井俊次店铺的经营,一、二丁目的店铺则由三井重俊最小的儿子、三井俊次的养子道荣来继承。

三井高利与三井越后屋的诞生

三井高俊的四子三井高利(1622—1694)生于松坂,1635年(宽永十二年)奉母亲之命来到江户,开始在兄长三井俊次四丁目的店铺里工作,当时他只有14岁。他18岁时开始主管这家店铺,此后至28岁一直努力工作,积攒了大量的财富,并在二丁目购买了多处町屋敷,后来为照看老母而回到松坂,这时他与阿金(寿赞)结婚,直至50余岁一直在松坂从事金融业的经营。在此期间三井高利与阿金共育子15人(男10人,女5人,参见系谱图),其中长子三井高平(宗竺,1653—1737)、次子三井高富(宗荣,1654—1709)、三子三井高治(宗印,1657—1717)、四子三井高伴(宗利,1659—1729)四人同父亲一样,年轻时便来到江户,在三井俊次的钉拔三井吴服店与伙计们一起工作,当时对于三井高利兄弟等人而言,总领家/本家的三井俊次具有绝对的权威,只有不得不通过维持这种从属性的联合关系以谋求商店系列的存续,兄弟们从本家的支配管理中脱离出来并非易事。

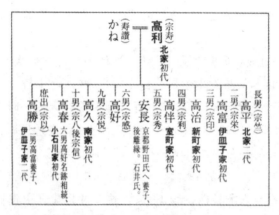

【三井高利关系谱系图】
（早逝者、女子及从外姓人家领养的养子均略去）

  1673 年（延宝元年）7 月 66 岁的长兄三井俊次亡故，当时已经 51 岁的三井高利将长子三井高平送到了江户，而后三井高平在本町一丁目租下了一家名为键屋嘉兵卫的店铺（《宗寿居士由绪书》），这家店规模不大，据说店面只有九尺宽，后来三井高平又叫来了二弟三井高富及三弟三井高治，即便如此，开始营业时也只是有要职二人、伙计四五人、丁稚二人、里店①男工（在后厨工作的）一二人的规模。而三井高利自己则来到了京都，后来又将长子三井高平从江户招至京都，在室町街二条下蛸药师町东侧从一名为丸屋重兵卫之人处租来了一家店铺，这家店也是店面只有九尺宽的小店铺，但三井高利将其作为采购店，从而令其处在担负营业指挥重任的位置上。这一系列行动非常迅速又显得充满活力，从中我们甚至可以看出为了这一机会，三井高利几乎耗费了半生的漫长岁月来等待。如此所建立的江户及京都的店铺，乍看似乎不过是几家规模不大的小店，但实际上却宣告了近世最大级别的商人、三井越后屋的诞生具有里程碑意义的大事件。

---

① 建在后街（裏店）的店铺，与之相对的是表店。

第二章 社会性权力——豪商与町

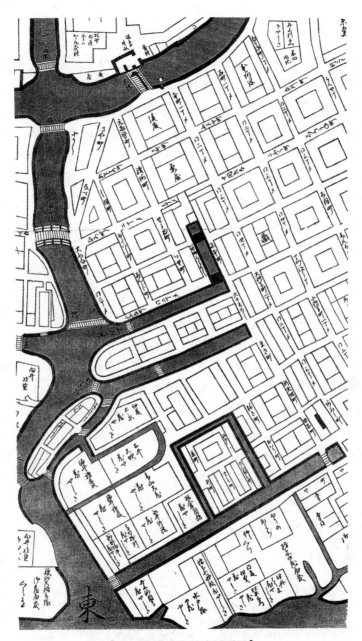

【17世纪前半期的本町附近】

(《古版江户图集成》1卷,中央公论美术出版)

本町一、二丁目店

　　三井越后屋开始经营吴服店的本町一、二丁目又是一个什么样的町呢（参见上图）？本町大街是一条以江户城的常磐桥为起点向东延伸的街道，其中部分地段，还留有据推断为德川进入江户之前、中世末期所谓"原—本町大街"的痕迹，这里被认为是江户城内最具历史渊源的大街之一（玉井哲雄《江户——阅读消逝的都市空间》）。本町自西开始1—4丁目连在一起，如《熙代胜览》中所描绘的，在二丁目与三丁目之间，与日本桥大街相交差，不仅如此，处于江户市内统治中心的町年寄[①]三家——馆（奈良屋）、樽屋、喜多村的屋敷兼官衙均设在本町1—3丁目之中，可见本町所占据的是江户城内町人家居住地的中枢位置。

　　此外值得注意的还有，上图中一丁目与原（本）两替町之间的"后藤"以及二丁目与骏河町之间的"茶屋"等两处屋敷（白色部分）。前者为金座头人[②]后藤庄三郎[③]所有，后者则属于幕府吴服所[④]的成员之一茶屋四郎次郎[⑤]。其中后藤的屋敷/金座周围汇集了众多的两替屋[⑥]，茶屋的周边也是如此，特别是在本町一、二丁目地界集中了大量的吴服屋[⑦]，其中前面提到的三井三郎左卫门店、三郎兵卫店等吴服店也都是从本町一、二丁目发展起来的。可以推断，最晚至17世纪前半期即宽永时期（1624—1644），这两个町便已确立起吴服屋集中町的地位。

　　江户本町一丁目的店铺被称为本店[⑧]，后成为三井越后屋吴服部门

[①] 江户时代在江户、大阪、长崎等地设置的町官吏的名称，一般由町奉行对其进行管理，在江户由文中列出的三家世袭，具有管理町名主以下的町官吏及其进退，并具有传达法令、受理株中间申请、提交等权力。

[②] 即金座座长，金座指由江户幕府设定的钱币铸造发行所，座指的是由同业者组成的联合组织。在江户时代金座座长由后藤家族世袭。

[③] 江户时代金座座长的世袭名称，第一代后藤庄三郎名光次（1571—1625）。

[④] 以大名、高家（江户时代的官职名称）为主要营业对象的吴服屋。

[⑤] 本为江户初期京都的豪商，四郎次郎为其历代通称。

[⑥] 近世从事货币兑换收取手续费的店铺，也从事金钱买卖、借贷、发售银票、存款等业务。

[⑦] 即相当于我国古时的绸缎庄，以经营和服衣料为主。

[⑧] 即总店之意。

第二章　社会性权力——豪商与町

的名称，以这种势头开始营业的三井越后屋的发展是极为迅速的，仅在翌年其营业额便已超过了由长兄三井重俊的长子三井仲斋所继承的本町一丁目店，并于1677年（延宝五年）起又在本町二丁目发展新的店铺。

1678年（延宝六年）京都的伙计胁田藤右卫门来到江户，并作为三井创业时期江户的重要角色而活跃一时。1728年（享宝十三年）当大元方①询问在江户开设的各店铺的情况时，他对当时的本店及新店的状况作了如下的报告：

- 本店　本町一丁目南侧　后见②一人，主管一人，平③七人，童二人，男一人。
  店面宽一丈（十尺），纵深十一间（其中，有二间×一丈为后厨）。
- 新店　本町二丁目北侧　主管一人，平六人，童二人，男一人。
  店面宽九尺，纵深八九间。

如今两家店铺的准确位置我们已经无法确定，但从其店面宽度仅为9—10尺即2.7—3米来看，应是规模不大的店铺，但两家都是正面临着大街的表店。而店内的成员构成也是以主管为中心，再加上伙计（平）、童工及后厨的男下人（男）等共10—12人左右，均与《商卖记》中的记载一致。这些人全部为男性员工，他们之中还应加上三井高富、三井高治及稍后的三井高伴等人，这样，年轻的三兄弟便在三井高利的指挥下对各店铺进着行统一管理。

店前卖

开店以后的三井越后屋又是如何开展营业活动的呢？对此我们将通过《商卖记》中的有关描述来进行考察。

据载，开店初期，由于从京都采购商品的体系还不完备，常常出现货

---

① 为了统一管理家族的经营事业而建立的组织。
② 主管的辅佐，这里应是指胁田藤右卫门本人。
③ 指店里的普通伙计，如伙计。

物不足等情况，因此只好从"樱井店"（也许是前述的三井弘重长子净誓的店铺）借来布匹、服装等装点店铺门面，伙计们在痛感"商品所剩无几"的货物不足的后果后，想尽办法，发奋努力，结果第二年便将营业额翻了数倍。

《商卖记》中对于当时三井的营业情况作了如下的记载：

  a 作町见世以及圣商、零卖小贩此类生意以及出入大名、旗本等固定主顾邸宅内贩卖的，都不是三井家老客户。

  b 无论什么吴服店均专以町见世以及圣商为业。

  c 三井店所盈之利日增，后遂以店门前设摊贩卖为主，全力贩卖，大名、旗本等宅邸亦持现金前来采买，是时施行前卖之店者仅有伊豆藏。另在其之前，本町二丁目之"下店"亦稍营此种前卖，此外，均为专营町见世以及屋敷店也。

上述 a—c 等原文十分晦涩难解，我们不妨参考一下上面的几段意译来进行理解。

① 当时本町一、二丁目的吴服屋存在着屋敷店、町见世以及圣商三种营业形态。

② 所谓屋敷店是指因与大名、旗本等的"屋敷"缔结有采买订购契约关系（出入），而针对他们的订购是直接交易的形态。金钱支付也采用赊账的形式，如以年为单元进行总账支付的形式等。如前述资料 a 中所示，三井诸店中，没有一家能自由"出入"像大名、旗本家的老顾客。

③ 所谓町见世可推断是指以町人（街道居民）为主顾的商业买卖，其营业方法与屋敷店一样，通过到主顾，亦即街道居民家中直接拜访来获得订单贩卖商品，至于货款自然也可以延后支付了。

④ 关于除此之外的圣商，则可推测是指每当商品不足之时，史料中所谓"町内之竞子①纷纷持竞物至，若开启担中之屉柜，物尽纳其中"的记载可资参考。那么这些町内竞子又为何许人也？喜多村信节②在其所著

---

① 指以拍卖方式售货的商贩，"竞卖"即拍卖，这里指卖给出价高的人。
② 喜多村信节（1784—1856），江户时代末期的国学家、考证学家。号筠庭，亦称节信。著有《嬉游笑览》、《瓦砾杂考》、《筠庭杂考》、《武江年表补正》等。

第二章 社会性权力——豪商与町

《嬉游笑览》(1830)中对于"圣"一词作了如下的说明：

> 卖吴服之商人中，有名为"圣"者……背负各类绸缎布匹，左右两肩各插竹竿一根，伸于身前，其上挂有各色裁好之绢布，外貌宛如身具四手，盖身负此种竹竿，可作所售绸缎颜色、品相之看板（广告），昔日绸缎买卖者均为如此模样。其外形颇似负笈之高野圣①……今之竞价吴服是也。

上述内容在有关解说近世风俗的文献中均可以看到，从事吴服物以及处理裁剪绸缎生意的行商，因其颇似高野圣这种僧人外形而被称为"圣"，在近世后期他们又被叫做"竞价吴服"。若以此为据，先前所举 a 中所述的"圣商、零卖小贩"则可认为是指独立的贩卖吴服及裁剪绸缎的行商商贩——这些人也被称为振卖②。总之，对于江户的吴服店而言，向这些小贩／圣商（后来的竞价吴服商人）销售从京都等地采购来的商品，起到了批发商的功能，这也是他们最为重要的基本作用。

⑤ 一般认为 c 中所见的"店前卖"、"前卖"等与上述贩卖形式具有完全不同的性质，其中并不是"大名、旗本等屋敷方"来赊账购买，而是对方亲自来到店里，采取"现金买入"的形式。也就是所谓的店铺零售买卖。这一点极为重要，我们也将参考其他史料对其进行考察。

前卖与町卖、胁卖

1673—1675 年，身居伊势松坂的三井高利先后三次为江户本町一丁目店制定了店内规章制度，对伙计们须要遵守的关于江户各店的营业有关事项、一般生活的准则作了规定。其中也包含了多条有关贩卖方式的规定，下面我们将引用其中几条有关店前卖及小贩的条文（内容为意译）。

> d 即使与经过挑选的小贩缔结契约，也不让其本人自己到各町去叫卖，故应让其到三井店内来进行直接交易。

---

① 中世以高野山为据点在全国进行化缘的行脚僧人，属下级僧人。平安末期开始，日本将基于净土信仰而出家遁世之人称作"圣"。

② 亦称棒手振，即货郎之意。

e　关于小贩,尽量不要与其缔结契约,通过小贩来进行贩卖,是比自己在店内卖或者是赊账贩卖还要讨厌的事情,即使该小贩是身边的可信之人,也要比自己在店内贩卖时操心些,每日早晚都要仔细考虑那个小贩的"卖货之所"的问题。

　　f　前卖自是不必多说,对于町卖、胁卖也要投入足够之精力。

　　g　对于胁卖的小贩要在细细思量之后方可卖给他们。

　　首先从 f 中可以看出当时的贩卖方式有前卖、町卖、胁卖三种。其中的胁卖如 g 中所述主要是依靠小贩们来进行的,e 中指出应尽量不与小贩们缔结契约,这些小贩也就是前面所谈到的原本拥有自己的"贩卖场所"(e)即主顾范围圈的独立商人,与这种小贩缔结契约,依靠他们的力量将吴服卖给主顾们的贩卖方式被称为胁卖,值得注意的是,三井将这种不得不依靠独立的小贩来进行销售的贩卖方式视作是比直接贩卖、赊账贩卖还要"讨厌"的事情(e)。

　　其次,所谓的町卖,其具体含义比较难以把握,有人认为这种方式与前面所提到的町见世这种贩卖方式属同一意思,但如下文所述,其是否可以认为意味着与本町一、二丁目的吴服店同行们有着交易往来。

"下店"与前卖

　　有关与上文的胁卖、町卖一同被提及的前卖的性质,可在前面所举 c 中的《商卖记》一节中找到线索。据其记载,店前卖/前卖的特征有如下两点:

　　① 不可赊账,主要依靠"现金买入"即现金支付的方式来进行。

　　② 开店初期,实施前卖的仅有著名的吴服店伊豆藏,此外本町二丁目的"下店"也有少量的这种业务。

　　大部分的吴服店都采取了町见世或屋敷店的形式,对于吴服屋而言,前卖还只是一种比较例外的贩卖方式。

　　这里,关键的问题在于本町二丁目的"下店"究竟是一家什么样的店铺这一点。研究建筑史的学者玉井哲雄先生注意到了上越[①]高田地方有

---

　　①　上州(今群马县)与越后(今新潟县)地域的合称。

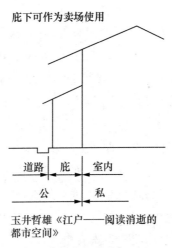

玉井哲雄《江户——阅读消逝的都市空间》

【表店与庇地】

一种被称作雁木的,即在大街两侧延伸的拱廊状生活通道,他认为在近世江户也有类似的长廊通道,即所谓"庇①"(玉井哲雄《江户——阅读消逝的都市空间》)。玉井先生以江户日本桥大街一丁目白木屋吴服店的店铺平面图为例,认为沿着临街(日本桥街)的店铺门面房柱以内宽约为京间一间(约1.95米)的空间为房檐,这些房檐又被称为"庇下街"或"庇下"、"店下",这些"庇下街""白天虽然为店铺的一部分,但到了晚上却成了室外空间",即具有所谓"半'私'半'公'的场所"这一特征,虽然有时候商人在这里营业,但这种店铺却并非常设。同时玉井还指出这种庇下街在日本桥街及本町街两侧分布广泛。

用于表示此类位于庇下街店铺的日语词汇中有片见世②、前店等。

关于片见世,我们以较为有名的、被称为"本町之名代的大店"家城太郎次郎店为例,这是一家极具实力的吴服屋,原本以与大名、旗本等作赊账贩卖为主要营业形态,随着交易量的增加,逐渐厌倦了巡回于武家邸宅的"行商"交易,开始潜心于店内直接贩卖。为了招揽顾客,他们开始在"片见世出售杂货",在贩卖商品上下足了工夫(《町人考见录》)。这里

---

① 庇指房檐。
② 片见世,在日语中有店铺的一部分的意思。

所谓的片见世也就是普通的常设店铺店头,即其庇下的零售场所。

此外,关于前店的相关资料,有1699年(元禄十二年)6月颁布的江户市内有关法令,其中关于河流沿岸土仓①的相关规定,其中特别是严厉取缔不允许可便在"土仓上加庇,将其设成与表店具有同样性质的见世的商业贩卖"(《正宝事录》)均可作参考。当时在土仓前面加上庇,并在其下面开设店铺的事例时有发生,时称"前店悬小屋"。如《江户砂子温故名迹志》②的日本桥一项中,有"此所名为前店,为庇前又加庇,以成之店铺,销售运货马车之器具及小杂货等"的记载(《日本随笔大成》),故日本桥的庇下店又被称为前店,从那时起,便开始直接将在庇下经营的非固定性质的零售店铺称做前店。

通过以上几点的分析,我们不难看出,本町二丁目的下店与本町街沿街的庇下前店及"片见世"是同一意思,由此也可推断,所谓的前卖或店前卖就是指在这种下店/前店中进行的、以相对应的现金交易为基础的零售形式或零售卖场。这些从事零售的小店铺一直以来是由一些小本经营的商人来专门经营的,三井学习了这些小户商人创造的所谓前卖的零售经验,并将其运用到以町见世、屋敷店为主的吴服屋经营中,内含店头设置的无数可直接营业的零售小店铺,而将其作为贩卖的中心,这一点具有划时代的意义。

克服吴服同业的营业妨碍

如前所述,三井越后屋推出前卖这种零售贩卖形式,并积极经营,在此过程中,据《商卖记》记述,他们还经历了以下的纠纷:

> 客户越前家之专职采购者到吴服所松屋订购绉绸以及一般的大路货时,因价格过高,考虑再三,此人改为至三井家的店铺购买,三井家的本店将绉绸尽数卖与客户越前家,这桩生意竟导致一系列复杂问题发生。首先松屋方面十分愤怒,他们发动"本町仲间"的联合行

---

① 即土墙仓房。
② 又称《江户砂子》,菊冈沾凉著,享宝十七年发行,共6卷6册,是对江户市内的名胜古迹进行图解说明的地方志作品。

第二章 社会性权力——豪商与町

动,以松屋家族的店铺为首,本町、石町及四丁目之吴服店素来嫉妒我店之生意,因此事件更是一道断绝了与三井家之交易,我店一家排斥在同业者之外,我方虽多次致歉,仍不为其所容。

这里的"客户越前家"其实就是福井藩主松平家。常驻江户的大名们均以特定的吴服屋为自己的"吴服所",负责从京都采买服饰。这一点从吴服商人的角度来看,有前面所述的"屋敷店"这一营业形态的意味。即越前松平家应将位于本町、较具实力的吴服屋松屋作为其采买服饰的专用店,然而越前家的采购者在松屋订购绉绸及大路货(指做工粗糙的下等品)时,因其价格过高而来到三井越后屋,当越前家的采购者了解到这里的价格更为便宜之后,开始只从三井家以现金直接购进衣物。被抢走了重要老主顾的松屋与"本町仲间"及"松屋一门"(同家族的吴服屋)、本町、本石町的吴服店联手,停止同三井家进行交易,将其从交易伙伴中排除。以上的经纬被记载下来。

上文中,值得注意的是本町仲间这一吴服屋联合组织的存在。以本町一、二丁目为中心,包括北侧的本石町分布着大量的吴服屋。这些吴服屋以町的境界线为单元,结成了同业者联合组织,这一点毋庸置疑。

本町仲间对三井家实施制裁,将其"拒之门外"的行为包括以下内容:

① 向整个江户城的吴服店呼吁,停止从京都采购衣物。

② 与管理三井各店所在的町屋敷(住宅区)的家守同谋,在三井家厨房的后面建一所"总雪隐"(全体町内居民的公用厕所),向其后院厨房排放污水。

③ 为了防止三井家从本町逃至其他地方进行营业,在各地展开事先阻止将店铺租给三井家的活动。

三井家最终顶住了上述种种的营业妨碍活动,在确保京都采买渠道的同时,伙计们团结一致,发愤努力,突破了困境。而且在这次争斗中,首次使用了"圆圈中套'井'字再套'三'字"的垂帘家纹①标志。此外,三井家在探听到附近的骏河町有出卖家宅的消息后,经中川常印、板仓三郎左

---

① 历代相传的家族标志图样。

卫门(两家均为本两替①)的中介,秘密购进这块町屋敷。这些活动均是在极秘密的状态下进行的,随后三井家将位于本町的本店、新店连同商品、伙计们一举迁入新址,开始了新的营业。

因大名、旗本等宅邸内专门负责采买的主顾们此前早已对与吴服店之交易及商人的行径了然于心,故于骏河町店开业之际,顾客群集,比之本町吴服店还多。对于三井家而言,这正是所谓的猛虎下山之势。

在三井家新店开业的同时,过去的老客户自不待言,更有大量新顾客蜂拥而至,从《商卖记》颇为自豪的语句中,我们不难想象出三井高治当时得意洋洋的神情。

两替店群集的骏河町

骏河町位于室町二丁目与三丁目交界处的小巷的西侧。这一地段町正面长度为一丁(1丁=60京间),街道两面长度的总和为120间,是当时町的标准长度。骏河町的东侧因受室町所阻,这一侧长度仅为40间,其规模稍小。这里中间夹着吴服所茶屋,正好处在本町二丁目的南面,其西侧则为本两替町。本两替町与骏河町二町正如前述,紧邻着负责管理江户金银货币铸造的金座头人后藤庄三郎的事务所。后藤的事务所负责小判②、一分金③等钱币的铸造及品质管理,其周围聚集了大量的钱庄,这些钱庄不断与后藤家进行钱币兑换,并起到了作为使这些钱币在江户市内乃至全国范围流通起点的职能。其中至17世纪中期左右,处于中心地位的钱庄业者结成了"本两替"这一联合体组织,并获得官方认可,他们承接幕府的公款储蓄,成为幕府御用的汇兑业务的特权商人。一般认为至17世纪中期前后,这种钱庄在江户城约有40家。这些钱庄业者的店铺基本上均建在本两替町和骏河町这两条街上,这可以认为是由于本两替町北侧存在金座的缘故。根据史料《自古以来本两替

---

① 江户时代专门从事金银兑换借贷等大宗生意的两替屋。
② 天正(1573—1592)前后至江户末期通行的椭圆形钱币,1枚相当于1两。
③ 江户时代钱币的一种,4枚一分金相当于小判1枚。

第二章 社会性权力——豪商与町

名称略记》(《两替年代记》)所载,可以确认至1657年(明历三年)为止,这里共有36家本两替,此后虽有相当大的变化,但1667年(宽文七年)有43家,1674年(延宝二年)有40家,1687年(贞享四年)有29家等等,由此可知这一时期的钱庄业由30—40家本两替屋构成。在1674年这一时期,这些钱庄被编为带有本两替町、常磐桥、骏河町、新两替町等町名的四组(《两替年代记关键》)。常磐桥为本町一丁目的别称,新两替町为银座町的别称,但在此之后,钱庄业基本上被限定在本两替町及骏河町两街之中。

涉足钱庄业的三井

关于三井家何时开始涉足钱庄业一事,至今仍有许多不明之处。在《胁田藤右卫门备忘录》(《三井事业史》资料篇1)中,有"两替店在吴服店本町一丁目有之,此后,在骏河町北侧海保喜右卫门家内亦有之"的记载,胁田是创业时期活跃一时的江户本店主管、三井家的功臣。上文为1728年(享宝十三年)所记,可见三井家在1683年(天和三年)将本店搬迁至骏河町之前,便已在骏河町开始钱庄业的经营了。但从其还只是在海保宅邸内经营这一点来看,可以推测他们当时还不是钱庄同业组织内成员,只是在临街表店内有小规模的钱币兑换经营。

在此期间,1683年5月三井于骏河町一举购得两处町屋敷,分别是同街南侧东角、店面宽为四间(京间)的一处,以及自此角起第二家、店面宽为三间一尺六寸(约6.3米)的一处房产。价格(沽券价)是前者630两,后者400两。根据当时的买卖契约文书(沽券状)所载,卖主分别是"孙三郎"和"六左卫门",后者也是本两替中的一员,即屿屋六左卫门。据考证,屿屋于1689年(元禄二年)脱离本两替同业组织,而三井家很可能并没有在购买到这处街内房产的同时,也得了屿屋所具有的本两替业的钱币兑换营业权。

三井家在购得这两处街内房产之后,便立即搬迁至骏河町,并开始营业,根据胁田藤右卫门的记载,当时的店铺"东面有吴服店,店面宽四间,纵深二十间。西面有兑换店,店面宽三间,纵深七至八间"。由此可以确定,1683年,三井家已在骏河町经营钱币兑换业,也可推断其所使用的是前面提到的本两替嶋屋店铺旧址。三井家于1685年(贞享二年)又将钱庄搬至同街北侧(可能为租地),又于1695年收购了本两替嶋屋用仓的町屋敷,并将钱庄迁至其中,从此三井江户两替店的名号一直延续到幕末。

拯救三井于水火的侠客

据《商卖记》记载,搬迁之初,三井越后屋受到了江户中吴服同行们的营业妨碍,也饱受浪人们的骚扰,甚至还受到了"我们要用石头火矢攻击"的这种口头威胁,这也令店内伙计们动摇,同时骏河町内街坊也有人要将三井家从街里赶出。关于三井家如何走出这一困局,还有以下这样一段逸闻:

当时骏河町街内,有一个名叫和田平右卫门的人。此人是在町内有町屋敷的人见正竹家这一不动产所有者的管家,同时也是远近十四五个街道"众口称赞的侠客"。那时候,江户市内有很多旗本来来往往,作为这些人集会的场所,每十个街区便会设置一处用来供他们娱乐的"围棋—象棋—俳谐""会所",平右卫门所管理的町屋敷范围内也有一处这样的会所,他也被聚集在这里的旗本们亲切地称作"风趣老爹",后来三井勘右卫门(三井高利的第九个儿子三井高久)背着包袱来到这里贩卖衣饰等商品,平右卫门同勘右卫门及旗本身份的顾客们事先讲明"要在我这里卖东西不许赊账,要用现金支付,而且尽量要卖便宜些"。据说三井勘右卫门最后卖的效果非常不错。以此为契机,三井家才将店搬到骏河町,开始作现金交易。

三井家搬至骏河町后,陷入了所谓"原本尽是钱庄之町,插入服饰店,犹如水火不容"状态,骏河町街内众人以此为理由,决定将三井家赶出町外,然而不忍心看到三井家陷入这种困境的侠客平右卫门,主动介入三井家及骏河町街坊之间进行斡旋,并承诺"这件事就交给我来办",他与町年寄、木桶店主们进行交涉,向对妨碍三井家店铺营

第二章　社会性权力——豪商与町

业的本町服饰店同业组织施加压力,阻止了他们的行动。后来在平右卫门的帮助下,三井家买到了人见正竹的房产,将本店也搬到了那里。

上面这段逸闻是 1770 年(明和七年),故事中的主角和田平右卫门的子孙们因穷困潦倒,向三井家请求生活援助时,特意附加的一段文字。此外还附有一张由三井宗寿和三井宗竺联名写给和田平右卫门的便条,但一般认为这张便条十分明显地让人觉得系伪造之物。也就是说这是和田平右卫门的子孙为了显示自己的祖先在三井家创业之际做出了多大的贡献,以此来获得尽量多一点的援助金而采取的一种手段。因而很难将上述逸闻当做事实来接受,但 1698 年(元禄十一年)三井家在向人见正竹购买街内房产时留下的契约文书中的确记有"正竹家守和田平右卫门"一文,可见确有和田平右卫门这样的人物存在。因此这则逸闻中的一些细节虽然有可能是杜撰,但大体的情节还是值得参考的。

收购恩赐町屋敷

前面的逸闻中所出现的人见正竹的身份是幕府的番医师(俸禄 300 俵①),幕府的医师以典药头②(2 人)为最高职位,下设奥医师、番医师、寄合医师、小普请医师等各个等级。人见正竹属其中级资格的医师,名必大,他的父亲人见元德(1604—1684)是一名儿科医生,也是幕府的医师(俸禄 700 石③)。在德川家纲④还是世子的时候,曾任其侍医。人见正竹是人见元德的第四个儿子,生于 1642 年(宽永十九年),死于 1701 年(元禄十四年),其兄人见竹洞(1637—1696)曾以儒者的身份在幕府任职。人见家是与旗本同样地位的医生、学者家族。人见正竹还著有《本朝食鉴》一书,并于 1695 年将其献给将军德川纲吉⑤。

---

① 4 斗米为 1 俵。
② 即典药寮的长官。
③ 1 石为 10 斗约 180 升。
④ 德川家纲(1641—1680),德川幕府的第四代将军。
⑤ 德川纲吉(1646—1709),德川幕府的第五代将军。

在三井家搬至骏河町的 1683 年（天和三年）12 月，人见正竹得到了该町北侧东木户边上的一处正面宽度十间的恩赐町屋敷，所谓町屋敷是指位于町人地中的武家地的一种，作为给武士、大奥①中的女中②、御用职人—商人的俸禄的一部分赏赐给他们的房地产，禁止其买卖。获得这种恩赐房地产的土地所有者被称做恩赐地主，他们中的大多数人将获得的这种恩赐房地产作为租地或店铺租赁出去，将租金作为收入手段。而这种恩赐房地产的经营则是交由家守来进行的。在前面的事例中，三井家用其在本凑町（今中央区凑一、二町目）的正面宽度七间五尺的街内町屋敷，再加上 850 两银子与人见家交换了在骏河町的町屋敷。也就是说这实际上已经与公开买卖恩赐房地产无异了。

出任幕府的双重御用

搬迁至骏河町之后的江户三井家，分别以本店/服饰店和钱庄为其双翼，取得了飞跃性发展，这一可能的强有力背景便是获得了幕府御用商人的地位。

其中的一个是出任负责管理幕府仓库的纳户御用③。幕府的仓库有元方与付方两个部门，这两个部门又各有纳户头④ 2 人，负责掌管衣物及各种日用器具。其中元方负责管理将军的衣物、笔墨纸、扇子、布匹、香料、马具及江户城里的赏赐品等，而付方则负责采买给大名、旗本的赏赐品，包括衣物、金银、日本刀等。在关联人物中，处于中心位置的是承包服饰等物品采买的町人，他们被称为吴服师，当时由后藤缝殿助、茶屋四郎次郎等 6 人担任。

搬至骏河町后不久，三井高平便被将军德川纲吉的侧用人⑤牧野备后守成贞（1634—1712）叫去，劝其担任纳户御用一职。在牧野的斡旋

---

① 江户城内将军夫人居住的府邸。
② 大奥中女官官位名称。
③ 纳户即储藏室，储藏仓库。
④ 即纳户长官。
⑤ 江户幕府的官职名称，属重职，纲吉时代开始设立，牧野成贞为首任侧用人，主要负责将将军的命令传达给大老、老中等人，或将后者的意见转告给将军，有时候也相当于将军的咨询顾问，历史上较为有名的侧用人有柳泽吉保、间部诠房、田沼意次、水野忠成等。

下，三井高平首先于1687年（贞享四年）担任幕府付方纳户御用一职，接着又于1689年（元禄二年）兼任幕府元方御用一职（《宗寿居士由绪书》）。就这样，三井家便与"所有吴服所等级一致"，拥有了与原有的吴服师们同等的社会地位，至此，一直与之为敌的"江户城中的吴服屋"的种种"邪念"也被尽数消除了（《商卖记》）。

三井家出任的另一个职位是幕府大阪御用金库的为替御用。1690年（元禄三年）6月，受江户城市行政长官町奉行之命，本两替町和骏河町的两替业主们被召集至町年寄奈良屋的官邸，从中招募幕府大阪御用金库负责金银兑换的为替御用一职，其主要工作是通过大阪与江户的两替商们的货币兑换业务，以畿内①及西国②等地幕府领地上交到大阪幕府金库的年贡金为中心公金，以兑换方式汇进江户城。这种兑换系统之所以成为可能，是由于京都及其周边地区的庞大物资开始转输到江户城，其巨额货款由江户城向京都及其周边地区支付，亦即当时确立了这种物资与货币的双向流动。也就是在幕府及西国大名们的年贡金从大阪汇至江户的货币之流中，以汇兑方式代替实际的货币支付、使之相互抵消的方法。

当时到幕府应征大阪御用金库为替御用的均是具有实力的12家两替商。其中有两家分别是越后屋八郎兵卫和三井次郎右卫门。三井家在实现了飞速发展之后，早已经确立了将江户本店的销售收入汇至京都、作为采购金来结算、并将所得利益上缴至大元方的体系。1686年（贞享三年）三井家已在京都六角町成立了京都两替店，随着后来开始担任御用一职，又于1691年（元禄四年）秋，在大阪高丽桥一丁目新开了一家大阪两替店，就这样，担任大阪御用金库为替御用一职的三井钱庄便同时在大阪及江户两地经营货币兑换，先从大阪的御用金库接受支付的金银现款，又将这些钱专门用于大阪钱庄的运营，而江户的钱庄则将在大阪所接收的金额进行兑换，即将与之相对应的金额交纳至江户的幕府御用金库。而且在江户的交纳期限也由最初的60天变为后来的90天以内，利用这一

---

① 律令制时期山城、大和、河内、和泉、摄津五国的总称。畿内主指京都周围的区域。
② 指畿内以西的诸国，主要指九州地区。

宽裕限期,三井家将在大阪受理的公款贷给大阪地区有实力的商人,从中获得了巨额利息收入。

因为通过兑换业务弄到的是巨额公款,作为这种巨额公款的担保,三井家收购了大量江户城内的町屋敷,以此作为向幕府作为保证的抵押/担保物。这些抵押资产在1696年(元禄九年)总额达到了30700两之多。

经过上述发展,至17世纪末止,三井家的服饰店及兑换这两个营业部门均担任幕府御用之职,从而确立了无人比拟的特权商人地位。

三井高利的遗产

1694年(元禄七年)2月,三井高利(宗寿,当时73岁)已于京都油小路二条上的住宅中卧床一年有余,意识到自己死期将至的他将妻子阿金(寿赞)及以长子三井高平为首的众子女唤至床前,向他们公开了自己的一封遗书。在这封记有"依所书行事"字样的遗书中,三井高利将妻子、当时在世的9个儿子中的七人、长女夫妇以及自己赏识的"提拔者"二人定为遗产的继承对象,并将自己的"总有物高",即三井高利一生所赚资产的总额分成了70份,据推测当时其资产约为七万两左右,接任总领之位的长子三井高平(八郎兵卫)继承了其中的29份,次子高富13份,如此等等,详细地显示了按照一定比例进行资产分配的概况,除此之外,他还特别指示给阿金留银100贯(1667两)。三井高利本来还有第十一个儿子三井高胜,因是庶出,被排斥在遗产继承对象之外。这封遗书一式三份,三井高平、三井高富、三井高治(三子)各有一份,这份遗书具有强有力地促成日后三井越后屋家族紧密团结的特性。

在三井高利的这一决定中,值得注意的是,总领/三井高平获得了绝对优先照顾,另一方面从字面上来看,似乎进行了遗产分割继承。但实际上,从当时留下来的另一份与家产有关的文件中,我们不难看出这种所谓的"依所书行事"的继承逻辑的真实状态。

在这份资料中,父亲三井高利写下了让次子三井高富以下的八个儿子对总领三井高平,必须遵守四条誓约。而且在这份文件后面,三井高利

第二章 社会性权力——豪商与町

要求儿子们严守文件内容,对包括高平在内的"诸子众人"下了如下的命令。

第一条记有"众兄弟"必须遵守"家产一体"的内容。即不可将三井高利留下的遗产(资金)各自分配,而是将其作为"众兄弟"的共有财产,由总领三井高平代替父亲来统一管理。

第二条记录了当时总资产的具体细目。其中江户、京都、大阪、松坂各地的店铺、房地产、资金等虽表面上分到了三井众兄弟的名下,但这些东西实际上还并非各人之物,如第一条中所记,是众兄弟共有之物,此外在第三、第四条中也明确指出各兄弟的生活费用及买卖生意等均由三井高平来统一管理。

这样,在17世纪末,三井越后屋中确立了由创业者三井高利众子所组成的联合组织"众兄弟",他们并没有分割乃父留下的巨额遗产,而是在将其共有的同时,如前文所述的那样,以服饰及金融两大营业部门为主轴、以三大都市为中心,营业活动得到长足发展。

日本第一的家德

在三井家的经营体制大体确立于宝永年间,三井高利的次子三井高富(宗荣)向各营业店铺及伙计们宣布了题为"此度向诸店通告"的店铺守则及家法。其内容广泛,包罗万象,可谓集创业时期以来的商业理念以及经营技巧之大成。其开头部分,是对三井越后屋最为重要的营业部门本店的通告,在起首处记有如下文字:

"前卖之仪、各种买卖、诸职种均应为世间无二日本第一之家德,应为不曾有之仪[①]"(《三井家业史》),将前面曾经谈到的"前卖"这种零售形式视为世间无二的三井越后屋经营上的独创之物,认为这是日本第一的"家德"。而其中将前卖视为"实价买卖"的广告词则成了后来薄利多销销售方法的代名词,也即是说在这句话中浓缩了三井经营理念中最为关键的部分。在这里,我想应在充分考虑前面曾经讨论过的前卖性质的基

---

① 这里的"仪"有事情之意。

础上,重新思考三井家经营中前卖所具有的意义。

卖场各个部门

在三井越后屋将其大本营定在骏河町之际,三井高利的第六个儿子三井高好(宗感,1662—1704)活跃在江户各店营业的最前线,至今仍留有他当时记录三井各店经营概况的小册子,这就是被称作"宗感备忘录"的横写账本,成为我们了解骏河町三井营业内容极为珍贵的史料(参见下图)。下面我们将通过《宗感备忘录》,对 1683 年(天和三年)时的三井越后屋的状况进行概观,特别是要考察当时的卖场具体情况。

年份	本店				新店				绵店				两替店			
	伙计	童工	男	合计	伙计	童工	男	合计	伙计	童工	男	合计	伙计	童工	男	合计
1673 年	13	2		15												
1678 年	9	2	1	12	7	2	1	10								
1683 年				26—27									4—5	1		
1685 年													5—6			
1687 年									9—10							
(年份不详)	34	17	8	59												
1690 年	45	23	12	80					11	3	1	15	6	1	1	8
1690 年	45	23	13	81					13	3	1	17	5	2	1	8

【1673—1690 年江户三井各店中的仆从】

第一,值得注意的是仆从的规模。上表是据 1673—1690 年(延宝元年—元禄三年)仆从规模的数据而制成的。在本町时期,三井家虽有本店和新店两个店铺,但在搬迁至骏河町的过程中,又重组成本店(服饰店)及棉店两个店铺,新设了钱庄。由此可以推断,至 1690 年,本店及棉店的仆从约有百人左右,是本町时期的 4—5 倍。其中又以本店规模最为突出,有伙计 45 人,童工 23 人,男(后厨男下人)12 人,合计达到了 80 人。至此,便清晰可见这一时期三井家业务飞速扩展的轨迹了。

第二,有关本店卖场的记录。其记述如下:

第二章 社会性权力——豪商与町

本店人员配置①

- 卖场 十二处　　　　　　伙计十二人、童工十二人
- 切店②　　　　　　　　　卖手③四人、记账一人
- 通场　　　　　　　　　　伙计六人、童工二人、记账一人
- 染坊　　　　　　　　　　伙计二人、但为每人轮换一次
- 店内账务管理　　　　　　伙计一人、童工一人
- 结账处　　　　　　　　　经理一人、记账一人、盖印一人
- 屋敷出　　　　　　　　　伙计五人
- 签收处　　　　　　　　　童工三人
- 零钱兑换　　　　　　　　一人
- 调度　　　　　　　　　　勘右卫门、店内管理二人
- 画匠　　　　　　　　　　一人
- 机动人员　　　　　　　　伙计五人、童工五人

这是1690年的本店伙计及童工合计68人的职务分担记录,从中可以看出以勘右卫门(高好)为中心,共分出了11个专门部门,其中的卖场尤为值得注意,对此西坂靖曾作过如下论述：

> 如果我们将越后屋仆从的世界理解为是那些将来打算自己经商者的聚集地的话,可以说每一个部门(卖场等)就是一个模拟的小型经营(经商)单元,他们被迫发挥各自的才智苦心经营,呈现出一种如同店铺间相互竞争一样的竞争状态。

若参考这种观点,则上面的史料中出现的卖场也可算作是一个由一名伙计及一名童工组成的"模拟的小型经营",也可看出这12个卖场在本店店铺的中心位置开始了各自的发展,这也正相当于前买卖场本身所具有的意义。前面我们曾将在店铺前或是店前的庇下进行的小规模零售称做前卖,而在骏河町的三井本店在店铺内部也开始了这种经营。从庇

---

① 关于此表中所出现的卖场名称可参考第96页图。
② 江户的下等游女屋。
③ 负责卖货的店员。

下转入店铺的中央位置,这种众多的小规模零售卖场集合起来成为一体,占据了三井商店卖场的核心位置。

伙计与童工——前卖的单元

本书日文版引用过一幅插图,被认为是奥村政信于享保时期所绘题为"骏河町越后屋吴服店大浮绘"的版画,在画面右侧骏河町的大街上,透过店铺的招牌门帘,可以看得到大街对面的"糸店"(后来的向店),画面的主题显然是在描绘三井越后屋(本店)的卖场,画面正中央的前方即是前卖的卖场,透过左侧的格栏可以看到正在工作的伙计,在他的指挥下还留着刘海儿的童工(丁稚)正在把用纸包好的服装商品递给一位坐在店门口、上手里拿着烟管的女主顾。这种伙计加童工的搭配即相当于《宗感备忘录》中的前卖单元。而在画面的左后方,一些人围成一圈似乎正在进行着热闹的交易,那大概就是商人同行们在进行相互买卖的场面,附加一句,我希望大家也能够注意画面的中央童工正用厌恶的目光注视着的那个僧人打扮的乞丐般男人(参照第三章第2节)。

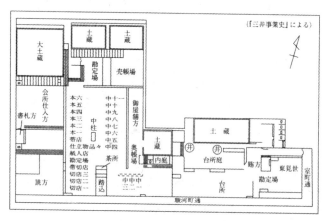

【三井江户本店的店铺平面图】
(三井事业史)

再看一下店面图。上图是18世纪中期三井江户本店的店铺平面图。画面右侧为东面,也就是临着室町街的一面。可以看到室町街沿街一侧及南面的骏河町街沿街一侧有一些"店下"/庇地,这是被改设至店内营业的庇下,尤其值得注意的是画面左侧一边的卖场的样子。以"踏込①"和"茶所②"为基点,图中共标出了"中一"、"切店一"或是"本一"等多达25处的记号,这些记号所表示的正是居卖场核心地位的前卖单元。而其中每一个小单元均配有伙计和童工,在那里从事着"模拟式小型经营"的工作。

以"兄弟一致"希求家业绵续

1722年(享保七年)11月1日,三井的总领家(北家)、第二代八郎兵卫高平(宗竺)迎来了他的古稀之年,以此为契机,三井高平写下了长篇遗书及家族渊源记,并向一族上下公开。他所作之前者被称做"宗竺遗书",身为三井一族集团"首脑"/总领的三井高平,为了实现已经取得大型化发展的三井家家业的绵续,将家法作了系统整理;后者则以"家传记"为题,概述了其家族的历史。

《宗竺遗书》是系统叙述的长篇文章,一般认为其主要部分写于1715年(正德五年)前后,是在修改前面提到的三井高利"遗书",将其系统化的基础上完成的。在《宗竺遗书》中,宗竺/三井高平对包括小弟弟三井高久、三井高春在内的各家继承人进行了嘱托,并在后面的跋文中,让自创业以来的合作伙伴、又是仅比自己稍小的弟弟三井高治(宗荣)、三井高伴(宗利)也署上了名字,以增强其权威性。其内容首先是记载了"遗书"七条,此后另有"首脑之体及惩治条文",其后则为对家法及其使用规则的详细叙述。

开头的"遗书"第四条有如下一节,极为滔滔不绝地讲述了三井高平、三井高治、三井高伴等众兄弟如何继承了三井高利的遗志:

> 同族之众应日益同心同德,立于上者应惠下,居于下者应敬上。吾等兄弟和睦,虽未能猜测此后可否相同,然兄弟日结同心,不乱所立之家法、礼仪,若能慎而谨守,便为日益欣荣之道理。因为人各有其心,所以若能善察他人之心,自制于己、慎而行事,则可调和诸事。只欲己立而不虑他人之心,外虽貌似和睦,其内实不和也。不能忍耐

---

① 房屋入口处放鞋的地方。
② 为来访的客人提供茶水的地方。

即为生乱之时。此旨须悉心领会。华奢初生之时便为忘其家业,荒废商卖之日,何以繁家昌业?但一家亲和,日慎己身、断私灭欲,体恤同族而不怠家业之时,必可逐日繁家昌业,庶可传之子孙也。(《三井事业史》)

上文中,三井高平指出,三井越后屋之同族应紧密结合,应严格遵守兄弟间的上下关系,同心同德,谨守家法,不应耽于奢靡浪费,不应只求一己之利,如此才能融合一族,互助合作,发展家业,以保证日后家族繁荣昌盛。

此外,如本节开头处所述,构成三井越后屋同族的限定于本家六家以及支系三家等共九家的范围内。它主要包括以三井高利诸子为本家、支系的第一代诸家,并以长子三井高平的"八郎右卫门"家(北家)为"首脑",即总领家的同族集团的联合组织。同时三井高平也规定上述九家构成的家业必须基于"财产一致"、"兄弟一致"的家法根本精神经营。这样从江户中期至幕末,这家起到了流通与金融业中"牵引车"功能的顶级豪商/超级大商店的家族及经营,便以"永远绵续"为目标不断地巩固其基础。

3 町与大商店——京都冷泉町

三井本店的京都采购店

如上节中所述,三井越后屋将其大本营设在了京都。作为其统领机构,从大元方开始包括其本家、支系的房地产中的一大半也都在京都。而且本店一卷、两替店一卷的本店也同样都在京都。三井家之所以将自己的大本营设在京都,我认为原因主要是"应仁之乱"[①]以后,作为高级丝织品生产地而发展起来的西阵也在这里。此外,为了采购质地优良的产品而来的服饰业者以及大量相关手工业者也集中在这里。幕府在江户开府

[①] 也称做"应仁文明之乱",室町时代末期,1467年(应仁元年)至1477年(文明九年)以京都为中心而发生的一场长达11年的战乱,对当时的社会、文化造成了极大的影响,此后日本进入战国时代。

第二章 社会性权力——豪商与町

以后,为向将军家及大名、旗本们供应丝织品,与当时的丝织品的一大产地京都保持密切的关系,或在这里开设负责采购的店铺,对于经营服饰业者而言是必不可少的举措,这一点三井家也不例外。

三井越后屋初次进军京都,与其在江户本町一丁目开设小店铺基本在同一时期,即1673年(延宝元年)8月左右。自家向江户本店提供丝织品的大本营/采购店京本店在京都开业就是目的之一。京都本店的地点在室町街二条下蛸药师町的东侧,店面宽度仅为九尺,是一家二层楼的小店铺(《商卖记》)。其后京本店又在该町西侧租了一家店面宽度为三间的町屋敷,并迁入其中,最后将该房地产彻底收购,这样三井家便首次在京都成为"家持"①者。此后三井家又于1704年(宝永元年),在蛸药师町北面的室町街二条上冷泉町西侧,购得一处町屋敷,并最终将京本店搬到了这里。在此期间,除了上之店、丝店、红店、两替店之外,又接二连三地购买了多处作本家居住用的宅地,至享保年间,三井已经成为京都市内占地规模最大的地产大亨。

在本节中我们将注视设置在冷泉町的豪商三井的服饰营业部门的主要据点。首先我们就近世初期冷泉町来考察一下町这一共同体的具体状况,并讨论自17世纪后期至18世纪,町这一共同体是如何变化下去的。我将要考察的是像三井这样的大型社会性权力的登场及其巨大化的发展过程中,曾是初期町特色的小户町人逐渐消失这一变化。

关于京都诸町的珍贵史料

室町街二条上冷泉町如今位于京都市的中央区。此町作为具体了解自中世末期至近世前期町共同体所具特性的珍贵实例,此前已有很多相关研究。在这些研究中,作为素材使用的史料是现藏于京都大学综合博物馆的一本名为"京都冷泉町记录"的影抄本史料。所谓影抄本,是指对原始史料进行精确抄写的版本,在原件发生佚失或是原件较难入手的情况下可以当做原件来使用,具有极高的历史资料价值。

---

① 即在京都拥有家屋敷等地产之意,颇类中国之户籍。

1980年5月,笔者在历史学研究会的大会上作了题为"公仪①与町人身份"的研究报告,在这份报告中笔者不揣简陋,以京都冷泉町为主要事例,主要讨论了自中世后期至近世初期町共同体及町人身份如何展开的问题。

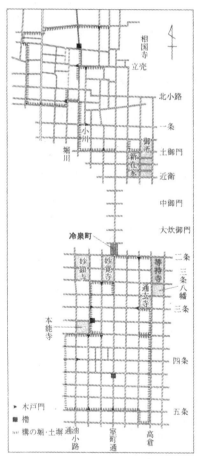

【冷泉町的位置】(信长时期)

其中所用的核心材料便是这份《京都冷泉町记录》,在《日本都市生活史料集成》第1卷(学习研究社,1977年)中,有其全文的铅字本。在对

---

① 指朝廷、政府。

第二章　社会性权力——豪商与町

铅字本史料的阅读过程中，笔者发现其中可能存在着多处错字、漏字等现象，于是来到当时收藏该史料的京都大学文学部，在久留岛浩和杉森哲也两位先生的帮助下，将其与影抄本《京都冷泉町记录》进行了校对，并将用红铅笔订正后的铅字本史料用作研究。铅字本中的错字、漏字数量之多，超出笔者想象，看着红铅笔订正后一片红色的文本，当时体验到了从未有过的那种对整理出版史料的恐惧感。

《京都冷泉町记录》由四册组成，其内容包括第一册天正十年的"大福账"，第二册天正十三年的"大福账"，第三册庆长十二年的"大福账"，第四册仅为一页纸，上抄相关内容33条。

在第四册的末尾记有"右，京都市室町街二条上　矢代庄兵卫藏，大正七年4月影抄"等文字，由此可知，1918年京都大学从居住在冷泉町的矢代庄八郎手中借来其收藏的古文书的一部分，影抄了此本。但影抄之后是否归还了原件，如果归还了的话，此后的状况又如何等问题，从影抄本完全无法找到线索。而且此后直至1970年代末，在长达60余年的时间里，关于原件去向究竟如何的问题也没有人特意进行过追踪调查。

与冷泉町文书相遇

自1981年度起的两年时间里，笔者因兼任财团法人三井文库这一研究机构的委托研究员一职，得以对该文库收藏的文献，特别是其中有关近世三井家及其营业店铺的史料进行了相关的研究。当时，我的研究课题是17世纪后期至18世纪冷泉町的发展过程。这一课题内容如前所述，三井越后屋服饰部门/本店的主要据点京都本店自18世纪初起，事实上一直都在京都的冷泉町，由此笔者觉得如果仔细阅读三井文库收藏的京本店的相关史料，也许可以收集到与冷泉町有关的相关史料，并且产生了通过三井文库所藏史料，来尽量弄清楚冷泉町由近世初期的小户町人的町共同体发展成为近世顶级的大型商人资本三井服饰店的大本营这一剧烈变革过程或者说其变革结果的强烈愿望。我以此为目标，希望经过详细研究，在一定程度上把握了其概况时，将这一成果整理成论文。但在此之前，仍希望通过对冷泉町的实地考察，多少搜集一些有关《京都冷泉町记录》原本行踪的信息。

　　1981年11月16日,笔者邀约三位研究伙伴安藤正人先生、杉森哲也先生、西坂靖先生一起去京都,初次站在了冷泉町的土地上。当时我已在阅读所藏史料过程中制作的从江户时代至明治时期的冷泉町人名卡片,根据这一卡片资料,我特意准备了包括矢代家在内的近代以来冷泉町的居民名单,并计划一旦在町内发现有与近世时期同姓、同屋号的居民的话,就立即前去拜访。遗憾的是我们并没有找到矢代家的后人,但从当地居民的口中得知,此处还有一家町内最古老的住户,即经营西阵丝织商品"金襕裂地"批发的誉勘商店的松井家,于是我们采取"突击访问"的形式造访了这家人。

　　尽管白天营业时间店内非常忙碌,但当时的店主松井隆治先生仍然爽快地接受了我们有违常规的访问。对于我们十分唐突的提问"不知贵店是否保留着一些用毛笔记录在和纸①上的古文书?"松井先生的回答是:"最近收拾仓库时,倒是发现了一些这样的东西。"随即从屋里将一个装着一些东西的蓝色塑料袋拿到了会客厅,一边说着"这有一些破烂东西……",一边随手将袋中的东西全摆到了桌子上,就在那一瞬间,我们几个人竟然兴奋地抑制不住内心的喜悦而大声叫了起来。其原因就在于,我们一眼看出那几本东西就是我们要找的包含了《京都冷泉町记录》原件的冷泉町古文书。也就是说,1918年京都大学所借用的文书以及其中的部分残篇如今就摆在我们面前。而后我们又从松井先生口中得知,除此之外,店里还有相当数量的古文书,于是我们就拜托松井先生对所有这些文书进行调查,幸运的是松井先生也都痛快地答应了下来。

　　后来我们才知道,原来誉勘商店当时在修理店内仓库过程中发现了一些古文书,并将其装进三个木箱里,而且刚刚放到店铺隔壁二楼的格子里,就在这时我们突然来拜访了。如果没有那次仓库修理,恐怕也就不会有这些发现了,因而我还是忍不住再次地回味当时的幸运。

---

① 传统的日本纸。

实力町人保管的町有文书

那么,京都冷泉町文书经历了什么样的过程,从矢代家传到誉勘商店来的呢?关于其中的具体细节,至今仍无人知晓,但可以推测这些文书作为町所有的文书,本来就是由大家共同保管的。到了明治以后,近世以来的町的运营方法发生了很大的变化,这些文书由町来共同管理已经比较困难了,当时冷泉町内历史渊源悠久、有实力的商家如誉田屋(矢代)庄兵卫家等至大正年间为止,统一保管着町有的文书。因此,便将该文书称为"京都冷泉町文书"。

在冷泉町除了誉田屋(松井)勘兵卫家(誉勘商店)之外,还一直居住着誉田屋(胜见)仪兵卫家等矢代家的同族集团,而矢代家则是誉田屋一族的本家,直到第二次世界大战刚结束时,是冷泉町地位最高的商家。在京都大学借走文书中一部分的大正年间,当时应该还残存着远比现存文书要多的大量町有文书。

1918年京都大学文学部从矢代家借走了部分冷泉町文书,但他们是按照什么标准来选择了要影抄的内容,至今仍不明了,但从《京都冷泉町记录》的内容来看,主要限定在天正①至元和②时期即近世初期范围内,此外,近世中期以后的部分则完全不曾涉及。而且根据其后的调查发现,即便是有关近世初期的部分,有很多文书《京都冷泉町记录》也没能收录进去,从中可以看出编者似乎对于近世初期的文书并未做过细致的调查。在冷泉町文书中,还留有当时京都大学校长荒木寅三郎写给冷泉町矢代庄兵卫的信函,信中对其将所收藏文书借给京大作为研究参考资料表示了感谢。这封信函很可能是在归还借用的《室町冷泉町记录文书类》时所附之物,也就是说,可以推断文书是在1919年5月初之前归还给矢代家的。

此后,这些文书中的一部分在战前被寄放到誉勘家,又有一部分为防在战争中损失,疏散到了岐阜市等地。但具有讽刺意味的是这部分疏散

---

① 1573—1592年,天正为安土桃山世代正亲町天皇、后阳成天皇时期的年号。
② 1615—1624年,元和为后水尾天皇时期的年号。

的文书在战时因遇空袭,反而去向不明了。而我们几个人所碰到的则是没有疏散、残留在誉勘家仓库里的那一部分,因此,没有被寄放到誉勘家即誉田屋(矢代)庄兵卫家所保留的那部分町有文书的残篇直至今天仍然下落不明。

关于《京都冷泉町文书》的正式调查始于1982年6月,主要工作是借用誉勘商店的一隅来进行的,其中还得到了当时京都大学文学部教授朝尾弘直先生以及菅原宪二先生、小川保先生等的协助,先后六回共用了28天时间工作,终于在1984年9月完成。此后又由小川、久留岛、菅原、杉森、西坂等五位先生及笔者共6人共同合作,将该文书中近世部分的大部分内容翻刻、出版为全7卷本的《京都冷泉町文书》(思文阁出版,1991—2000年)。

町的规模

目前我们还未发现有关冷泉町近世时期町的平面图。下页中所载的是1912年冷泉町的土地登记图。就结构而言,这应与近世后期的实际情况无太大差异。贯穿町中央位置的南北走向街道为室町街,这条

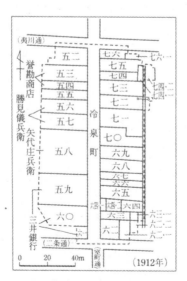

【冷泉町地籍图】

第二章　社会性权力——豪商与町

街道自中世以来便一直占据着京都市内南北走向街道中最为核心的位置，北侧为夷川街，隔着这条街，便与镜屋町接壤了。在南侧有从二条城正门延伸而出的二条街，这条街与蛸药师町相接。值得一提的是，在当时的地主们中，西侧53、54号地是誉勘商店，56、57号地是胜见仪兵卫，58号地是矢代庄兵卫（誉田屋本家），而59—61号地则是三井银行的地产。

冷泉町南北长约135米（京间69间有余），纵深东侧长约29米（不到15间），西侧长35米（不到18间）左右，其中54、55、66、67等号地均为正面宽度3—4间的土地——相当于近世的町屋敷。下文中将要谈到，在近世初期，比它们还要窄的2间前后的正面宽度才是标准的规模。

从这幅图中，我们可以看出中世末期、近世前期以来的冷泉町曾经历过的历史进程，而在下文中，我们将继续追寻这一变化的具体样态。

16世纪末是小手工业者之町

在《京都冷泉町文书》中，含有冷泉町的东面及西面于1593年（文禄二年）12月，向当时丰臣秀吉[①]政权下担任京都奉行的前田玄以提呈的"家主众指出"[②]两份文书。冷泉町成为由街道两侧组成的两侧町是在1723年（享保八年），而在此之前，东侧、西侧分别是两个独立的单侧町，各有着独自的町共同体。

这里"指出"的含义是简略记录所调查的有关町内成员即町内户主们的职业种类、来到此町的时间、出生地、兄弟等情况的文件。作这种调查的目的，久留岛典子认为是由于同年正月，丰臣秀次[③]在朱印公文中要求为了构筑对应"唐入"即中国威胁的军事态势，确保兵员，防止逃脱兵役、命令逃脱者较易潜藏的都市地区必须将居民的居住渊源记录上报。

---

　①　丰臣秀吉(1536/1537？—1598)，安土桃山时代的武将，曾统一日本全国，并任关白、太政大臣等要职，权倾一时。
　②　"指出"一词领地内的家臣向大名提出的有关土地面积、赋税量等明细的报告书。
　③　丰臣秀次(1568—1595)，安土桃山时代的武将，丰臣秀吉的姐姐日秀（瑞龙院尼）之子。

下页的图表,是关于这些上报内容的总结,在本表及其他相关记录中值得注意的有如下几点:

① "家主众"即町人的数目为东面 30 人,西面 29 人。如前所述,冷泉町的南北长度为京间 69 间有余,因而町人们所持有的町屋敷的正面宽度,相当于每人平均在 2 间 2 尺左右(约 4.56 米),也就是说冷泉町的东西两侧均是由那些拥有狭窄町屋敷的町人们组成的。

② 根据业种的记载统计,两町合计共有多达 31 个职业种类。其中扇屋(11 人)、绘屋(3 人)、笔屋(3 人)等业种尤为醒目,特别是其中的扇屋,在两个町内均集中于町的中央部分。扇子是当时京都代表性的特产之一,而冷泉町可能正是那些以扇子生产为中心的职人们高度分工的地方。此外较易引起注意的还有武具、纺织等相关业种,另外还包括木工、农人等等,显示出当时极为广泛的业种范围。

③ 如果我们继续关注一下记录中町人们的出生地及兄弟情况,则不难发现其中尤以京都市内,特别是上京①的地名居多。此外,室町街、新町街等邻近町的町名很多。而京都市以外的地区,特别以近江、奈良的流入者居多。

④ 关于居住时间及世代数目,十分明显的是"这一代",即由本人开始住到冷泉町的人占了接近一半,若对其中记作"这一代"的人中清楚具体年数的 16 个人进行进一步考察的话,则会发现其中大部分都是在 1571 年(元龟二年)以后搬来的,由此可以推断,当时的町人有半数以上是在天正以后搬来的,而且町人的这种移住在当时非常频繁。

综上所述,可以说近世初期冷泉町的东西两部分主要是由以町人身份的手工业者为中心,而且基本上拥有小块房地产/小户町人组成的。

---

① 京都北部以御所(天皇的居所)为中心的地带。

第二章 社会性权力——豪商与町

西面			东面		
町屋敷号码	业种	家主	町屋敷号码	业种	家主
①	茶柄勺屋	次右卫门尉	①	农人	彦左卫门尉
②	木工	七右卫门尉	②	农人	三郎兵位
③	具足屋	彦兵卫	③	纺线	后家
④	织物屋	永喜	④	油屋	新次郎
⑤	绘屋	弥左卫门尉	⑤	灰墨屋	二兵卫
⑥	具足屋	甚七	⑥	水屋	孙次郎
⑦	纺屋	藤右卫门尉	⑦	缝物屋	与九郎
⑧	铃屋	勘右卫门尉	⑧	笔屋	了仁
⑨	小物屋	宗龙	⑨	苻屋	弥助
⑩	煽屋	源四郎	⑩	革屋	弥左卫门尉
⑪	煽屋	宗和	⑪	煽屋	妙佐
⑫	煽屋	与右卫门尉	⑫	煽屋	十卫门尉
⑬	煽屋	甚右卫门尉	⑬	扇屋	次卫门尉
⑭	鞘师	休仪	⑭	扇屋	与次郎
⑮	钱屋	彦四郎	⑮	扇屋	又右卫门尉
⑯	酒屋	久保	⑯	银屋	市右卫门尉
⑰	铜屋	宗德	⑰	木工	源尉
⑱	苻屋	妙珠	⑱	木工	二郎卫门尉
⑲	药屋	左近	⑲	伞屋	长卫门尉
⑳	带屋	助清	⑳	鞘屋	与七
㉑	钱屋	喜三郎	㉑	扇屋	与七郎
㉒	绘屋	与介	㉒	商人	十左卫门尉
㉓	绘屋	与十郎	㉓	具足屋	吉藏
㉔	毛鞘	孙右卫门尉	㉔	钱屋	久卫门尉
㉕	革屋	八右卫门尉	㉕	笔屋	与左卫门尉
㉖	笔屋	加竹	㉖	缝物屋	妙意
㉗	木工	藤左卫门尉	㉗	针屋	新尉
㉘	煽屋	宗琳	㉘	革屋	一兵卫
㉙	着付屋	德右卫门尉	㉙	木工	喜介
			㉚	带屋	与兵卫

【冷泉町的"家主众"及业种一览】

(1593年[文禄二年]12月。业种均按原史料的表记①,其中煽屋即扇屋)

---

① 原文中大部分为历史假名记录,译者均按原意将其转为汉字。

土地买卖的剧增及实力商人的登场

如前所述,作为主要由手工业者即小户町人组成的共同体,冷泉町不仅有自己的町规,而且还是一个独立运用町财政的小型自治团体。但是从17世纪前期至中期,这一构成发生了很大变化。

这一变化的重要前提之一便是冷泉町内的町屋敷买卖状况。如果我们仔细考察一下自1580年(天正八年)前后开始至1631年(宽永八年)的冷泉町东西两部分的町屋敷买卖次数,则不难发现,数量较为集中的是1602—1616年这一时期。有很多同一块土地被反复买卖的例子,从整体上看,有四成以上的土地因在这一时期被买卖过一次以上而几易其主。值得注意的是,在接下来的庆长末年以后,买卖的数目又开始急速减少。这应该是由于买卖价格暴涨而导致的结果。例如在町东面,天正末年至庆长初年时期的交易价格还只是2—7贯银子,1602年以后迅速上升为20—70贯,而元和以后则已经超过了120贯,从这一变化过程不难看出这一期间价格上涨之迅速。这种地价的急剧暴涨,应该是由于元和偃武①之后由于"和平"的实现而导致京都的都市经济得以迅速发展的缘故。但是对中世以来的小户町人来说,一旦出卖了自己的町屋敷,就很难再恢复原来的町人身份了。

在冷泉町的相关史料中,东侧部分1630—1660年代的资料都是不相连续的片段,西侧部分1689年前的史料基本上没有,17世纪中期的冷泉町动向也只能部分地了解了。而到了17世纪末,则我们又能够对町的构成有所了解了。下面我们将通过两页图表来勾勒当时的面貌。

下一页的图表显示了东面部分16世纪末30人左右的町人在17世纪中期至18世纪初是如何变化的。从町人人数上来看,1666年(宽文六年)是20人,1687年(贞享元年)是17人,1693年(元禄六年)以后是18人。同样,西面部分如图表所示,1676年(延宝四年)是21人,1689年(元禄二年)也是21人,自1711年(正德元年)起为20人。在欠缺相关史料的17世纪中期左右的约30—50年间,町的人口数减少到原来的三分之二左右。

---

① 元和元年(1615年)大阪夏之阵一役德川家康彻底击败丰臣一族,从此日本结束了战乱,进入了江户时代二百余年的和平时期,史称元和偃武。

第二章 社会性权力——豪商与町

町屋敷号码＼年度	1666	1670	1675	1680	1685	1690	1695	1700	1705	1707
②	和久屋太兵卫				三郎兵卫?		和久屋太兵卫		和久屋太兵卫	
③	金屋太右卫门						金屋太右卫门	金屋春喜 →	播磨屋忠三郎	
④		龟屋半兵卫 →	钱屋理兵卫		庄左卫门		钱屋庄左为门		钱屋善七	
⑤										
⑥	水屋和泉		水屋和泉 →	井筒屋八郎兵卫	八郎兵卫		井筒屋八郎兵卫		井筒屋八郎兵卫	
⑦										
⑧	煽屋佐左卫门		煽屋佐左卫门 →	七文字屋六右卫门			七文字屋善德		七文字屋一兵卫	
⑨	? 七文字屋六右卫门				六右卫门		七文字屋六右卫门		七文字屋六右卫门 →	
⑩			九文字屋孙兵卫 →	那波屋三右卫门			那波屋三右卫门	井筒屋十右卫门	井筒屋十右卫门	
⑪	那波屋十右卫门				三右卫门					
⑫										
⑬	龟屋次右卫门					龟屋宗专	井筒屋庄三郎	井筒屋庄三郎	井筒屋庄三郎	
⑭			龟屋生西							
⑮	伊势屋长右卫门 →	龟屋次右卫门				龟屋宗仙	伊势屋长右卫门		伊势屋长右卫门	
⑯				松屋孙兵卫	孙兵卫		松屋孙兵卫		松屋孙兵卫	
⑰	十一屋宗不				长右卫门		十一屋长右卫门		十一屋长右卫门	
⑱										
⑲	伊势屋左兵卫 →	大津屋长左卫门 →	松屋四郎兵卫		四郎兵卫		松屋四郎兵卫		松屋四郎兵卫	
⑳	具足屋七左卫门 →	大津屋长左卫门			长左卫门	大津屋长十郎	井筒屋仁兵卫		井筒屋仁兵卫	
㉑	铜屋二郎右卫门? →	井筒屋七兵卫			七郎右卫门		井筒屋七郎右卫门		井筒屋七郎右卫门	
㉒	升屋五郎右卫门						升屋妙音		升屋妙音 升屋妙音尼法寿	
㉓	俵屋太郎左卫 →	俵屋太郎左卫门 →	和久屋太郎左卫门							
㉔	和久屋了云			九郎右卫门			和久屋九郎右卫门	和久屋四郎兵卫 →	三井源右卫门	
㉕										
㉗	井筒屋重兵卫			十兵卫			井筒屋三郎右卫门		井筒屋文左卫门	
㉘										
㉙	井筒屋文左卫门				文左卫门		井筒屋文左卫门		→ 町?	
㉚										

【冷泉町东面构成】(1666—1707)

(①、㉖为无法确认。? 为不详、推测。➡ 为该年发生之买卖、转让)

71

年度 町屋敷号码	1666	1665	1670	1675	1680	1685	1690	1695	1700	1705	1710	1713
①②	•人见 荞德			•左兵卫			•文之丞		•镜屋 文之丞		•町中①	
③				•七右卫门		•道可				•占者 七右卫门		
④							•与三右卫门	丹后屋 半右卫门		•权太屋 长兵卫		
⑤							•新七	和久屋 德兵卫		•和久屋 宗圆		
⑥	•钱屋 利兵卫						•庄左卫门			•钱屋 阿仙		
⑦										•两国屋 市兵卫		
⑧				•市兵卫			•市兵卫					
⑨			•十一屋六兵卫	•六兵卫			•六兵卫			•十一屋		
⑩			?	•次左卫门			•次左卫门			•具足屋		
⑪			•具足屋 七右卫门	•七右卫门			•七右卫门					
⑫	桔梗屋 七左卫门		•坂本屋 又右卫门				•又右卫门			•坂本屋 弥兵卫		
⑬			•一文字屋 善左卫门	•净春		•一文字屋 净春	•坂本屋 仁兵卫			•坂本屋 仁兵卫		
⑭							•二郎卫门		•钱屋 次郎右卫门	•松屋 彦兵卫		
⑮			•雁金屋 藤兵卫	•藤兵卫			•雁金屋 藤兵卫	•松屋 市兵卫		•松屋 市兵卫		
⑯												
⑰				•藤右卫门			•藤右卫门			•雁金屋 藤右卫门		
⑱							•重左卫门			•和泉屋 十左卫门		
⑲	•山田屋 清三郎			•三郎右卫门			•三郎右卫门		山田屋 休荣	•海老屋 太郎兵卫	•海老屋 太郎兵卫	
⑳				•作兵卫			•作兵卫			•丸屋 作兵卫	越后屋 总助	
㉑												
㉒	•那波屋 九郎左卫门			•八郎左卫门		那波屋 九郎左卫门	•井筒屋 三四郎		•井筒屋 十右卫门	•越后屋 八郎右卫门		
㉓												
㉔												
㉕												
㉖				•井筒屋 三郎右卫门			•三郎右卫门			•井筒屋 文右卫门		
㉗												
㉘	•松屋 市左卫门			•市左卫门			•松屋 市左卫门	松屋 三郎兵卫		•松屋 三郎兵卫		
㉙				•市右卫门			•市右卫门			•两国屋 市右卫门		

【冷泉町西面构成】(1660—1713)

（①、②为一处町屋敷。? 为不详、推测。➜ 为该年发生之买卖、转让）

---

① 似为町众之讹，町众指町内的有实力者。

从上面的两张图表中我们可以看出，随着町里人数的不断减少，也出现了一人手中集中了多处町屋敷的动向。例如东面⑩～⑫部分的那波屋三右卫门、⑬～⑮龟屋生西、㉓～㉕和久屋九郎右卫门，西面㉑～㉔部分的那波屋九郎左卫门、㉕～㉗井筒屋三郎右卫门、井筒屋文右卫门等等，均是一户手里集中了3—4处的町屋敷。另一方面，在这一时期，只拥有一小块街内房地产的小户町人在东面有9—10户，而西面也一直保持在17户左右。

能将这样多处町屋敷一起购得的均是较有实力的町人。如和久屋虽是从1646年（正保三年）开始出现在冷泉町东侧的，但他家是通过在长崎经商及向大名放贷积累起财富的豪商。他们最初也住在町内，后移至池须町，其在冷泉町的町屋敷也就成了移居外町的业主。但他们家在18世纪初开始没落，如下文所述，其在东侧的土地也就转到了三井名下。此外，那波屋在17世纪中期时被认为是"京都第一有德者"（《町人考见录》），而那波九郎左卫门及那波十右卫门兄弟当时虽住在别的町，却同时拥有冷泉町两侧的町屋敷，一直到元禄时期。有关龟屋的情况至今仍不清楚，井筒屋文右卫门则是以冷泉町为活动大本营的较具实力的两替商（1704年因中落而退出）。关于井筒屋（河井家）三郎右卫门，如下文所述，也是从事服饰相关行业的实力商人。

这些实力商人并非由初期冷泉町町人发展起来的，而是通过收购冷泉町的町屋敷，或从别的地方搬迁而来，或是作为居住在其他地区的业主与冷泉町保持着一定关联的人。总之，初期町人大半被从町中赶出去了。而由这些"新町人"占据了冷泉町的大部分"江山"。

超级大店铺的出现

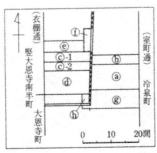

【冷泉町西面59号地附近】

符号	收购年月	轩役数①	卖主	买主名义
ⓐ	1704（元禄十七）3	4	井筒屋十右卫门	越后屋八郎右卫门
ⓑ	1711（正德元年）6	1	丸屋作兵卫	越后屋总助
ⓒ-1	1711（正德元年）6	1	香具屋市兵卫	越后屋八郎右卫门
ⓒ-2	1711（正德元年）6	1	久野屋重左卫门	越后屋八郎右卫门
ⓓ	1722（享保七）10	3	金屋胜右卫门	越后屋八郎右卫门
ⓔ	1724（享保九）10	1	香具屋市兵卫	越后屋八郎右卫门
ⓕ	1754（宝历四）2	无	近江屋之阿丰	越后屋八郎右卫门
ⓖ	1777（安永六）11	4	町中	越后屋八郎右卫门

【三井京都本店的地产收购】
（符号在前图表示町屋敷，ⓗ为地借②）

在上面的这批"新町人"中，最后来到冷泉町的是三井越后屋。下面我们将参考小川保先生的有关研究来探寻其动向。上图所示的是冷泉町土地登记图（第108页）中西面59号地以及其西边邻接的竖大恩寺南东侧的一带。这里自18世纪中期开始便作为一片独立空间，成为三井越后屋京都本店的专用宅地。上表中显示了这七处町屋敷的购买过程。其中最重要的是1704年（元禄十七年）以350两的价格从井筒屋十右卫门那里购买的、总宽度八间半一尺五寸九分、要缴纳四间房产赋役的町屋敷，这处町屋敷最初是由那波屋九郎左卫门于1688年（元禄元年）刚卖给井筒屋三四郎的，原本为四间房，但后来其中的两间被合为了一处，进而由那波屋得到了三处以四间缴税的房产地皮。其后又经由井筒屋，作为一整块町屋敷转到了三井名下。也就是说，这块町屋敷所记载的，是初期小户町人们离开冷泉町，取而代之的大型超级店铺最终占据町的中心位置的历史进程。

初期町人的残照

由于"新町人"的侵入以及作为"新町人"最终归结形态的"超级大店铺"/三井越后屋的出现，点缀近世初期冷泉町街景的小户町人中的大部分在17世纪中期左右便已消失了踪影。但是我们可以确定的是，自17

---

① 轩役指的是1轩地所负担的役税，轩为房屋单元。
② 即出租土地的人。

第二章 社会性权力——豪商与町

世纪末至 18 世纪后半期，这里仍有一部分小户町人一直存在着。下面我们将考察其中两个事例。

首先是住在冷泉町西面北端（第 114 页图中的）的人见家。下面的史料是 1699 年（元禄十二年）10 月 28 日由当时的人见家的家主文之丞提交给西侧部分的町年寄三郎兵卫的一封《申诉书》。

申 诉 书

一、此次已拜读官府老爷公布的町触①（法令）之趣旨。吾家世代做镜子生意，先祖先父人见三省、人见昌亲、人见佐兵卫，加上本人在本町业已世居四代。然因二十七年前之丑年（1673 年）遭大火延烧，财产尽失，镜子生意亦无法继续。近年来虽靠卖画维持家业，但终未摆脱穷困，无力重建小屋，亦无法完纳町役，数次在町中四处告贷，但小屋已破败不堪。去年 5 月自町中借得银两五百七十二夂②，才得以重新修葺。但连年之贫困实在苦不堪言，家中现在除本人之外，还有老母、妻子及二子共 5 人，如今实是贫困无法度日，故恳请能与町众细商此事。

上文中提及的"官府老爷公布的町触（法令）"，是指在此申诉书提呈的两天前即 10 月 26 日公布的法令。这个法令命令每个町无论是有家者，还是租住者，都必须对其中的贫困者进行调查并上报，具体内容为对以下三种人分类并报告：① 已经无法度日者，② 还可坚持 20—30 日者，③ 年内虽无问题但来年春天无法维系者。对此，冷泉町西侧有家者十人及租住者九人联名上书表明自己并不穷困，只有文之丞一人如上文所述，申诉了自家的困苦。根据资料记载，同年 12 月 5 日，经过町这一环节，文之丞获得了町奉行所发放的 1 贯 500 文救济金。

史料中出现的人见三省，至少自 1604 年（庆长九年）开始，便以"左兵卫"之名在史料上露面，从中可知，在 1618 年至 1620 年（元和四年至六年）之间，他在"入道③成"（皈依佛教）之后，便自号三世（三省），而在

---

① 江户时代，在江户及京都等地由町奉行所颁布、传达的布告或法令。
② 江户时代的银两单元，1 夂为 1 小判 1 两的 1/60。
③ 即入佛道修行之意，但一般主要是指僧人打扮的在家修行者。

1660年（万治三年）及1688年（元禄元年），他还担任过冷泉町西侧町年寄这一町内官吏之职，可见这一家人在町内曾经享有颇具名望的地位。此外在《京羽二重》（1685年［贞享二年］发行）中，也有关于京都著名的"镜师""室町街二条上町（冷泉町）人见佐渡"的记载，可见他家即便在遭受火灾而没落后，其镜师的名声依然在外。由此可见人见家应是近世初期冷泉町内典型的小户町人，但至元禄年间却陷入了贫穷潦倒的困境，在获得了前面所提到的救济金之后不久的1708年（宝永五年），这家人将町屋敷卖给了町内的居民，从此便消失了踪影。

从町中出逃的年轻人

下面我们将略微详细地介绍那些比人见文之丞家族更为长久、一直到18世纪后期生活仍在冷泉町的初期町人的事例。

1780年（安永九年）11月5日，冷泉町发生了一件年轻人突然出逃事件。此人名叫山田屋弁太郎，虽然年纪尚轻，但他是在冷泉町东侧拥有宽达四间半的町屋敷的所谓有家町人不容置疑。而且当时与他住在一起的监护人源左卫门也一起行踪不明。町内对此颇为震惊，在第二天的11月6日，町年寄—钱屋善七以及邻里五人组①共临现场，对山田屋弁太郎的房地产以及他留下的财产和家具逐一地调查清理。调查的结果，家中共留有包括门、隔扇、榻榻米、拉窗在内的茶壶、盘子、木枕、药材、装有18册旧书的书箱、祖先的牌位、铺盖、席子、砚台盒、雨伞、火筷、锅灶、菜刀、砧板、研钵等各种家具77件，但钱却一文也没有留下。

山田屋弁太郎所持有的町屋敷在町东侧中部（可能为第89页图中的⑰⑱）。下图即为町内众人进行调查之后，向町奉行所提交的山田屋弁太郎家房地产图（复制）。面向室町街的西侧为这处房地产的正面/门面，是由包括土间在内的五间房组成的二层建筑，在主屋的后面还有若干空地，隔着这块空地另有平房一间，平房后面的空地上有一栋三层建筑的仓库，此外还有库房、洗澡间、厕所等。全部的这些应是供一家之用的基本配

---

① 江户时代的庶民近邻自保护组织，一般由五户结成一组，故此得名。

第二章 社会性权力——豪商与町

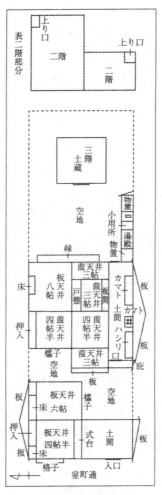

【弁太郎的房产图】

置。这块地的正面宽度如前所述为4间半4寸5分、纵长16间2尺3寸5分,若按京间(1间=6尺5寸)标准来计算,其面积相当于74.76坪(约284.3平方米),这块地皮属以"二间"缴纳赋税的町屋敷。即原本曾是两处房地产,但却被作为一处来使用。

当时的山田屋弁太郎从事何种家业,至今仍未得到确证,但他的父亲山田屋正因当时正在大阪和泉町天神桥一带(今大阪市中央区)从事医生之职。山田屋正因直到1776年(安永五年)9月,还一直在冷泉町行医,但后来将财产转让给儿子,自己搬到了大阪。由此可见山田屋弁太郎也很可能是医生。关于这位山田屋正因,在山田屋弁太郎失踪事件之后,冷泉町方面曾数次打算请他前来商议,但对方均以身体有病为由加以回绝,始终坚持一种冷泉町的房屋既已传给了儿子再发生什么事情都与自己无关的态度。

冷泉町老户町人十一屋的家统

山田屋弁太郎一家本是当时冷泉町内资格最老的住户之一。根据町内的调查,山田屋家"早于庆安(长)年间,便已有名为佐佐,或曰十一屋,或曰长右卫门之先祖在世"。也就是说这位名叫佐佐(十一屋)长右卫门的人便是山田屋家的祖先。在这里,我们不妨先通过《冷泉町文书》中留下的史料,来继续追寻一下这位山田家屋的始祖佐佐长右卫门的情况。

该史料最初见于1622年(元和八年)5月的下面一份证明文书中。

永远绝卖家屋铺之事

壹所为冷泉町东侧四郎左卫门家表口贰间半

纵深十七间

南邻者善右卫门殿,北邻者喜左卫门殿

右之家屋铺因有紧要之事,以银十二贯目永远绝卖,实证明白。此家屋铺若有违乱、私扰异议者,皆由卖主—申请人来处理。依此卖券为凭。

卖主　四郎左卫门　　印

元和八年　壬戌年五月晦日　　申请人　善右卫门　　印

净　闲　　印

致佐佐长右卫门陛下

这份证明文书是町人四郎左卫门在将持有的冷泉町东侧宽度二间半的町屋敷卖给佐佐长右卫门时写下的。这种证明文书称作沽券状,是保证土地所有权的重要证据。12贯银子的卖价在当时属于相当高的价格。卖主四郎左卫门在这一时期同町东侧众人联署文书等史料中完全不见踪影,很可能是迁居他处的町内房地产主。

此后，这家人以"十一屋"的身份在史料中开始频繁出现，通称虽为长右卫门，但皈依佛门中人之后，以法名自称的有宗不（1666年左右）、智贞（1661—1673年左右）、叟因（1738年没）、素行（1751年以后）等四人。至少到素行为止其家族应该已经传了四五代。此外在庆安年间（1648—1651年），此家人还购买了北面相邻的一处房地产，在那里建了三层楼的仓库，并迄18世纪末为止，一直将两处町屋敷合为一处来使用。有关其家业为何，至今仍不清楚，但此家人自17世纪后期以来，在町中应已确立了实力町人的地位。而后在冷泉町东西两部分合并为一町的1732年（享保八年）以后相当长的一段时间，町年寄这一町内官吏均由长右卫门（叟因）来担任，直至1738年（元文三年）去世。

十一屋成为弁太郎之物

下面我们将要考察町内颇具实力的老资格町人十一屋是如何转到山田屋弁太郎这样一个年轻人手中的过程。

1738年11月叟因去世后，素行继承了家业，但在1749年（宽延二年）的宗门记录中，却只有关于"十一屋长右卫门租屋，大津屋又兵卫"的记载，而不见素行之名，这位大津屋自1740年9月起便住进了十一屋的出租房，由此可见素行也许并没有住在父亲传下来的房地产里，而是将其租了出去。但在1763年（宝历十三年）11月起的一年时间里素行却又担任着冷泉町町年寄这一町内官吏，可见在这一时期他还住在町内。这位素行于1763年8月向冷泉町提交了如下的证明文书：

转 让 之 事

一、本町吾等所持之家屋敷壹所，此前虽欲死后让出于老妻代以及犬子治三郎二人，然此番吾等重议相商之后，乃相让于吾弟顺庵为实，亲缘者无异议，特立此转让状。

明和三年戌8月4日　　转让主
十一屋素行（印）

室町街二条上冷泉町
　　　年寄　　井筒屋勘兵卫殿
　　　五人组　　町中

此证明即所谓"死后转让状",指家产持有者向町屋敷所在之町年寄提交的、表明死后自己的主要财产町屋敷传给何人的文书。素行此前虽已写下将家产传给老妻代及儿子治三郎为主要内容的死后财产转让状,但这时却又将转让对象改为弟弟顺庵。

　　素行的弟弟山田顺庵当时正在大阪,以行医为业,对于其何时起离开京都到大阪,目前虽然尚无法确认,但他本姓佐佐,因与当时大阪的町奉行同姓而有所顾虑,故改姓山田一事或可成为线索。若我们在《柳营补任》(《大日本史料》)中查找一下大阪町奉行的姓名,便会发现有一位名为佐佐又四郎的人曾在 1738—1744 年(元文三年至延享元年)期间任过西町奉行之职。由此可推断,最晚在 1740 年左右山田顺庵便已搬至大阪行医。素行死后(具体年月不详),自 1769 年(明和六年)11 月起,山田顺庵开始担任冷泉町町年寄这一町内官吏,由此可见,他们按照前面提到的死后转让状进行了家产继承,并且可以推断,山田顺庵当时同家人一道从大阪回到了京都。

　　山田顺庵死于 1770 年,家业由其子正因继承,"医师　山田正因"与"下人嘉助"同时被载于 1776 年(安永五年)的宗门人别账①中,由此可见正因继承了父亲的医生之职。山田正因最初本将其子常次郎定为继承人,后于 1776 年 9 月却又将房地产传给了常次郎的哥哥弁太郎,自己则搬到了大阪。这也许是因为大阪仍留有父亲顺庵房产的缘故。至此,拥有 17 世纪前期以来世居此地的傲人家世的十一屋的家产便传到了山田屋弁太郎这个年轻人手中。

弁太郎出逃的真相

　　那么山田屋弁太郎又为何舍弃了冷泉町的町人身份而从町中出逃呢?我们不妨先来看一下弁太郎所负债务一览:

银主室町三条下松屋左兵卫　　　　　吴服金

　　　　　　　　　　　　　　　　　7 月末私下了结

---

① 记录每个村或町的宗门变动的账簿。

第二章　社会性权力——豪商与町

葭屋町中介卖出松屋又兵卫—御用银	一贯叺①	附家书
		11月2日提起诉讼
同上	二贯叺	
后藤缝殿助承兑—御用银	十五贯叺	9月12日提起诉讼
吴服屋堺屋嘉兵卫	三百八十叺	
钱小贷会所	钱三十贯②文	
人参会所	银七百叺	
丹波屋新兵卫—御役所银	七百叺	

也就是说山田屋弁太郎出逃是以逃掉巨额债务为目的的。冷泉町那些大概自中世后期就已开始、历史悠久的小户町人的后裔们，迄18世纪初期为止，便已有一大半消失了，而十一屋的消失更意味着这些人在町内已不剩一人。曾经主要从事以手工业为中心的职业、只拥有狭窄门面的小町屋敷的这些小户町人的联合/共同体的冷泉町，也就化为向近世超级大商店成长的三井越后屋的营业据点，进而又变成与服饰业相关的实力商人的群集之町，山田屋弁太郎失踪事件在这一意义上也不仅仅是一户町人的破产和失踪的问题，而是对整个冷泉町的历史具有重要意义的大事件。

被发现的镇妖符

如上文所述，因大商人们凭借"金钱"之力将自己所在的共同体破坏，被驱逐出町的近世初期小户町人们又是怀着何种思绪离去的呢？下面我们将介绍一些有助于了解这些人当时"遗恨"的逸闻趣事。1983年2月7日，在京都市中京区室町街二条上冷泉町，即当时的三越京都分店旁边，利用过去三井本店的旧建筑物一部分营业的一家颇具民间艺术风格的餐厅的大梁上，人们发现了一个用油纸包裹、粗草绳捆绑的木箱。在此之前，三越公司已将其京都分店的大半地皮卖给了一家建筑公司——H

---

① 贯叺应即贯目/贯，江户时代银两单元，其换算关系为1贯=1000叺，1两=60叺。
② 此处的贯应为钱币单元而非银两单元，即1贯=钱1000文，但在江户时代1贯多为960文。

土木工程公司。也就是说,这栋作为延续到现代还在继续、未曾被替代过的营业发祥地和具有历史价值的建筑,已被三井自己的后裔,即这片土地的继承人三越公司亲手卖掉了。

【三越京都分店】
(1983年时的照片[作者所拍])

同年9月笔者从相关人士的口中了解到,这块地皮包括冷泉町方面的土地679多平方米以及大恩寺町方面的土地1089多平方米。至此,长达280年的冷泉町三井的历史事实上画上了句号。不仅如此,以町屋建筑风格优美著称的町内街道景观,由于无机混凝土建筑的出现发生了巨大的改变,长期植根于这些町内建筑内部的自然风貌也被无情地连根拔掉,这在该町数百年历史中也是稀有的大事件。H土木工程公司的这座七层高级公寓开工之前,开始拆除包括那家餐厅在内的旧三井本店,也正是在这个时候,人们发现了建筑物梁上的那个木箱。当时,现存的那栋本店建筑虽被说成是修建于1872—1873年(明治五、六年),但捆绑着木箱的大梁部分则也有可能是上溯到享保时期的珍贵建筑。

在当时发现的木箱中藏有两份古文书及一件镇妖符。这两件古文书和镇妖符的原件,与小川保及西坂靖两位先生一起曾于此后一起在暂时保管的东京三越本店见过。其中的古文书是由木岛神社(蚕之宫)神官神服日向守寄给吉田神社世袭神官铃鹿左京亮、铃鹿能登守、铃鹿信浓守等人之物,上面所书年代为"享保十七年六月"。

镇妖符形状颇为奇特,后来笔者曾持照片去询问吉田神社的宫司①,据解释,可能是由于其中写有咒语,为防止被人看到而多次密封,并以锦缎包裹。可想而知,在当时的吉田神社应该经常会有类似的以镇妖为目的的祈祷。

这个镇妖符是谁做的,又为何和其他文书一起被放置在这里?

被祈祷者训诫的妖怪

在财团法人三井文库内,有一份题为"妖怪出现记"的1732年(享保十七年)的记录。这份史料写在浅墨色纸上,仿佛以颤抖无力之手、用非常恐怖的字体书写的。一般认为书写者是京都吉田神社的神官鹿铃。他可能是受某人之托进行这次"井筒屋之家安宁祈祷"的,而所谓的委托人,其实就是以京都为中心在全国范围开展生意、已经发迹的大商人、当时三井越后屋的主人八郎右卫门(高房)。这位神官在接受了委托之后,立即从6月初开始了祈祷,但从4日到6日的夜里,每晚都有一个身形巨大的孩童模样的妖怪在祈祷者的"梦中"出现。

妖怪恳求祈祷者马上停止祈祷,反而被祈祷者训诫了一番,随后妖怪对自己已深陷"迷悟之道"翻然悔悟,并哀求祈祷者授予自己"法号"。值得注意的是,妖怪当时还恳求祈祷者在其法号中加入带有"日章之字"或"所"意义的名字,所谓的"所"就是指该处町屋敷所在之町,即冷泉町。而后祈祷者为了镇住妖怪的怨恨,授之以"日章院冷光泉冏大处士"的法号即戒名。此戒名中显示"冷泉"这一町名所含文字,恰好被"光"字拦腰切断。而事实上这个戒名也被记入了牌位,后经神服日向守之手,被安置到了净土宗的本山粟生光明寺(京都府长冈京市),并附上了二两银子的世代供养金。

从这份《妖怪出现记》现藏于三井文库这一点,便不难发现,这是祈祷者吉田神社的神官为了向祈祷委托人三井八郎右卫门证明自己确将祈祷从头到尾顺利进行,并镇住了妖怪的怨恨一事,写成并送达三井那里的。

---

① 神社里最高职位的神官。

三越本店中所见之文书及镇妖符可以确定就是前面所述的镇妖时，由吉田神社的世袭神官亲手制作而成的。1732年6月，三井本店很可能在吉田神社所做之镇妖祈祷结束后，便经过神服氏之手，收到了由吉田神社神官制作的镇妖符及所附之文书，并将这些物品放入木箱中用油纸包好，又用粗草绳绑在了本店的大梁上面。而捆绑木箱的地点恰好就是三井从地产业主/井筒屋那里租来、后来又购入手中的那处房地产的一角。这根大梁应该是该房产内部的某处结构中的一部分，而其很可能是旧三井本店后厨的一部分，也就是后来被改为餐馆的地方。

以金钱镇住妖怪的怨恨

　　这一事例所具有的意义十分深远。第一，是这位身形如巨大的孩童的妖怪究竟是什么人、又象征着什么这一问题。据前面所见史料中所载，妖怪是因为井筒屋中有"自往昔以来，为神尊所咎、有亡灵之祟"，才致当时屋主早死，并要将其拽入阴世"魔道"。但关于井筒屋中"为尊神所咎"的内容究竟是什么，却没有明确的记录。

　　这种说法虽也只是假说，但我认为与其将之视为妖怪专门针对井筒屋的怨恨，倒不如说是与诸如井筒屋所代表的大商人在冷泉町起到了什么作用及其如何使冷泉町产生变化的等有密切的关系。

　　如前所述，近世初期的冷泉町是由商业与手工业尚未分离时的小规模经营主体"职人/町人"组成的较为同样的町共同体，但却在17世纪中叶以后，以服饰业及钱庄业为代表的"新町人"/新兴的实力商人阶层的出现而迅速没落了，他们中的一大半不得不背井离町而去，"职人/町人"迄18世纪初止，基本上全部消失了。井筒屋即是这种"新町人"的典型实例，占据了17世纪后半期的冷泉町的主导地位。但后来由于迭遭屋主相继早逝等种种不幸，井筒屋的经营也开始走下坡路。也许正因如此，那些曾经的小户町人，即"职人/町人"们的后裔，或是自初期开始便熟知町内变化过程的町内中下层的居民们，才编造出了将井筒屋遭遇不幸的原因归结到作为初期町人象征的妖怪身上的故事。

　　第二，值得注意的是，当时所进行的祈祷活动具有什么意义。三井在进行镇妖祈祷之际,应该至少向吉田神社及神服氏支付了相当数量的祈祷费及中介费。此外,毫无疑问三井还通过神服氏向收容镇妖牌位的粟生光明寺支付了永远供养金。由此可见,三井借助金钱这一万能之手,竭力将妖怪这一极为人格化的现象镇住,为了将这一凭借"金钱之力"完成的行为向其他的冷泉町居民进行合理的说明,进而让祈祷者吉田神社的神官写下了《妖怪出现记》这样的文章。

而"日章院冷光泉冏大处士"这一戒名,也许可以称作是远远凌驾于井筒屋之上的、超大规模的商人及高利贷资本三井在冷泉町登上舞台、并君临一切之后,为迄18世纪初便已基本覆灭的近世初期以来冷泉町的"职人/町人"们立下的一块"镇魂"纪念碑。

租用遭"妖怪之难"的井筒屋町屋敷

1732年(享保十七年)6月,三井八郎右卫门向吉田神社的世袭神官铃鹿寄去了一份祈愿书和附信一封。根据当时的备忘录所载,三井正打算扩大在冷泉町的京都本店,在租用了井筒屋(河井)寿正的町屋敷作为南侧"追加建筑用地"时,这一町屋敷却遭遇了"妖怪之难",为此三井通过神服向吉田家提出了除妖祈祷的请求。而这里所谓的"妖怪之难"是指井筒屋遭受的"五十余年间、家中户主六七人死去"这一极为异常的连续不幸事件。

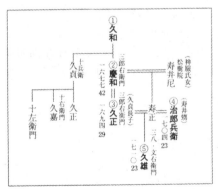

【井筒屋(河井)略系图】
(①—⑤为继承户主一职的顺序,数字为死亡年份及年龄)

上面的图表为我依据所附书信,夹杂一部分推测制作而成的井筒屋(河井)的简略谱系图。其中除庆和为病死外,久正为"乱心病死",治郎兵卫为"急病死",十左卫门为"剑难"(因刀剑之伤而死?)等等,而且这些户主多为青年夭折,可以推测应该是有什么不寻常的原因存在。另外,井筒屋寿正的亲生母亲是"神服家的女儿",可见井筒屋与木岛神社的神服氏有很深的关系。

如前所述,1704年(元禄十七年)3月,三井从井筒屋十右卫门处购得了宽度八间半一尺五寸九分、要负担四间赋税的町屋敷,并将此前一直位于冷泉町南边的蛸药师町的京都本店搬了过来。随即开始从西阵等地采购丝织品,作为向江户、大阪发送货物的采购店,开始了大规模经营。井筒屋寿正的町屋敷正好与这家京都本店的南侧接壤,三井将其租来,纳入本店的用地,以进一步扩大店铺规模。1732年(享保十七年)闰5月,三井以其伙计三井越后屋甚兵卫的名义,从井筒屋寿正那里租来町屋敷时制成的证明文书含有当时的房地产图,据此图所载,当时这块房地产的一大半皆为空地,但值得注意的是,在东侧正面的临室町街一侧有"南见世"、"中见世"、"北见世"等三处"见世"。这就是所谓的临街长门面商店,这些商店在形式上均酷似临街的表店。此外在这处町屋敷内的背面一侧还有一栋三层建筑的仓库。

三井之所以没能购买这处町屋敷,而且是特意以伙计的名义租用,是因为在冷泉町有着"三轩役"的规定,即在原则上禁止一个地主手中持有三间以上的町屋敷。三井此前在冷泉町已经拥有了相当于四轩役规模的町屋敷,因而还是不能无视町内的意愿而去购买井筒屋寿正的町屋敷。

但是,三井在其后再三尝试收购这块町屋敷,不顾町里的反对,终于在1777年(安永六年)成功购入手中。

将木岛神社纳入体系的三井

在这一事件中出现的神服日向守是木岛神社(蚕之宫)的神主。据该社的宫司介绍(1982年11月采访),木岛神社在享保时期与三井建立了关系,成为安放三井家祖先灵位的神社,而得到了三井资助的神社也摆

脱了面临的贫困得以复兴。当时笔者拜览了该神社收藏的一面神镜(直径3尺),其背面有如下铭文:

山城①葛野郡木岛神社复兴神主

神服日向守宗夷代

天照御魂大神

磐座皇太神宫　　　御广前②

元糺须大神　　　　镜司川岛伊贺造

奉纳许愿主三井本店一家族众

为祈愿圆满感应成就也

享保三年戊戌十一月朔冬至日

此神镜的铭文说明在1718年(享保三年)之前,三井本店就与木岛神社建立了很深的关系。此外,在该神社大院内,还现存着当时与神镜一同献纳的、刻有"愿主三井高胜"铭文的长明灯一盏。

根据三井文库所藏史料《显名灵社沿革》中的记载,上面铭文中出现的神服日向守宗夷,原本是新町三井家"首席管家"叫江尾市兵卫的人,由新町三井家第一代创业者三井高治将其送入木岛神社担任神职的。具体情况是,1711年(正德元年)神服因家道中落退隐,三井家于1713年买到了这一转让的神职股,并让江尾市兵卫以在职伙计的身份兼任此神职。可以推断这一举动也是在三井的统管机构"大元方"的同意下进行的。这样荒废的木岛神社同神职一起落入了三井的手中,而得以"复兴",此后作为三井家的祈愿所被固安置下来。上述考证也许还有有待商榷之处,但以上诸点若均属事实的话,三井与木岛神社的关系就不仅只是涉及本店,而是关系到三井整个同族集团,其起点也应追溯到1713年。

在现代复苏的妖怪

根据以上讨论的几点,如果我们对妖怪出现一事背后所隐藏的历史

---

① 旧国名,位于今天京都府南部。
② 指神殿的前庭。

进行推测,也许可以得到如下几条结论:

① 木岛神社(蚕之宫)自古以来便与丝织品有着很深的历史渊源,至17世纪中期,更是得到了在室町街经营服饰批发的商人们的广泛信奉。

② 井筒屋(河井)在17世纪中期以后,成为冷泉町最有实力的服饰批发商,与木岛神社间也建立了联姻关系。

③ 然而到了17世纪末以后,井筒屋年轻的户主们接二连三地遭受异常的不幸,其经营状况也开始大幅走下坡路。

④ 另一方面,失去了井筒屋这一有力后盾的木岛神社开始衰败,任其神职的神服氏也陷入衰亡的境地。

⑤ 自18世纪初期便来到冷泉町的三井,将冷泉町的井筒屋等有实力的传统服饰批发商们的经营权同町屋敷尽数收购,并一举建成大规模的采购店。同时也接受了木岛神社转让的神职股,还将自己店中的伙计也送入其中,这样木岛神社也就成了三井家的祈愿所。

如前所述,封镇可以说是象征着已消亡的近世初期小户町人共同体—冷泉町妖怪的镇妖符,在经历了280年的岁月之后重见天日。由此,也许在18世纪前半期被大商人三井以"金钱之力"一度封镇的妖怪,硬是被永不停息地要将一切东西都商品化的现代大企业之手,弄得从长眠中醒来。京都町内残存的有着无可替代价值的有形、无形的历史遗产惨遭破坏,传统的町内街道景观遭到大幅度损坏,如果说有所谓妖怪作祟的话,那么这类妖怪至今依然存在,他背负着深深喜爱丰富文化遗产的市民们的愤怒和怨恨,一天天地长大起来。作为一名冷泉町历史的研究者,笔者愿保持与在过去的历史中,度过了无法用任何东西来取代的、重要而多彩的人生的小户町人们同样的冷静目光,守护冷泉町和京都的现在与未来。

那些超级大商店及实力商人们凭借"资本"的力量,将三大都市以及城下町中处于中心位置的诸町强行改变。其结果便是町内町屋敷的相当部分都被兼并到一小部分人的手中,这一现象在各地均有出现。可以认为,在冷泉町初期所见的小户町人等小规模经营者们便这样湮没在新涌入都市的大量的小商人及手工业者群中,或是被排挤到了都市领域的周边部分/关厢地区,或是化身成为出租屋的房客或店铺后院的住客。如此,18世纪的都市便已开始面对此前从未见过的、深刻的社会问题。其中的多数是由成功地大型化的部分大商人,与小规模经营的民众这种二元化的都市民间社会结构所引起的问题。而权力为了有效地对都市民众世界进行稳定控制,同超级大商店等这些社会性权力一道,不得不开始实施我们在享保改革及宽政改革中所见到的各种各样的都市政策。

第三章

身份性边缘
——劝进与艺能

1 构成近世社会的"身份性边缘"

被排除在士农工商身份制之外的人们

本章将要讨论一下近世社会的身份性边缘问题。在描绘江户的图画中可以看到和前一章的巨商形成强烈对比的各类职业,他们以大街为职业场所。其中最引人注目的就是许多宗教职业者、修行者,还有以从事表演艺术为生计的艺能人。下面来观察一下"成熟"的另一个构成要素——下级宗教职业者和艺能人。

我们一边分析如何认识近世的身份和社会这一问题,一边来说明身份性边缘这个迄今较少使用的概念。

日本的近世社会,一般认为人们大致属于士农工商这种基本的身份制。还有天皇家、朝臣、僧侣、神职,再加上秽多、非人等贱民,几乎所有的人都被划分到不同的身份范围内。但是,正如第一章所述,町人和商人虽然都属于工商层,但有像三井越后屋那样的巨商,也有靠自己的辛勤劳作过着清苦日子的小本经营者和工匠,形式十分多样化。从"农"/百姓这个角度来看,那些从事渔业、林业的人们不用说,即便是那些木工、修葺屋顶的工匠,被划分在百姓这一身份中的也大有人在。另外,那些既没家又没田地,只能隶属于所居之村,或者强有力的大户农家的人,或者靠做日常杂务而被当做短工雇用的劳动者人数也不少。

还有被统治阶级和社会列为贱民的人,不仅有秽多、非人、乞丐、寻求化缘的宗教信仰者,还包括靠自己的身体动作和技能以取悦别人的卖艺人。

身份性的边缘也就是指那些没有被列入士农工商固定身份制中、又不能简单处理的人们。那么,身份性边缘论就是以这些人为研究对象,具体阐析、并探明构成近世社会所有要素的一种方法。

百姓和工匠——近世民众的基本身份

可以从身份性边缘角度来考察一下农工商等被统治者阶层。如第一章第 4 节所述,日本近世社会是由 63000 个村落,10000 个左右的市镇组成的。由于从事农业、林业和水产业百姓的小规模经营,各职业门类的工匠和中小商人等劳动阶层的小规模经营,以及统摄上述各种职业门类的共同组织的大量存在,他们在生产流通中所产生的财富成为覆盖整个社会价值的唯一源泉。而武士、朝臣、寺社领主本身不生产任何价值,只是掠夺社会产出的财富——其中的大部分为百姓等劳动人民所创造,或者只有靠依附、寄生才得以生存。

百姓(农民)的小规模经营是在得到封建领主许可、拥有田地和家宅的基础上得以成立的。换句话说,将大地/土地、大自然当中的一小块土地当成自己的东西来占有,并且独占在其上耕作的成果以及经营的权利成为百姓小规模经营中的核心。

另外,就各种工匠/手工业者而言,工具和作业场所对那种小本经营来说至关重要。而工具、作业场所本来是大地、自然提供给人们的,再加上工匠思索和训练中获得的高超技术和技能,创造出了与农、林、渔业等"第一产业"完全不同的财富,即二次作业型的,这成为人们生产出的各种形式的人工性劳动产品最重要的基础。

因此,只有百姓和各类工匠,才是支撑整个近世社会财富生产的两个重要支柱,可以说这两者才是近世社会的基本身份,而且是正统的身份。但是,近世社会除了从事农业和手工业这些辛勤劳动的小规模经营者,实际上还大量存在着从事各种各样工作和职业的人,以及孕育这些工种和职业的集团和共同组织。那么本章也就是要把这些人与具有百姓以及各种工匠这样正统身份的人作一对比,将其划入身份性边缘这一范围。因此,我们可以清楚地看到身份性边缘包括商人、日用①、乞丐/化缘者、卖艺人这四种局面。下面要概观一下这些人究竟是在怎样的意义上作为边缘性存在的。

商人——身份社会里的异端

首先是商人,商人被当做边缘性的存在可能会让人觉得有些不可思议。在商人的经营中,最重要的不是对百姓而言的土地、对工匠而言的工具,而是货币以及船、马等动产,或者是运用货币、船、马等的知识和信息。拥有并且能够独占这些东西对于商人的经营来说,具有最为重要的意义。而且,货币、动产等与土地、工具不同,它们能够更为自由地流通和移动,拥有它们的主人/商人与百姓、各类工匠比起来,其人格更少受到土地的限制。就近世社会的权力而言,主要是在大地与人之间的关系上来统治人们、束缚人身自由,而在这一点上,商人在很大程度上可以说是一种异端性的存在。

虽然统称为商人,但是商人的内容非常多样化,正如第四章第1节中所介绍的,批发商、经纪人、零售商的状况,就其特征而言有相当大的差别。他们当中,一大半人以极少本钱进行小规模经营,但是其中也出现了

---

① 按日计价雇用的短工。

第三章　身份性边缘——劝进与艺能

获得凌驾于"大名"之上的巨额财富、并成功实现了巨大经营规模的商人。这一点可以详细参照第二章第 2 节中三井越后屋的情况。不论其经营规模大小如何,这些商人虽然对幕藩体制没有构成直接的威胁,但是,在以土地为媒介的领主和百姓之间的人格性关系方面,以固定化的统治与被统治关系为根本的既存社会体制,逐渐被以货币和商品为媒介、平等一对等的人与人之间的契约关系所取代,而且使这种新的社会体制逐渐普及到社会的各个角落。在这一点上,对于通过经济之外的法和暴力来统治,以各个集团成员中的差异—歧视为契机形成的近世社会来说,商人在本质上就带有这种"异端"性的要素。无论商人们对这一点是否自觉地意识到了,都可以说他们自发地准备了促使幕藩体制解体的近代性要素。所以从身份社会的异端性角度来说,商人本身就具备身份性边缘的性质。

日用——以一天为单位的雇工

其次是"日用"。"日用"也写作日雇,原本指以一天为单位,出卖自己的劳动力之事,因而把这种专门以天为单位的劳动作为主要收入来源而工作的人叫做"日用"或日雇工。另外也有以一个月或者半年、一年这种短时间为期的月雇工、年雇工等,在广义上也都被列入"日用"范围内。这些"日用"当中的大多数人基本上没有土地、工具或货币等,所依靠的仅是自己的肉体劳动力。

"日用"无论在农村还是城市都有各种各样的存在形式。在农村的"日用"有:1. 被地主雇佣,在地主拥有的土地上从事耕作的贫苦农业"日用";2. 农民的次子,三子在领主家中,按年、季节长期被雇用的武家仆人;3. 被雇用在交通、林业、渔业等领域里必需的搬运和单纯劳动的短工。他们当中的大多数是为了补充零细小规模的农业经营,获得现金收入这一目的兼职的。另外在第 2 种和第 3 种形态中,城下町以及周边的小城市多为他们主要的打工场所。

城市里的"日用"相比较来说形式更加多样。主要有:1. 弥补武家仆人不足的部分;2. 发达的交通、物流系统得以顺利进行所不可或缺的从事运输、搬运、码头装卸行业的肉体劳动者；3. 从事维持、管理城市基础设施、治安、防灾、警备体制等简单劳动的各种行业所必需的劳动者。

第1种形态的来源主要是从农村涌入城下町的人。他们聚集在专门从事劳务介绍行业、被称作"人宿"等的地方，作为领主以及领主的家臣家的下层仆人而被雇用的，雇用形态有"足轻"①、"中间"②、"小者"③等。

第2种形态主要是从事建筑作业的鸢（架子工）和运货工、快速递送的跑腿、海边的装卸工和搬运工以及陆上运输的车夫和搬运工。他们也和1一样，聚集在人宿、或者隶属于被称作"日用头"的包工头那里，担当城市里的各种杂活。这其中的鸢④和3也有很大的联系。3主要是由鸢担任的消防员、岗卫和看守城内栅门的警卫等。

值得注意的是，这种储备都市里日用务工人员，来满足供给需求的特殊同业者形成了各种各样的共同组织。在江户，有人宿同行业者组合、日用头的日用座、递信搬运的六组飞脚联合体和城市里的消防组合等等，这些组合大多至迟在18世纪前期就已经出现了。他们也是商人的一种，靠榨取进城务工的这些"日用"劳动者，作为管理"日用"们的特殊性存在，在都市社会里扮演着重要的角色。

乞食/化缘者——乞求他人的布施

再次是乞食/化缘者。属于这个社会阶层的人在近世社会不从事财富生产，虽然自身具有劳动能力，却处于无法靠出卖身劳动力来获取相应报酬的人。他们只能仰赖别人的施舍、赠与（劝进），以寄生于当时的社会性剩余这种形式才可能生存下去。这些人本身主要是因为破产、贫困、刑罚、疾病、身体残疾等原因，另一方面也可能是因为一些个别的事情或者因饥馑、灾害等引起的整个社会的贫困，而被排斥在具备所有生产必备条件之外。那么，他们唯一拥有的是为了获得他人施舍而必备的技术。例如，具备宗教教义知识、说话技巧、歌谣演唱能力、拥有舞蹈等身体运动

---

① 最下级武士。
② 武士的仆役长。
③ 仆人。
④ 从事高空作业的人。

第三章　身份性边缘——劝进与艺能

技能,或者勒索金钱所使用的暴力,所有这些为了生计的技艺成为他们所拥有的最后的社会空间。

最具代表性的是"非人"。非人从属于秽多组织,但是他们也有自己独立的共同组织。非人主要担任清扫、行刑等事务,还被村、町等雇用担当看守之职,或者承担管束不断产生的那些无家可归的人、野非人(因贫困沦为非人者)的任务。从这一点来看,可以说非人和前述的"日用"具有共同的性质。而他们在整个组织内部也有划分好的固定领域,他们每天往返于其间,从农民、町人那里获得布施。

从广义上来说,僧侣中的下层宗教者也可以被列入乞食/化缘者之列。这些下级宗教者和日用一样,唯一拥有的就是自己的劳动力,在向他者出售劳动力这点上,他们比较主动地拒绝把自己完全投入到信仰世界里,而是靠独自掌握的神灵力量以及教典知识等向信仰者"出售",以此获得作为回报的施舍,他们的生存才成为可能。

艺能者——乞食/化缘者的派生

最后要说到的就是艺能者。艺能本来具有多种含义。根据1690年(元禄三年)发行的《人伦训蒙图汇》这本辞典的解释,在大约500种职业种类之中,"能艺部"有56种,而它又可以分为文艺、学艺、武艺、游艺、歌舞音曲(横田冬彦《艺能—文化的世界》)。这里所说的艺能,主要是以歌舞音曲为中心,同时也涉及学艺、游艺的一部分。

这个意义上的近世艺能,一部分以中世以来的能和歌谣为前提,可以说是由乞食/化缘者层所派生出来的职业。即随着享受包括下级宗教职在内的乞食/化缘者为获得布施而进行的"艺能"表演,将其当做闲暇或是娱乐性消费的人(观众)在社会上开始增加,这种艺能不是作为唤起人们救助意识的媒介发挥作用,也不以实现布施作为目的,对于观众来说,观看艺能本身带来喜悦,亦即艺能带有使用价值的意味。即"艺能的商品化"(守屋毅《近世艺能兴行史的研究》)。就这样,艺能这门技艺也从乞食/化缘层当中游离出来,开始作为独立的领域发展起来。从近世艺能者被整个社会鄙视为"河原乞食"等等的根源中,我们能发现这种艺能形成史的存在。

近世艺能的另一内容就是商人的售货技巧或者宣传行为的一部分分化出来,逐渐向艺能这种形式展开的形态。亦即为了销售特定的商品,作为招揽顾客手段的艺能,其自身有商品化、自立化的倾向。在这里首先让我们想到的是江湖商人和糖果商。

身份性边缘和 18 世纪

18 世纪对于上述有关身份性边缘的四种状况来说都是十分重要的时期。首先来看一下商人,到 18 世纪初期为止,幕府和各藩的抑商倾向十分明显,经常有像大阪的豪商淀屋辰五郎成为被打击的对象的情况发生。而进入 18 世纪,幕藩掌权者开始积极承认有实力的大商店,并且承认他们所得到的利润,而且依附于这些大商店、谋求共生的倾向变得异常显著。最有代表性的就是在第一章第 2 节中介绍过的享保改革时期江户工匠、商人组合的结成令(1721 年 8 月)以及 18 世纪后期田沼政权下积极推进"股份联合体"(同业行会)的公认化。而到了宽政改革时期,政府更是任命作为推进改革主体之一的江户十大商人为勘定所御用商人,这正是政治权力直接将君临于民间社会顶点的一部分商人纳入政权内的一种尝试。

其次看"日用"。17 世纪后期农村的日用逐渐涌入城市,成为以三都为首的城市人口增加的主要原因。而 18 世纪中、后期,在江户因频繁发生饥馑引起的流民增加,成了很大的社会问题,政府为阻止流民的继续流入,还出台了把他们"遣返"回农村社会的政策——人员遣返法。例如宽政改革期的归乡务农令等(1790 年[宽政二年]11 月),但几乎没有取得实际成果,而"日用"的存在也最终成为 19 世纪前期到幕末时期滋生各种城市问题的温床。

最后为乞食/化缘层。他们和"日用"的问题互为表里。18 世纪由于饥馑、灾害、贫困等原因,从城市内部以及由农村涌来者中不断产生流浪者。他们在不能像"日用"那样从事劳动的时候,就会沦落为无家可归、野非人、乞丐的境地,只能尝试着作为乞食/化缘者生存在城市的角落里,

第三章　身份性边缘——劝进与艺能　　97

或者成为脱离规范的社会阶层的来源。而被组织起来的乞食/化缘者的非人集团,具有管理这些沦落者、脱离社会规范阶层者,把他们编入组织内、并起到对这些人进行拘禁和排除的作用。例如,1790 年 2 月在江户的石川岛设立的聚焦地就是作为收容那些无罪的无家可归之人,并且教给他们手艺(生存的职业技术)的机构而存在的,其目的就在于为减少乞食/化缘层的人数。

艺能在 18 世纪的定位很难做一结论,对于幕府和各藩的权力者来说,除了"能"等艺能,以歌舞伎为首的各种艺能表演者多半都是无业游民,而且被当做无类可归的贱民来看待。之所以这样是因为,艺能者不生产有形资产,另一方面很有可能会使统治阶级独占的文化变质,尽管是局部的、在不同的层面上达成的。例如,1714 年(正德四年)的江岛/生岛事件(由大奥的老女仆江岛和山村座的明星生岛新五郎幽会的丑闻引起的镇压歌舞伎事件)引起的江户歌舞伎山村座的解体,和与之相继的禁止神社里演出的戏剧,都象征了来源于庶民阶层的歌舞伎作为让统治阶级着迷不已的文化发信源、艺术创造主体的开始成熟。

本章构成——最底边的实态解明

对于上述的身份性边缘的具体情况,笔者想参考一下曾经参编的《系列/近世的身份性边缘》1—6 卷(吉川弘文馆)收录的论文。其中列出了形式多样的边缘身份:有神子、三昧聖、虚无僧、阴阳师等宗教信仰者;有能役者、伊势太神乐、寺中等艺能人;有铸器工、樵夫等手艺人;有摆零摊、卖旧衣服、开糖果店的商人和代官、手代、牧士等最下层统治阶级。本书对于上述边缘身份分类的各项中,对于商人的介绍从第二章以大规模店铺为例可以略知一二,另外也可以参看第四章云集市场的商人实态和类型。

本章主要要研究边缘身份的第三种和第四种,即乞食/化缘层和艺能人。每项都各举一个事例,做深入细致的研究。在这方面的研究还不十分充分,那么也可以把它看做是和"成熟的江户"相对照的研究最底层的绝好素材。所谓最底层是指构成近世社会的所有要素中,这两类人和集团最一无所有,而通过对这些人的实态进行简明阐述,可以从大都市这个不同身份集团的大熔炉的底层窥清整个近世中期的社会面貌。舞台都是江户,具有代表性的两类人一个是乞食僧人——愿人和只有在江户才能看到的下层艺能人,他们都被称为乞胸。

2 愿人僧人——是僧侣还是乞丐?

被小孩子轻视的僧人

我们来看一下《骏河町越后屋吴服店大浮绘》这幅插图(此图因图版使用权问题中文版省略,请参照其他书籍所载此图)。这幅画描述的是已形成巨大规模的三井越后家在江户骏河町主店的情况。作者奥村政信的主旨当然是要描写店前出售的情景,但令人注目的是,画面中央站着一个孩子(学徒)正斜眼盯着一个僧人。这名男子剃着光头,身披袈裟,从他光着脚寒酸的衣着打扮来看,不可能是地位高的僧侣或者是顾客。那么这位僧人是谁呢?他的手里还抓着一大把的纸片上面写着"大小……"等文字。和这幅画大约是同时期的1729年(享保十四年)4月,江户市中心贴出了这样的布告。

> 愿人们,毫无理由地在告示板上贴谜语,分发到各个店铺里,然后以此或以谜语为幌子,挨家挨户地到各商铺去收取金钱,有可能会变成募款之类的活动,凡遇到此事,可逮捕这些愿人并把他们交给愿人头进行管理,以防今后再做类似的事情。请各寺社、各商铺予以执行。(《江户町触集成》6106)

日语中发音为"guwan 人"、"kuwan 人",汉字用愿人来书写,指的是被称作愿人僧人的乞食僧。"猜谜字画"是指带有图片或文字的猜谜语的印刷品。愿人每天早上到各商家发谜语,傍晚又到商家一边走说着"之前给您的谜语"一边收钱。从上面的布告来看,用这样的谜语来收取相应

第三章 身份性边缘——劝进与艺能

的金钱,这有点类似于被称做三笠付①的赌博行为。寺社奉行对愿人利用这种谜语来讨钱的行为进行管制,逮捕继续违法的愿人并把他们交给愿人的头目。就是说,愿人中也有对其进行统一管理的负责人。

让我们再回过头来看一下卷首插图的那个僧人,他就是愿人,而且他手里拿的正是猜谜画。这个愿人正向骏河町的大店三井越后家的学徒要早上他发的猜谜画的钱,而他得到的却是学徒拒绝的轻蔑一瞥。

那么愿人到底是怎样的一个存在呢?作者政信特意把愿人放在画面中央,而这幅画本身仿佛就是一张猜谜画。这幅画描写的是和形成巨大规模化的豪商相对应的愿人即乞食阶层。我们一边追述愿人的实像,一边来探讨政信留给我们的这个谜吧。以下从社会最末端的乞食层和普通民众的关系,来具体分析边缘身份中的乞食/化缘层的实态。

以哗众取宠为生

在喜田川守贞所著的《守贞谩稿》这个随笔中,生动再现了以江户和京都、大阪三都为首的近世后期的风俗面貌。在"杂业"卷里有对愿人的介绍,我们引用其中的一部分来看看。

> 愿人,三都都有。有人说台岭的僧侣为请愿来到江户,但一直没有结果。时日久了难免资耗殆尽,贫困潦倒。于是就出现了到集市中乞求金钱和米粮的沉沦者……江户尽是这类人,他们都住在桥本町——也有人说,最初住在马喰町。元禄中期搬到了桥本町——在每个居住地都有负责管理的"长"——,有人说他们分为羽黑山派和鞍马山派这两派——。各派都以搞滑稽为专门谋生的主业。

三都都有愿人,有一种关于愿人来历的说法是比睿山延历寺(台岭)的僧人为了到江户官邸(或是寺社奉行)办事,在逗留期间耗资殆尽,陷于贫困,不得不在集市中沿街乞讨。而且他们大多集中在江户的桥本町,同一个町里有"长",就是刚才在布告里看到的愿人头目。同时又分为出羽羽黑山派和京都鞍马山派两大集团,都以"戏谑"为生计。

---

① 三笠付:募捐。

"戏谑"是搞滑稽的意思,在《守贞谩稿》里,例举了"邋遢坊主、猜谜画、御日和御祈祷、半田稻荷的行人、住吉舞"等等。其中"邋遢"意思是指在肮脏的衣服外面披着破烂的袈裟,或者是在近乎裸体的腰上系个木鱼,一边敲打一边念经,并唱着"就连释迦牟尼在情路上都迷惘,我这站在你们门前的僧人,在离开故乡时也是身着红衣,上披七件袈裟的正经僧人啊……"来讨钱。

住吉舞是指穿着纯白棉布衣服、胯裆裤前面有个暗红色的红垂,右手拿个团扇,还有一个团扇夹在后背的带子上,五六个人做相同的打扮,中间站的人拿把大伞,站在旁边的人喊着口号一起跳的舞蹈。这种愿人的住吉舞是歌川广重和歌川国芳的浮世绘的绝好素材。前一页的图片描绘的就是走在日本桥通一丁目的大店白木家门前的一组愿人,后面还跟着一个用三味线①演奏的人。国芳画的《当今流行鉴定》,描画的就是右手拿着大伞的男子和旁边围着四个愿人一起欢快舞蹈的样子,周围商家的女人和孩子们透过格子围看着。在广重所画的"日本桥"中,是跳住吉舞的愿人团,他们手里拿着团扇,谈笑风生地走向下一个赚钱地点。

愿人们的"戏谑"——住吉舞堪称为大道艺(街头艺术)的代表,也经常被采用到歌舞伎的"权三和助十",清元的"好色的和尚"作品中。因此,从住吉舞这些艺能史的角度来看,这些愿人经常成为备受瞩目的群体。

源于源义经的供僧

在《祠曹杂识》这本史料中,记载了1744年(延享元年)10月,鞍马寺本寺的大藏院塔头②回答寺社奉行提问的一段口述记录。

口述备忘录

一、愿人这个名称是源义经公到奥州的时候,在拙寺有一个被传授兵法虎卷③的坊人,他向本尊多闻天祈愿并加以供奉而带来了势如破竹的武运,因此被称作"源公愿人",从此拙寺的坊人也开始

---

① 日本的一种弹拨乐器,类似中国的胡琴。
② 塔头指隐居的高僧所寄居的庵。
③ 虎卷指密传的兵书。

第三章　身份性边缘——劝进与艺能

被叫做愿人了。那么坊人指的就是周游各国，为他人祈祷保佑，祈求护身符的俗法师，现在在鞍马寺一山的其他塔头也有很多……圆光院方的愿人以前从属于拙寺，再又分为胜泉院后于元禄三年起就统一归圆光院进行管理了……以前在诸国有很多获得拙寺的认可证明的组头，他们以国为单位来管理愿人。元龟年间以后变成了贫寺，也就不再检查从本寺发配下来的愿人了，而是以修道为本位。……

在江户的愿人日益增多是从庆长年代以后开始的。组里的人调查人品并指示担任触头的人。每年组头都要巡视并检查关八州（关东八国）的愿人，朝廷如有通告，就给关八州发放文件传达精神……而根据最近掌握的情况，关八州的愿人也早已分散（后略）。

这个口述备忘录的创作背景不详，但是值得注意的是京都鞍马寺的一个塔头把愿人的来历和现状作了如此精辟的概括。由此可以看出，首先愿人这个名称来源于源义经逃脱到陆奥时，在他身边有一个鞍马寺的伴从曾被传授过兵法虎卷，所以被叫做"源公愿人"，而且这也是让人们联想到鞍马寺和源义经之间的传说的缘由吧。而和这些愿人相类似的，例如周游各国、为他人祈祷保佑、祈求护身符的"俗法师"，在鞍马寺一山的其他塔头也有很多。

中世末期以前，在全国有很多这样的愿人，获得大藏院承认证明来管理一国的组头也为数不少。但是鞍马寺的本寺——延历寺在1571年（元龟二年）9月受到信长的火攻后，鞍马寺变成了贫寺，就不能再继续管理诸国的愿人了。因此，出现了许多的修道者，这也意味着愿人和修道者在某些方面确实具有相似性。

愿人除了在大藏院的管理下，还有一些从属于鞍马寺的一个小分寺圆光院。很早以前大藏院就把一部分愿人拨给了胜泉院，而在1690年（元禄三年）又由圆光院加以继承。庆长年代以后在江户还有很多的以触头为中心的愿人，而组头也是每年都检查关东八国的愿人，而到18世纪中期江户以外的愿人大都已分散。另外在后面省略的部分里还提到，在1744年，除了江户以外在大阪还有近百人的愿人，在骏府的圆光院管理下的愿人也有若干。

从上面的口述记录可以看出，江户的愿人以鞍马寺大藏院和圆光院两院为本寺形成两派，而且各自由本寺任命的触头和组头来组成集团，而这就是对愿人身份识别的根源所在。

触头——愿人集团的领袖

那么愿人的头目即触头是什么呢？这是以1635年（宽永十二年）11月在幕府设立寺社奉行为契机，各宗派派到江户有力寺院负责管理的职务。据高埜利彦的研究，江户触头（僧录①）的设定方法有如下两种。一种是从本山脱离出来、拥有在关八州末寺支配权的有力寺院的江户触头。另一种是由本山派遣并主导的、作为与幕府交流窗口的触头。高埜利彦氏还分析，以圣护院门迹为本山的本山派修验的本寺——住心院和若王子属下的江户触头是一个非常特殊的例子。因为，江户触头的设定，虽然包括少部分的修验派的寺院，但主要还是管理町人集聚地的乞食宗教者即修验集团。而修验派的触头设定也始于元禄年间。

江户的触头始于何时还没有确切定论。据目前的考证，天和年间（1681—1683年）有一个叫了玄坊的应为触头第一人。到1696年（元禄九年）可以确定有了玄坊（二代）和一入坊（二代）两人了。也就是说这和本山修验派差不多同一时期。而愿人的情况是，在江户和关东没有类似于寺院的集团，有的只不过是乞食僧人的阶层罢了。那么为什么要在愿人当中设置触头，在和修验对比的同时今后还有进一步思考的必要。那么至少到17世纪80年代，以触头为领袖的江户愿人集团已经确立起来。

愿人和乞食僧人的区别

在刚才所提到的《祠曹杂识》里，有一篇1700年（元禄十三年）10月11日的起诉状。这纸起诉状是鞍马寺大藏院末触头一入坊和圆光院末触头西月坊两人针对"禅门僧人"的管制问题向寺社奉行所提出的。这两位触头在起诉状当中提出如下三个问题。

---

① 僧录是管理僧侣登记等事务的职位。

第三章　身份性边缘——劝进与艺能

① 城市里有自称禅门的僧人，他们连本寺都没有，只是租房，假借"兴修寺院"，经常到武家和商家去寻求布施。因为这个原因，各地的寺社在江户寻求布施时，在江户市中有的地方都明确规定愿人不能到市中去化缘。这给我们鞍马寺的愿人带来了很大的麻烦。

② 禅门僧人经常深入到各地化缘。另外在市中心，还有被禁止的修行行骗武家和商人的禅门僧。因此，在受骗者中就出现了认为"这不是愿人所为吗"的疑念，进而产生了拒绝愿人化缘的倾向。然而，据我们详尽的调查，在我们愿人中没有作此恶行的人。我们也根据受骗者的要求对禅门僧人作了审讯，归还了他们受骗的衣物。所以，禅门僧人的所作所为对我们愿人的生计来说是一个很大的妨碍。

③ 在这些没有本寺的禅门僧人中，还有住在非人小屋，身披三衣（三个种类的袈裟）进行化缘者，而他们也经常被当做愿人，这也给我们造成了很大麻烦。

因此，他们二人主张"禅门僧一个不剩，统一由鞍马寺组愿人触头进行管理"。

接到这个诉状的寺社奉行所也随即认可了愿人触头的要求，并且把给愿人带来麻烦的修行者统一由愿人来管制。另外还命令非人头，不要让这样僧人打扮的人居住非人小屋。虽然暂时还没有能证实这件事情真伪的史料，但是它确是我们了解17世纪末情况的重要线索，从此可以得出愿人集团的特征如下。

首先，可以得知17世纪末在江户的乞食阶层的存在形态万千。形成集团化规模的除了愿人，也许还有很多。例如有非人层，还有后面对照的大阪修验者。除了愿人以外的乞食僧人层，在此都统称为禅门僧。

其次，包括愿人在内的乞食僧人层，无论从表面还是他们的职业——被称作修行的化缘——这些点来看，相互之间却没有实质性的区别。

最后，决定鞍马寺的愿人和其他禅门僧人的最大差别在于本寺的有无。也就是说愿人就是"有本寺的乞食层"。另外，只有有本寺才能获得身份保证并可以在市里居住。这一点恰恰就是在上述起诉状中寺社奉行认定鞍马寺的愿人集团是唯一正当的乞食集团的原因了。

古刹里的愿人记录

让我们现在到和江户愿人集团有着密切因缘关系的鞍马寺去看看吧。古刹鞍马寺位于京都市左京区的洛北。鞍马寺现在作为鞍马弘教的总本山独立出来,然而自10世纪中期的近千年来一直是延历寺西塔的末寺。江户时期的鞍马寺一山由被众徒称作的十院和由被中方称作的九坊组成,受轮王寺派来的人统一管辖。而由十院九坊形成的塔头在鞍马寺的寺院组织中居中心位置。从当时的鞍马寺图来看,进入仁王门后,从耸入山间的本堂和观音堂的寺院各个角落都可以看到十院九坊。另外,在紧靠山门右侧的里边,并排列着愿人集团的本寺——大藏院和圆光院。而这些,加上十院九坊都因明治初年的神佛分离令而变成了废寺。

1990年10月,我拜访了鞍马弘教的总寺院鞍马寺。桥川正在《鞍马寺史》(1926年刊)中提到,"该寺中所藏东都配下用记和大阪配下用记都是关于愿人的记录,可以作为详解愿人的参考"。桥川氏介绍了连他自己都未曾分析的愿人史料存放在鞍马寺。在洛北的这个古刹里竟有关于江户愿人的史料。更令人惊讶的是还能找到关于乞食层的第一手资料,我又拜访了在该寺工作的曾根祥子氏,很幸运的是我见到了关于愿人的史料。这些史料有30件,其中大半部分是关于江户和大阪的愿人。这是从桥川氏介绍以后65年的今天,得以重见天日的愿人史料。下面让我们从这些史料中来看看江户愿人集团的实际状况。

鞍马寺收愿人认定的礼钱

在鞍马寺所藏的江户愿人关系史料主要是7册题为"东都配下用记"。其中虽缺少一部,但是这几本确是从1847年(弘化四年)到1872年(明治五年)连年记载的。虽然不包含18世纪的愿人情况,但是内容上也有从江户呈上来的诉状,但主要记载的是大藏院和江户愿人之间,特别是和触头之间相互来往的信件。由江户送往大藏院的信件主要分为① 常规的寒暄用语,② 春秋送达的信件,③ 临时性的事务三种。下面对①、②各举一例。

第三章　身份性边缘——劝进与艺能

日期	鞍马发	到鞍马		信件内容
1/8	1/11		大	给各檀家的礼品/门下的赏赐物品
		2/16	江	岁暮祝书/年首祝书和海苔(给大藏院和松圆坊各2件)
3/8	3/28		大	岁暮回信/年首回信(4 封)
4/25		5/15	江	上巳星书/姓名簿/新任转任用书/春季礼钱目录(＊)
6/20	6/29		大	礼钱回信(在＊上盖章)/给新任的干部认定文书(4 件)/上巳回信
		9/22	江	端午祝书/七夕祝书/酷暑伺书/姓名簿/新任转任用书/秋季礼钱目录(＊＊)
9/29	10/22		大	礼钱回信(在＊＊上盖章)/端午回信/七夕回信/酷暑回信/带盖章的文书(18 件)
		12/13	江	重阳祝书/隆冬伺书

【1847 年(弘化四年)大藏院和江户愿人之间的定例性的信件】

(大代表大藏院发信,江代表江户愿人发信)

首先,上表是①1847 年(弘化四年)的总结性纪录。江户的愿人在岁首、上巳、端午、七夕、重阳的时候要给鞍马寺大藏院送去"祝书",而在酷暑和隆冬的时候要送"伺书",这些都是礼仪性的问候语。作为惯例,这些都是不写正文的,下面是 1864 年(元治元年)的岁首祝书词。

　　值此新春之际,谨祝新春并希望各位院务更加健康,特此送上十五片装浅草海苔一箱,请笑纳。以上是岁首祝词。谨启

　　　　　　　　　　　　　　　　　　　　　　　　高林坊笃成　印
　　　　　　　　　　　　　　　　　　　　　　　　本明坊常清　印

松圆坊样
　　敬启

这份祝书是大藏院末的江户两触头高林坊和本明坊写给大藏院晃秀的,松圆坊是九坊之一的代高僧,负责把这封信转到大藏院。另外除了书信还另送了一箱 15 张装浅草海苔。

再来看看②。大藏院末的愿人们在每年的 3 月 20 日和 7 月 20 日都会举行两次被称作"大会合"的集会。在这个集会上来确认愿人组织的出进以及成员的升迁,然后整理到《干部名册》里,再把它由江户送往大

藏院，并且向大藏院报告升迁和退职者的情况。对于新加入者（新任干部）还要向大藏院申请带盖章的认定文书。文书主要记载如下：

大藏院认定文书

一、谨遵鞍马寺先例，对诸事要审时度势妥善处理。

一、谨守朝廷法度礼仪。

一、严守礼法。

有违背上述各项，严惩不贷。

大藏院书盖章

实名盖章

持有人

谁

这只是一些条款，只有得到大藏院的印有花押的认定文书才能够成为一个真正的愿人干部。在发放认定文书之际，大藏院还会征收50文钱的认证费。

确定完这一年的文书持有者/干部的人数后，平均每人每半年在向大藏院递交书信的同时还需缴纳300文的礼钱。而这个礼钱才是愿人对本寺应尽的最大义务，大藏院对礼钱的征收也给予了最大的关心。从一年两回的江户送上的礼钱和干部人数的动向来看，1847年（弘化四年）愿人干部的人数还在100—140人上下浮动，到了1859年（安政六年）以后人数急剧减到70—90人，而到了幕末晚期和明治初年就只剩60人左右了，有关这一点，将在后面介绍。

大藏院送给江户触头的东西主要是从江户祝贺书的回信、彩礼钱和认定文书收条以及交付的新认定文书。与此不同的是，新春的"赏赐品"是在年初的时候分发的。例如1859年的正月，大藏院的管理僧松圆坊在给江户的"御担家"和门下的愿人们送新春贺词的同时，还送去他们带来的"赏赐品"。担家主要有松山、水野、竹中三家。这三家的社会身份可能是旗本，但是现在还无法下结论。但是可以推定这三家是江户愿人在所有武家化缘中地位最高的。每年的年初触头，或者是与他同级别的愿

第三章　身份性边缘——劝进与艺能

人作为鞍马寺大藏院的使僧,带着鞍马寺的岁首祝书,并夹着祈祷文和"薰物"(或是香木)到这三家造访,都会得到若干布施。

另外,两位触头会给门下的愿人们一些钱和药丸。"赏赐品"是大藏院给江户的唯一无偿的东西,以此来确立和江户触头以下的愿人组织本与末的关系。

从触头到下级愿人——愿人组织的结构

在《东都配下用记》里除了记载上述这种惯常的相互交往记录,还收录了各种内容的书信。这些是从19世纪中期到维新时期的记载,虽然缺少更早的资料,但我们还是可以借此从几个方面来了解江户的愿人组织的情况。

首先是愿人组织的结构。大藏院系有两名触头领导,形成代役(触头的辅佐)—组头—组头格—见习—五人组—年寄役这样七个等级。这些人就是前述的役人(愿人干部),他们被大藏院授予认定文书,是愿人组织的正规成员。其中心是组头,大约有9—15名左右。组头集团被叫做"组头中",对愿人组织的运营有很大的操控力。在组头集团中比较有力的组头会被大藏院授予房号,因此被称作"房号众"。而触头和代役很多也是从以房号众为首的组头中选任的。组头格以下的各个等级的役人统称为"格以下",他们也是按照入行时间先后,经过修行之后才能升迁的。到安政年间,代役以下的役人人数大约在100—140人左右,除此之外,还有很多"平愿人"、"下愿人"和被称作"平弟子共"的弟子层。1862年(文久二年)的书信记载,"当时役人大概有百人,下愿人有五到六百人",下愿人(平愿人)/弟子层的人数是役人人数的5—6倍。另外在后面可以看到,愿人的妻子和孩子大都是平民,可以推测愿人家属也大量存在。

住陋巷的出租房

接着来看看愿人们的住所。在《守贞谩稿》里曾介绍过,江户的愿人"都住在桥本町","每个地方都有进行管理的头目"。但是大藏院末的愿人除了住在桥本町,还聚居在以下四个地点,统称"四所"。

a 桥本町,江川町
b 下谷山崎町第二街道
c 四谷天龙寺门前
d 芝新网町

而且,愿人还以各自的住所为单位,形成了被称作神田组、下谷组、四谷组、芝组的地缘性组织,并且设立轮岗值班,或是惣代由组头来担任。愿人虽然是僧侣中的一类,但是他们被许可可以住在町人的出租房里。天保改革中,作为取缔宗教者政策的一环,在1842年(天保十三年)6月发布的公文中,虽然明令出家人、神官、在山野中修行的僧侣、修验者和从事神职的人禁止居住出租房,但是对于阴阳师、普化僧(虚无僧)、佛教信徒、尼姑僧人、行人、神事、舞艺人等和愿人来说,从"本寺或师家那拿到证明是弟子的书信",并且有保证人的话,就可以住在陋巷的出租房里。

桥本町和江川町位于现在东京都千代田区东神田附近。这里又被称作"坊内",在包括触头在内的愿人组织中占据核心地位。从和大藏院来往的信件看,桥本町的坊内实际上就是鞍马寺大藏院在江户的末寺的地位。以二坊触头为中心、拥有广大院落的寺院好像是坐落在町人聚集地的中心似的。但是,只有从贫民聚居地的里店才能看到坊内的实态。

其他三处中的下谷山崎町二丁目位于现在的台东区北上野,四谷天龙寺门前位于新宿区南新宿,芝新网町位于港区浜松町一带。这些都是小地方,在后面也会介绍,上述地点在明治维新后都成了贫民窟。以下分别从四处中的桥本町和下谷山崎町二丁目的地域特性来看一下愿人的情况。

住三井抱地住宅的愿人——桥本町

神田桥本町的一丁目一直到四丁目,位于作为旅馆街而有名的马喰町的北侧一带。这一带是从江户中心沿着本町大街向东,位于横跨神田川的浅草桥前面西北侧的里町部分。这一带在1657年明历大火时还有很多的寺院集中在此(见下页图)。1975年在原来的桥本町修建都立一桥高中的校舍时,发现了江户时代的许多人骨,经确认这里以前是墓地。之后开始了紧急发掘调查工作。令人记忆犹新的是,这是

第三章　身份性边缘——劝进与艺能

以"被掩埋的江户"为名的真正意义上的近世考古学的调查的开始。

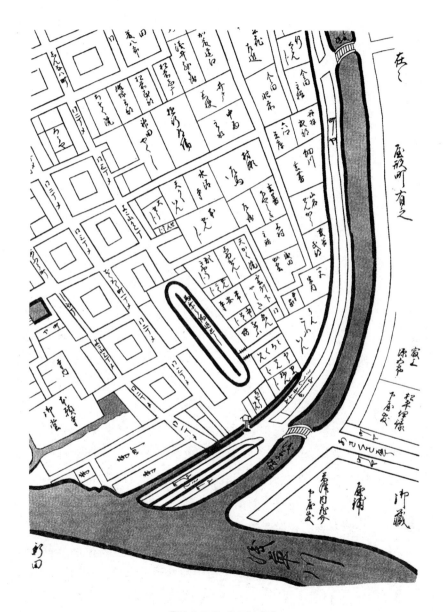

【桥本町的寺町地区】
(《新版江户名所图会》上，角川书店)

被挖掘出的共有五层。最下层和倒数第二层为明历大火的焦土层，从最下层中发现了人骨，棺材上还刻有 17 世纪上半世纪的墓石。从以上的三层发现了许多町人居住地的遗构和遗物。

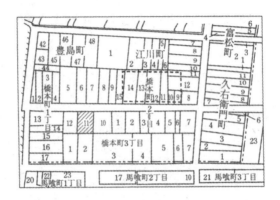

【地图显示发掘部分】

（内务省地理局［东京五千分之一图］）

也就是说，在明历大火后搬到郊外的寺院所腾出的空地和墓地，全都被开发成了町人居住地的旧址。因此出现了桥本町的遗构和遗物。在此可以看到地窖、下水道、井等遗构以及素烧陶器、砚台、磨刀石、菜刀、镊子、切菜板、烛台、骰子、簪子、勺子、筷子、桶、圆盒、木屐、毽球板、泥人、灯台等许多遗物。玉井哲雄氏把都立一桥高中的遗迹遗构图和内务省地理局的"东京五千分之一图"所记录的 1880 年街区的情况进行对照，把发掘地点设定在下水道和居住地方向大概一致的地方（上图中被圈起的部分）。同时又旁证了大杂院大都在北侧，而面临大道的商家的地窖等遗构大多在南侧。那么从发掘调查来看，桥本町二丁目北侧的数家町人住地共有面临大路的表店还有后面的大杂院部分。

以下，我们在从下图来看一下街道住宅的构造以及街道的情况。在第二章第 2 节中曾介绍过三井越后家为了保证它的幕府的御用商人的地位，作为担保在江户买了很多住宅。桥本町一丁目南侧的町屋敷就是其中之一。这幅图说的是 19 世纪初的情况，北侧为门面间口 9 间 6 寸 8 分，往里走 15 间半，东侧是新修的马路，那么东侧一带面对新马路就是房

第三章　身份性边缘——劝进与艺能

屋的正面。这块住地的位置请参照前页图的斜线部分,它就在一桥高中挖掘地点的斜对面。

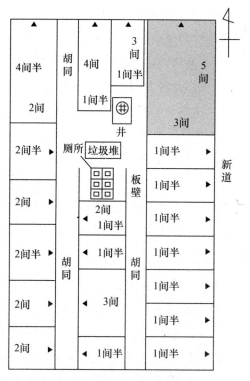

【三井越后家购买的房屋数】(1807)
(桥本町一丁目主要街道)

(门面9间6寸8分宽,进深15间半。阴影部分是借的他人地,其余的都被借出作为店铺。▲表示店铺的正面。据三井文库所藏史料)

当时这块地除了东北角的一间作了借地外,其余的都借去作店铺了。表店4家(其中一家作了借地),东侧新道表店7家,后面里店9家合计20家被出赁给地借和店借了——这些被称做店众。住宅后面有井、垃圾堆、厕所等6处。这些构造和桥本町二丁目北侧的发掘地点的遗构的特征非常相似。

三井把町屋交给家守管理,从店众那里收取地租和店铺租金。在店众里也有愿人,下面的史料就是 1833 年(天保四年)10 月 24 日,江户三井兑换处给京都兑换处的一封书信。

　　一、地金和店铺租金收取进展缓慢令人担心。向家守催促支付时"在町内的其他町家借地和租店的人都从地主那里得到了各种各样的施舍",可是这里的大地主(指三井)虽是"御大家",但是直到现在也没施舍过米钱。借者称因为贫困拿不出商店租金,得到"就等吧"这样的回答。从各地的家守那得到的反馈也是。特别是在桥本町的住地,在愿人中有一个很难缠的人,他故意造谣生事说:"你们家地主'御大家'施舍给人的不是米和麦子而是金钱,如果你们家守不给我们'借店人'的话恐怕说不过去吧。"家守向他们解释"地主正在考虑应怎样施舍,不久就会实施",但是他们却不接受。没有办法,只好把店众的代表——店行事中的一人带到三井的店中,直接告诉他们还没有开始施舍,他们总算相信才离之而去。

此时,正逢 1833 年以来一直持续的全国范围的饥馑灾害,江户因穷困潦倒的人的增多也变得不安定起来。在市中各地,町内有实力的町人向贫苦群众施舍米和金钱的现象也随处可见。三井越后家也是在此形势的逼迫中,不得不向自己身边的店铺和城市各地进行施舍的。为防止被捣毁等不测事件的出现,希望尽早得到向贫困者开始施舍的许可。

从上面引用的史料来看,负责管理城市里各地的抱屋的三井的家守们,催促陷于贫困而拖延地金和店铺租金的店众交钱时,特别在桥本町一丁目的愿人拒绝缴纳各项钱款。从前面图中可以清楚地看到在三井的陋巷的租住房里住着几个愿人。

住御家人镇住地的愿人——下谷山崎町

接下来看看下谷山崎町。这一个町由一、二丁目两个部分组成,它具有"黑锹屋敷大绳地"这样一个特殊的性格。元禄时期这个地方被分给被称为黑锹(从事修建)的 100 名御家人,所以此地被叫做大绳拜领町屋

第三章 身份性边缘——劝进与艺能

1826年(文政九年)这样的御家人——拜领地主——有95名,职务有御目付支配无役(16人)、御庭方(15人)等共31种,其中黑锹有12名。可以得知,此地由黑锹的所属地一跃成为多种官职人员居住地的城市。而町屋当中的大半部分集中在80—95坪,划分大致均等。

	家数	地主	家守	借地	借店	借店率
					间	%
一丁目	267	49*	5	10	203	76
二丁目	344	46	5	17	276	80.2
计	611	95	10	27	479	78.4

【下谷山崎町的居民构成】

(引自[文政町方书上]《三井文库论丛》4号　*包括名主一家)

【高原八十次郎受领町屋】(1829)
(门面5间半宽,进深14间)

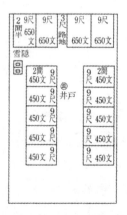

【中岛专之助受领町屋】(1808)
(门面7间,进深14间3尺)

另外,包括地主、家守、借地、出租店在内的房屋数如上图。其中出租店占的比例最大,约为80%,具体可参看此页图。右图是下谷山崎町二丁目的一桥徒(是御三卿一桥家的下级幕臣)中岛专之助家在1808年(文化五年)的拜领町屋图。这块地在当时是一块空地皮,此图就是打算在此盖一个大杂院的估算图。这块地方在町内的具体位置不详,门面有

7间宽，进深14间3尺，当时主人的想法是打算把这75坪的房子全部作为出租房给租出去。里面还有10间，都是"九尺二间"的小房间。而房子的主人是否在此居住，则无法从此图做出判断。

前页左图是1829年同町二丁目的目付支配无役高原八十次郎所属领地。其规模间口有5间半宽，进深有14间。最里面是地主的房间（21坪多），除此之外的2间表店（其中1间是借地，图中灰色部分）和5间里店——也是9尺2间——都被租出去了。

从两幅图我们可以看出，被称作拜领地主的这些御家人，把幕府分给他们在市里偏僻角落的房屋中的大部分都出租了，而把这项经营——叫做町屋经营——都交给家守并由他们来收取租金，从而作为他们得到微薄的切米（作为俸禄的米）和收入的补助，而下谷组的愿人们才能租到这样的房子。

1868年（明治元年）5月15日，据守上野宽永寺的彰义队被攻打之时，周边城市都被烧毁，损失巨大。江户町会所（宽永改革时创立。参看第五章第2节）对受灾者实施了救援措施。首先向露宿街头的共计22250人次连续5天分发饭团，还对被延烧的39町的7230人每人分发白米3升（独身5升）和200文钱。受灾者调查也于同年10月开始实施，以每町家守为单位负责统计受灾户的户主姓名、年龄、职业、亲属、同住者的姓名、年龄。在下谷山崎町一丁目共计39户129人，二丁目26户98人。这些受害者大都是日工、卖货、计件工等在里店居住的下层民众。在二丁目的受灾者中还有愿人的5间房。从上表可以看出，在家守庄七管理的町屋住的有善心、长岸、源道、教山后家，家守传藏店家下，户主是14岁的照顺。善心家有两名弟子，长岸家除了家人以外还有弟子3人。他们都是平愿人。家人用的都是俗名，源道家的15岁的小儿子靠卖蛤蜊来补充家计。照顺家居住的成员很特殊，这点留到后面叙述。

第三章 身份性边缘——劝进与艺能

家守	愿人	家族/同住人细目		
庄七店	善心 37	弟子	三之助	51
		弟子	常心	71
		常心弟	元吉	66
	长岸 65	妻	よし	44
		娘	かん	17
		弟子	小演	43
		弟子	海顺	49
		弟子	全海	44
	源道 37	妻	はる	37
		忰	卖蛤蜊 由藏	15
	むめ 62 (教山后家)	娘	はつ	19
		娘	あま	16
		娘	とく	10
		娘	はる	6
传藏店	照顺 14	同居	卖蛤蜊 常吉	43
		忰	卖蛤蜊 藤次郎	13
		同居	日工 伊三郎	46
		同居	日工 政吉	46
		同居	日工 长次郎	45
		同居	卖鱼 松五郎	37
		同居	协助校官 夘之助	36
		同居	卖玩具 龟藏	61
		同居	日工 驹吉	31
		同居	按摩 德藏	56
		同居	卖扫帚 富五郎	47
		妻	たま	36
		同居	日工 久次郎	52
		同居	卖时货 兼吉	23

【下谷山崎町二丁目的愿人之家】

(数字表示年龄)

愿人的职责一：修行劝进

下面来探讨一下愿人的职责。愿人职责的核心是修行劝进。这类宗教活动包括以下主要内容：(a) 天台宗祈祷守秘符，(b) 代参拜鞍马寺主佛毗沙门天王，(c) 每日唱经，(d) 用神签八卦签来占卜，(e) 修习各种经文,(f)迎请灶王爷,(g)举行念佛会,(h)洒水净身,(i)向浴佛节(华祭)派遣代理僧人,(j)参拜阎罗爷,(k)出席为淡岛明神(纪州)的法乐会进行化缘,(l)向超度众生的法会派遣代理僧人,(m)向大山不动(相模)供奉佛法守护神,(n)持画有"毗沙门天八体佛"的佛画劝进等,活动形式丰富多彩。以各种名目向人们发放佛帖,从人们那里得到布施,此外还进行占卜、派遣代理僧、代人参拜、劝进等。鞍马寺大藏院末寺的修行活动也许以(a)、(b)、(n)等为主,其他寺社主要以代参拜([k]、[m])和类似祈祷的活动为主。在本节最开始介绍过的住吉舞等艺能就包含在上述的修行活动之中。另外发放猜谜画也是很重要的内容。下面我们举两三个例子来看看修行劝进的具体情况。

① 在式亭三马的随笔《式亭杂记》中有这样一则记事。

> 在桥本町来的愿人里,这一阵有一人特别有名,是一个年龄接近六十的盲僧。他带着一个看上去十一二岁的小僧人。这两人在街上说对口相声。"这小僧人和我这盲老头不会给您添麻烦,不是您兴旺的负担,哦太好了。承蒙您的帮助,您是我们救命的亲人啊。"两人一边敲打着竹板,一边说着同样的话。"哦,太好了"是在得到钱或是说完时的用词。

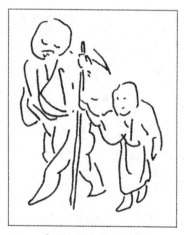

【盲人愿人和小孩】
(《式亭杂记》著者转写)

第三章　身份性边缘——劝进与艺能

前图是附在这一段话后的。住在桥本町的盲人愿人和孩子两人一边说着对口相声一边化缘的情景。"您家的兴旺"指的就是表店的富裕商家。他们二人站在人家的店头寻求布施,然后继续上路。

② 1791年(宽政三年),桥本町一丁目的愿人悦要的弟子长悦,因在堺町的剧场和上野山下的集聚地,从行人的袖子、怀中、腰里偷了共计3贯500文钱而被逮捕,但因其不满15岁,被罚监禁50日,并转交给师傅管教。1823年(文政六年)下谷山崎町二丁目的愿人净达的弟子泰云,因在上野山下的聚居地行窃,在修行的百姓家偷包袱,偷武士家门口的竹皮屐而被逮捕,受黥刑后又被鞭打。这样的偷盗以及行窃行为虽属例外,但是从中可以看出,町人家、武士家甚至近郊的农民家都是愿人们修行劝进的目的地,还有聚集地,即闹市地区也是他们获得收入的重要来源地。

③ 在《藤冈屋日记》的1860年(万延元年)5月3日的记事中有这样一段记载:今天,神田昌平桥外——外神田的汤岛横町附近——的内田清右卫门一个很有名的酒屋,由于负有大量欠款而最终倒闭。有谣言说酒店的倒闭是神灵在作怪。这是因为在1849年(嘉永二年)8月,到内田店来强行化缘的愿人踢翻酒桶,被气急一时的奉公人所杀事件引起的。不知所措的内田家马上找町内的鸢头目进行仲裁,先到旁边的桥本町愿人头滝之坊处交涉,得知"死者不是他们那儿的人"。于是又到芝新网町的愿人头矶之坊那里,却被恐吓:"确实是我们这一组的人,此人每天都到内田家去修行,与人合作得特别好,他本人40岁才总算有点出息,即使有点什么不正当的做法也不至于遭到被打死的厄运吧。"没有办法,内田家只好拿出25两的谢罪金才得以息事宁人。桥本町的滝之房担任当时大藏院末的要职(代职),矶之坊的具体身份不详,但据推测应当也担任圆光院末寺的要职。这个事件真实地反映了每天都以修行劝进为名,为祈求施舍蜂拥而至的愿人和对此"强行化缘"行为颇为反感的大店之间的矛盾。

①—③的修行劝进活动的主要承担者并不是愿人当中有职位的人员,而是他们所属的弟子即平愿人。而担任要职的愿人中的大部分就是靠他手下的平愿人化缘来维持生计的。

有没有女愿人

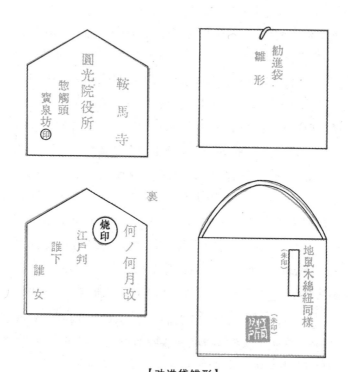

【劝进袋雏形】
(《大日本迈世史料》16卷60页)

1789年(宽政元年)闰6月,一个叫宝泉坊的愿人请求寺社奉行松平右京亮(辉和)把许可证和劝进袋给他的属下,准许她劝进。宝泉坊是圆光院末寺的触头,居住在芝新网町。南町奉行山村信浓守也得到了寺社奉行的通知许可。上图是向寺社奉行提交的许可证和劝进袋的雏形——写有"地鼠木棉,绳同样"。许可证还要劝进袋愿人必须随身携带,但这

第三章 身份性边缘——劝进与艺能

里值得注意的是女性愿人的存在。从前面 115 页的图表中可以看出愿人也有非宗教职业的妻子、女儿。从其他史料中所举的愿人名字来看，无法佐证是否有女性愿人的存在。另外，在这之前的女性愿人是否参加劝进活动这个很重要的问题，至今不详。

提到女性愿人就有必要和尼僧、庵主还有比丘尼这类人作一下比较。1839 年（天保十年），寺社奉行牧野备前守给评定所提交了关于管理江户市内的尼僧的建议书。其中提到，没有本寺或宗派证明的尼僧们，收"远国百姓"（指离江户很远地方的农民）的小孩们做弟子，让他们在江户市内劝进，更有甚者让他们去和乞丐一起站在路边乞讨米钱。当时，尼僧中已拥有弟子最多的称为庵主，相关内容有下面一则记述：

> 庵主平时都待在自家，命令他的弟子们到市内或是武士的大杂院去劝进。数十名小尼僧们聚在一起劝进，看上去像是"一家"。名义上是师傅与弟子的关系，但并不是有所谓应传授的"学术"，实际目的则是强迫她们化缘，收敛钱财后交给师傅们。每日要来的钱规定是每人 100 文左右，如果只要来 60—70 文的话，就会受到师傅的责骂，"这样放任下去还了得"，甚至还会吃鞭子。这些孩子都贫困至极，在这儿无亲无故，只能依靠庵主。另外除了劝进，庵主本人，成年的"弟子比丘尼"或成了近郊寺院的小妾，还有人甚至还偷偷地干起卖淫的行为。

在拥有弟子的庵主中，被称为"重立"（中心成员）的庵主共有 11 人，她们的弟子也有 53 人。大部分庵主聚居在同町的住房里。她们中的大部分出生在加贺、能登、越中、越后，幼年丧父、丧母，从而成为从江户游荡各地的庵主的弟子，其中也有人在修行之后，继承师傅的衣钵成为庵主的。她们的弟子也都是来自同一地方或是江户城内出生的人。

这些尼僧/庵主和愿人不同的地方在于她们没有本寺或是宗派的许可证明。虽说是女性，拥有本寺和宗规者也包括在愿人之中。庵主的法名大都是梅香、智教、妙庆、智净等，无法从这些法名来判断性别。但是可以推断，迄今所知道的愿人的法名里也有不少女性的存在。

愿人的职责二：经营小旅店

愿人中特别是愿人干部层的重要职责就是经营小旅店。1843年（天保十四年）正月，江户町奉行所市中管理职的一位官员，对江户市内的小旅店作了一项调查。下面的史料很长，现摘出一节意译如下：

> （前略）愿人的小旅店，在江户市内的桥本町、下谷山崎町、芝新网町、四谷天龙寺门前和元鲛河桥北町共计5所。愿人经营的小旅店约有82间。经营小旅店的愿人叫做寮坊主。仅靠愿人的职责获得的收入很难维持生计，从前年开始长途旅行的66部巡礼、千寺巡礼、金比罗参拜、伊势参拜、要饭的人都到寮坊主这里投宿。不分男女，每人每天收取24文钱，在政府颁发御趣意指令（天保改革制定的物价下降）后，减到22文钱，小孩儿不收钱。每人的空间为一张榻榻米那么大，碗和饭钵按人数由旅馆提供，不收使用钱。夜晚有需要被褥的，根据被子的好坏收取10—16文钱不等。另外每个房间都有炉灶，各自可以用修行来的、或是要来的钱自己买米、盐和柴火等，自己做饭。晚上的纸座灯每屋一盏，灯芯还有蜡油由旅馆提供，不收费用，而且每天都给提供茶水。客人中有只住一晚的，也有长期居住的。如果长期住宿还需要有"请人"（身份保证人）。因此不论做何种职业都可以住宿在寮坊主那里。住宿者人数总计800—900人。这种住宿俗称"gure宿"（低档旅店）。

町名	大藏院末	圆光院末	共计
下谷山崎町二丁目	7	0	7
桥本町	28	18	46
四谷天龙寺门前	2	0	2
元鲛河桥北街	2	0	2
芝新网町	4	21	25
合计	43	39	82

【寮坊主和其分布】（家）

这份史料中前略的部分如上图记述，在以下谷山崎町二丁目为代表

第三章　身份性边缘——劝进与艺能

的 5 个町的区域内，大藏院末和圆光院末两派的愿人中共有 82 名寮坊主在此经营小旅馆，即下等旅馆。从上面的史料可以得知这些小旅馆的具体情况。

这些小旅馆就设在户主愿人/寮坊主自己家里。另外每个房间都有炉灶、厨房和座灯。每人空间为一张榻榻米那么大，如果有 10 人住宿、房间全部占满的话共 10 个榻榻米大，就是说每间约为 5 坪。以 9 尺 2 间的里店为例，面积为 3 坪，而除去炉灶后起居室的空间就只有 2.25 坪了。那么寮坊主的小旅馆的一间房的使用面积是 9 尺 2 间的里店使用空间的 2 倍。

小旅店的情况就介绍到这儿。再来看一下 115 页表格中下谷山崎町二丁目的愿人照顺家。首先须注意的是户主照顺还是一个 14 岁的少年，没有家人。和他同住一起的还有 14 人，这里有两个家庭，剩下的都是单身男子。他们的职业主要是做日工卖鱼或是做其他杂业。而这个所谓的家正是上述小旅馆的一个缩影图。他们是找到保证人才得以长期居住的住宿者，这些人是无法住在江户市内里店的，所以只能寄宿在愿人经营的小旅馆里。

愿人触头的主导权之争

通过对愿人组织、居所以及他们职责的具体分析可以得知，处于愿人组织核心地位的触头及以下的阶层，一面收取他的弟子即平愿人修行劝进来的钱，一面又从事以全国巡回修行者和贫困民众为顾客的小旅馆经营，而成为寮坊主。让弟子巡回化缘的空间即势力范围和小旅馆的经营权是寮坊主所有的主要对象。因此就出现了所谓继承"家产"的问题。愿人组织的特色是共同经营和维持家产，这里探讨了触头、代役、组头这些干部阶层之间"袈裟化缘"的结合方法、权力的相互牵制与纠结的状况，我们还要从不同的角度来看一下愿人组织的构造。

下面我们首先举一个愿人触头们权力之争的事例。当时大藏院末的触头有高林坊（第一代）和闲行坊两人。高林坊从 1814 年（文化十一年）以来主持事务 30 年有余，1846 年虚岁 74，闲行坊从 1840 年（天保十一年）以来主持事务的，有 66 岁。他们两人从 1846—1847 年围绕主导权开始了争夺战。争论原因不详,长期担任触头的高林坊的压倒性势力和稍晚就任的闲行坊的个性发生了激烈冲突,最后导致闲行坊明显被孤立。

闲行坊认为愿人组织现状的"治理方式不好",组头层以上像样干部只有两三个,他因此为将来担忧。但是他对争论对方的高林坊派的一个组头——良山做出了如下评价:

良山是高林坊谱弟①,这次虽已为"党徒"成员,"口齿伶俐、头脑清晰",担任书役一职,但是要继承触头一职似乎还有点过于年轻。

虽是政敌,但是被闲行坊夸奖"口齿伶俐、头脑清晰",具有领导素质的良山当时只有23岁。他后来成为第二代高林坊,一直领导幕末时期的愿人组织,但是到接任第二代高林坊为止,却长期身陷权力争斗的漩涡中。

对后任候补人选的相反评价

触头高林坊(第一代)在与闲行坊的争斗平息后,于1848年(弘化五年)2月辞世,第二年4月他的职位由担任代役一职的明全房(52岁)继承,即东林坊。他原在四谷天龙寺门前居住,后又搬到坊内即桥本町界隈的租房,触头职务的交接还算很顺利。此时,组头中的良山(25岁)和圆说(33岁)被提拔为代役职务,他们二人即分别成了冈本房和滝之房。可是就在大藏院通过东林坊把承认两个代役就任的许可证交给他们时,在受理仪式的现场,就"左右,前后"的座位问题发生了争执,不知如何是好的东林坊只好规定"不分甲乙"以每月轮值的人为上位让其坐左座。如此年轻就担任代役、成为触头候补的二人,在愿人组织里以各自为中心形成了对立两派。

1851年(嘉永四年)2月闲行坊71岁去世时,围绕他的职务继承问题,正像东林坊担心"必定会引起混乱"所预测的那样,坊内分成两个派别,争斗更加白热化。

东林坊在给大藏院松圆坊的书信中,对作为候补人选的两位年轻的

---

① 谱弟指世世代代伺奉同一主家,或指一个家系代代相传。

代理作了如下的评价。在1851年7月9日的信中提到：

> 冈本房良山是已故高林坊的谱弟弟子，长期在触头的指导下行事，对诸事比较了解，人品温厚。泷之房则比较轻率，做事总是欠周到。

他推荐冈本房作后任。但是在他同年12月6日的信中又提到：

> 冈本房好像对万事都很有经验，但是工作态度不认真，无法得到干部们以及桥本町的家主们的信任。在他所管的弟子中，经常出现希望换师傅的情况。他本人虽不错，但是如果让此人担任触头的话，那将后患无穷。而泷之房虽年纪轻轻，但干部都听从他，执勤状况良好，所以推荐此人担任触头一职。

这封信和前一封完全相反。大概是因为想把东林坊拉到自己一边，冈本房和泷之房两派之间展开了激烈的权力斗争。上述自相矛盾的评价正是这种权力之争的最好写照。

正是因为东林坊的进言，本寺大藏院认为无论任命哪一人都是惑乱之源，所以在接下来的四年时间里，闲行坊的后任问题被束之高阁。在1854年（安政元年）12月东林坊逝世的第二年春天，两人都就任触头，冈本房（良山）成了第二代高林坊，泷之房（圆说）成了第二代本明坊。此后二人一直各自统领幕末和维新时期的愿人组织。

给初代触头申请"法师僧正"封号

在上述争端中的一方当事人，31岁就当上了触头的良山（冈本房——第二代高林坊）受到他的政敌"口齿伶俐、头脑清晰"的夸奖。下面看看他在初代高林坊死后，在1848年（嘉永元年）4月给"御本山"即鞍马寺大藏院的一封祈愿书：

> 惶恐至极提出申请
> 我师高林仿茂元自1814年（文化十一年）被任命为江户触头以来，已经兢兢业业地工作了30余年。今年2月生病去世，马上向御本山您报告，得知您那儿的评价"常年担任要职，功绩累累，正要对此褒奖却逢临终，深感遗憾"，深表感激。

我知道我师高林仿茂元认为但凡行法修行后，都会被提升到法眼僧都，这事一直隐藏在他的心里。我也查阅了很多相关记录，这样被提升的例子还不少，所以故人西去后，如果没有得到这样的提升，我认为是很遗憾的事情。

回首往事，在高林坊接手触头这个职务以前的20—30年间，江户的"属下"衰退，当时正在面临灭亡的危险。但是高林坊在担任触头后，废寝忘食地工作，日夜向本尊多闻天祈祷属下的安全和昌盛。大概是神佛的保佑，人数又开始增加恢复到原来的水平。高林坊的努力是无法用语言和文字描述的，他所留下的功绩也是卓越的。希望给予特别的考虑，如果能给已故高林坊一个"法师僧正"的封号，我以及我的袈裟弟子们将感激不尽。

嘉永元年4月

御本山样

御役僧众中

良山在这封信里，希望本山大藏院的役僧松圆坊考虑一下他故去的恩师高林坊生前的功绩，希望给他一个"法师僧正"的封号。这是因为大藏院承认愿人组织为一个僧侣集团，要求给高林坊一个和高僧相符的僧位。像这样的一个组头直接向大藏院提出申请是十分特例的事情，而且他所要求的内容也很不寻常。

而松圆坊这边称由本寺发出的"法师僧正"的僧位认可这类事情必须由本寺向皇宫请奏难以接纳，并予以回绝。而是拿大藏院的实名，从晃秀中取一字，把写有"高林坊晃元"追号的许可状送到江户，打算以此作为了结。

但是良山却坚决拒绝，同年7月在给大藏院的信中有如下记述：

在皇宫里，即使是非藏人的小官，如果伺奉三朝天子的话，也能成为朝臣。我听说为武家效劳如果到20年也能获得永远的世袭。而给长年担任大藏院下触头一职的已故高林坊授予法号也是无可厚非的。纵观江户的修验，他们都自称为"何院、权大僧都、阿阇梨、法师、法印"等，连下级也是如此。鞍马愿人本应是"修验同样"，但是如果不给高林坊追加封号，怎么体现"修验同样"呢？那么修验也就

第三章　身份性边缘——劝进与艺能

是唬人的东西,是我们的耻辱。

良山为了实现给自己的恩师获得僧位的封号,举出了大量先例,阐述此事的正当性,从上面的书信我们可以得知良山是十足的知识分子。学识渊博,思路清晰,即便如此,结果还是没有得到重视,只是给其师授予一个追号,此事便不了了之。

继承财产的"家"集团的存在

在刚才我们所见良山的那封信末尾,"袈裟派的弟子们"是怎么回事呢?1854年(安政元年)12月,在当时唯一的触头东林坊由于久病,并发痰症而逝世的时候,他的东林坊的"家名"由其胞弟念信相继,得到东林坊十几个弟子的认可,提出申请并被承认。这种继承方式被称做"血脉"。就是说,刚才我们提到的愿人的财产/家产——劝进场所以及小旅店等的经营,全部由血脉关系而继承下来。

从其他史料来看,以东林坊为师的念信以及12名愿人中的大部分是组头,或者是拥有直系弟子担当要职的干部。东林坊的袈裟派即是由东林坊的弟子们组成的"家"的复合体。

良山的恩师高林坊的袈裟派系也是由良山为代表的众多弟子的家的复合体构成的。这样的袈裟派系,除了有第一任触头(1811—1840)玉泉坊→东林坊派系,还可确认第一代本明坊→二代(刚才所见的圆说/滝之房)一派。可以说愿人组织被分成了好几个袈裟派系,在近乎一无所有的愿人集团中,无法否认的是也有像上述那样继承家产的家集团的存在。

寄生于繁华江户的愿人们

二代高林坊和二代本明坊这两位年轻人经过长年的锤炼,终于同时成为触头,恰逢1855年(安政二年)从4月开始持续到下半年的期间,江户发生了大地震,即安政大地震。以桥本町为首的愿人四所都遭受了巨大灾害。幸运的是免遭延烧,死伤数也很少。但是,下层愿人由于失去了劝进场所,有的还俗,也有人去做日工勉强糊口。不只是一般愿人,就连"下役"(职位稍低一点的干部)中也有好多人"出走、离职"。刚克服完长期内部斗争的大藏院末的愿人组织,立刻又陷入了危机。

1858年(安政五年)7月开始流行的霍乱加上11月的大火,使得危机变得更加深重。1859年(安政六年)2月,高林坊—本明坊和两位代职以及组头,向松元坊描述了江户的危急情况。

> 最近天灾不断,事态恶化,几乎没有一钱的施舍。虽说是繁华之地但大火频频,居住的地价房租,生活费不断涨价,我们没有商家的施舍就无法在市内生存,大部分下层愿人让妻儿做小买卖,这样就会关系到"御门下"的仪表。

我们可以看出,第一,愿人如果不寄生于江户的"繁华"市区,就难以生存下去;第二,愿人也积极从事职责以外的各种杂业,所以看上去他们的家庭和都市下层民众并无本质区别。即对于大部分愿人来说,把劝进和艺能以及下层民众从事的小买卖,还有日工的工作同一而视。

从1864年(元治元年)末以后,愿人组织不顾大藏院的屡次催促,停止交纳役钱,到1870年(明治三年)9月为止,愿人组织和大藏院之间几乎音信全无。维新后,仅有一人的触头本明坊就音信全无这件事谢罪,关系一度恢复。而新政府在废除触头这个名目后,宣告了两者的关系就此终结。

拥有家、财产、法的共同组织形成

综上所述,愿人即乞食/劝进层虽然位于社会的底层,但是从集团的性质来看,显示出它和百姓的村落、町人聚集的城市,或是商人以及从事各种职业工匠的联合体组织具有相同的性格。在本章第1节中也叙及,有关多种多样的小本经营者以外的人们,不论规模大小,与所有或经营这些概念、好似无关的人们,也形成了家族,把所有的东西都当成自己的所有物,形成了具有为维护共同利害关系而遵守法的共同组织。

前面提及的愿人寮坊主经营的小旅店,在进入近代以后急剧欧化的东京,除了早在1881年作为贫民窟拆除对象而消灭的桥本町外,剩下的四谷元鲛河桥、下谷万年町(原来的下谷山崎町)、芝新网町成了没赶上近代化潮流的东京的三大贫民窟,这里同时也是包括原来愿人在内的各类艺能者的集聚地。

愿人艺能明星

20世纪初的1907年6月,东京本乡剧场的浪花曲的明星——桃中轩云右卫门(1873—1916),在贫民窟之一的芝新网町长大,在那里受到街头艺人的很大影响。据兵藤裕己先生的研究,浪花曲的源流是愿人走街串巷艺能中的一种(《"声音"的国民国家—日本》)。作为愿人的主要据点之一的芝新网町贫民窟发展起来的愿人艺能得到了继承,到20世纪初,通过云右卫门,使得这个新艺能大放异彩。把披着一头长发的云右卫门和乞食/劝进层的愿人划一等号,想想似乎有些困难,但是处于社会底层的愿人成长起来的艺能并向近代发展,的确多少影响了现代人们的心性。

3 乞胸——特异的艺能人集团

始于浪人的源头

1799年(宽政十一年)2月,住在下谷山崎町一丁目的德兵卫店的乞胸头仁太夫,向町奉行所提交了一封关于乞胸来历的长信。当时町奉行所让仁太夫对江户市中的乞胸集团的身份等写出一个详细的报告。这个乞胸集团从现在的资料来看只在江户一地出现。词语出处不明确。下面将利用有限的资料从艺能者的性格到身份性边缘的问题来考察乞胸这一特异集团。

先从仁太夫的记录的内容开始。首先,关于乞胸的来历有如下记载:

乞胸的始祖是叫长岛矶右卫门的一个浪人。他在江户的药师堂前——当时的小传马上町一带——町人居住地,还有市内的各个寺社院内等地靠演一些蹩脚戏作为生计来源。慢慢地有很多人加入进来,规模逐渐扩大,矶右卫门负责照顾这些人。矶右卫门的这些家业原由非人头目善七以及他手下的人来经营,善七认为如果放弃矶右卫门这些度日的手段，家也会遭受巨大损失，因此向町奉行所提出申请要求继承，矶右卫门的经营被禁止。矶右卫门的想法也和善七一样，希望家业得以继承，因此他和善七一起向当时——庆安年间的町奉行石谷左近将监（贞清）提出申请。矶右卫门顺利地当上了乞胸头，具有町人身份、并与此业相关的人只把营生统一交归矶右卫门管理，并向这些人颁发许可，他们每月每人要向矶右卫门交纳48文钱。在获得上述权利的同时，乞胸头要承担下面的义务。浅草溜（收容无家可归的人或是有病的囚犯设施）附近一旦发生火灾，就要派20人左右来负责保护关押的犯人。在寺社和其他各地以我们这一行维持营生的组织成员中，也有人的身份和来历不明，为了便于管理，对这一行的从业履历进行掌控，从很早开始我们就在这一行营业的各种场所巡回稽察，呕心沥血，历经千辛。到我这里，我们已经前后相继了11代。

这里，首先要注意的是乞胸的始祖是一个武士浪人。在这封信尾还写道：浪人如果还想再事旧主，没有工作成为乞胸时，还有佩戴武士短刀出去卖艺的，而到1773年（安用二年）3月这种情况则被完全禁止。即经常会看到出身武士的浪人因要以艺能维持生计而加入乞胸行列的情况发生。

在1773年3月的法令中，明确规定乞丐等人禁止佩戴武士的长刀和短刀，对他们的稽察管理也一并交由乞胸头进行。可能是町奉行所认识到在浪人所从事的艺能中，还有乞丐等的存在，或是后述的那样，认定乞胸的各种艺能本身就是乞丐/劝进行为。

乞胸的12种家业

在仁太夫的信中，值得注意的第二点是，乞胸在寺社，各个街道所表演的艺能有如下12种：

杂技	猿若狂言	江户万岁（相声）	耍碟子
耍木偶	净琉璃	说教	模仿秀
仕方能	读书	说书	街头讨钱

第三章 身份性边缘——劝进与艺能

除了上述的 12 种艺能外,还有在寺社或是苇棚小屋、或者路旁茶水店表演,向看客收钱,或者通过卖艺,将从顾客中收取的钱,从很早以前开始便在我(仁太夫)的掌控之中。

因此,如果想在市内靠艺能获得收入,就必须隶属于乞胸头的管理之下。

下面,我们从 1842 年(天保十三年)5 月仁太夫的《乞胸家业书上》这一史料再来详细看一下。首先对乞胸营生的 12 种艺能有如下说明:

杂技	拿着竹缨枪表演曲艺
猿若	演狂言的演员
耍碟子	变戏法,小魔术
净琉璃	在三味线伴奏下说唱
口技	模仿戏剧演员的口吻做动作或者模仿鸟兽
读书	给人朗读古代战争故事
江户万岁	模仿三河万岁的滑稽万岁
耍木偶	耍木偶戏等
说教	讲述过去的故事
仕方能	模仿能的表演
说书	讲述太平记,或者古代战争故事或者四书五经
街头讨钱	在寺社或城市的各处乞讨金钱

上述这些艺能中的大多数都成了乞胸维持营生的手段。但是,仔细观察其他的身份集团中,也有猿若/演剧人员和能、万岁这样的情况存在。对于这一点,在同一史料的其他地方有如下记述:

> 并不对三芝居狂言座、汤岛天神社内的狂言座以及三河万岁、太神乐、越后狮子和佛法有关人员、秽多、非人进行管理。

三芝居狂言座指的是歌舞伎的中村座、市村座和河原崎座这三座。汤岛天神社狂言指宫地演剧。上面指的就是,这三个狂言座和宫地演剧的大腕不受乞胸的管理。另外,三河万岁、伊势太神乐、越后狮子的艺人以及被包含在贱民中的猿饲都不受管理。"和佛法有关的人"是在上一节提到的愿人。在各种形态的艺能者中，直接受乞胸管理的是上述12种。而且，这12种中，三狂言座——猿若，能——仕方能，三河万岁——江户万岁，操座——耍玩偶，口技模仿都是复制其他种类的艺能形式，处于从属位置。而且，杂技、耍碟子、说教、说书等大都具有杂艺的性质。从而，我们可以将乞胸的性质准确定位，即乞胸为江户底层文艺界组织起来的集团。

乞胸组织的结构——头目向手下收钱

在乞胸头仁太夫管理下从事12种行业的下级艺能者，从仁太夫那里获得许可，成为新的乞胸。在仁太夫谈及乞胸来历的信中有如下记载：

> 我（乞胸头仁太夫）的手下每天都会到市内各处的寺社和街道巡逻，一旦发现从事和乞胸一样营生的情况，就会问他"有没有乞胸的许可"。如果遇到没有许可，对乞胸的情况又不十分了解的人，就告诉他这样的营生是由乞胸头管理的。如果有明确的身份担保人，只要"遵守幕府的各项法律和行规"，就可以加入旗下。如果遇到十分清楚乞胸管理的规定，没有许可暗中经营的人，那么要没收他的营生家伙。如果承认错误，则予以返还。希望继续从事这种营生的给颁发许可。以上是乞胸组织的规定。

由此可以得知，除乞胸以外，江户还有很多下层艺能人，他们有的是从其他地方进来的，乞胸头的手下每天都要对市内各处进行巡查。这些艺能人同意加入乞胸头的管理，希望继续以艺能谋生的人要发誓遵守组织行规，他们获得许可证，成为乞胸组织的正式成员。

据1842年（天保十三年）6月的史料来看，当时的乞胸共有749人，这些乞胸的分布如131页表。仁太夫住在下谷山崎町二丁目，从同一表中可以得知，乞胸组织的中心构成，除了有乞胸头仁太夫，还有他的手下。我们把它称之为"乞胸头——手下层"。他们和在前一节介绍的愿人一样，也经营小旅店（"gure宿"）。我们再来看下面的史料。

在江户市的下谷山崎町、四谷天龙寺门前、深川海边大工町这三个地方，乞胸经营的旅店大概有9处。乞胸头仁太夫给以乞胸为业的每个人

第三章 身份性边缘——劝进与艺能

一个交 200 文钱盖有烙印的许可证,让他们住在仁太夫或其手下的家里。对这些人不征收住宿费,而是以"房屋费"的名义,每人每天征收 24 文钱。……并向他们提供薪柴和粗茶,除此之外,每天还以 16—24 文钱借给这些住宿者铺盖。作为许可证费用,仁太夫每月向每个人征收 48 文钱。在长期滞留者中,有人长达 3 年至 5 年。仁太夫和他的手下知道只让乞胸营生的人住在这是不会赚钱的,因此他们让一般旅店不会收留客人留宿,比如长途旅行的六十六部、千寺巡礼、金比罗参拜、伊势巡礼,还有乞丐一类。他们每天从旅店出门到市内各地修行或者化缘,把自己当成乞胸中的一分子的人也不在少数。所以,这种小旅馆俗称"gure 宿"。

a. 仁太夫和他的手下人的家属、同居人	212 人
b. 借住仁太夫在下谷山崎町二丁目附近的住宅的人	266
c. 手下深川海边大工町半藏店的富藏和其家属、同居人	23
d. 手下四谷天龙寺门前安兵卫店的权次郎和其家属、同居人	18
e. 除上述以外的分住市内各处的人	230
合　　计	749

【乞胸的分布】(1842)

上面史料是由町奉行所的市中管理者于 1843 年(天保十四年)正月做的调查,这里只取其中的一部分翻译成现代文。下页的表格是当时乞胸经营的小旅店一览。由此可以看到,除乞胸头仁太夫外,手下 8 人也经营小旅店,以乞胸为营生的人加上住宿者将近有 140 人。

根据上述资料来归纳,天保末年乞胸组织的构成情况如下:

① 核心圈/乞胸头仁太夫和其手下 8 人及其家属。他们也是这些小旅店的经营者。他的手下大多住在仁太夫位于下谷山崎町二丁目的居所,在深川海边大工町和四谷天龙寺门前也各分派一人。

② 以乞胸为生的人有两种形态。

a. 作为"出居众"而滞留在乞胸头和其手下旅馆的人。他们大多集中在下谷山崎町二丁目居住。

b. 借房居住者。他们有在下谷山崎町二丁目居住的(上表中的 a、b),也有散落在市内各个角落的(同表中 e)。

②中的以乞胸为生的人才是真正的艺能者。①中的核心圈向以乞胸

为生的人收钱,以担保他们的营生作为交换。由此可见,乞胸头及其手下并不从事任何艺能,两者的关系用现代的话来讲就类似于今天的经纪人公司和旗下艺人之间的关系。

所在地	职务	姓名	住宿者人数
下谷山崎町二丁目	乞胸头	仁太夫	
	伙计	京右卫门	
	伙计	善右卫门	
	伙计	藤吉	100多人
	伙计	德兵卫	
	伙计	弥助	
	伙计	卯兵卫	
四谷天龙寺门前	伙计	权次郎	16—17人
深川海边大工町中道	伙计	富藏	21人

【在乞胸头、伙计及其手下的住宿者】

非人头对乞胸进行"管理"

在刚才我们所见的那封信中介绍过江户的一个非人头善七从庆安年开始对以乞胸为生者进行管理。关于这一点信中如下介绍:

> 以乞胸为生者中如果有新成员加入、退出必须向善七报告。同时还要收回许可才让其与组织脱离,这仅仅只是营生的管理,所以只要停止,就可以和善七毫无瓜葛。如果町奉行所询问有关以乞胸营生的问题,我们和善七一起前往说明;如果有有关身份的任何问题,全由町官员负责。……我们的组织成员本是町人,遵守町法,和町人一样承担负担。

在此,仁太夫反复重申并强调了乞胸的町人身份,非人头善七只能对营生管理。那么,非人头的管理到底是怎样的呢?

1871年(明治四年)4月,东京府向秽多头弹直树询问非人头善七对乞胸的管理情况,头弹直树作了汇报,据汇报内容:

① 仁太夫每月要上缴一个劳动力的工钱。一个月11贯文,一年共计132贯文(从弘化年[1844—1848]开始。)

第三章　身份性边缘——劝进与艺能

②善七对仁太夫及其手下的营生状况进行核实，每月向秽多头报告人数的增减情况。

③每年年初向秽多头拜年。

在②中介绍过的核实人头和以村、町为单位，每年以新成立的家庭和奉公人为对象的核实不同，这是为了掌握乞胸组织的构成成员所实施的。例如：江户市内的商人和手艺人组织向町年寄役所提供记载构成成员/家业主体成员的"姓名簿"，并且报告成员的增减情况。而乞胸组织则把姓名簿交给非人头，由非人头掌控，亦即非人头实际控制、乞胸的家业主体。乞胸及其家属无论何时都以町为媒介，因此他们的身份只能是町人，如果和乞胸家业脱离，那么也脱离了非人头的管理，从此自由。

但是，属于乞胸的艺能者是否能从统治者以及社会的鄙视中获得自由仍是疑问。1843年6月，町奉行所计划把住在下谷山崎町和市内各处的乞胸头仁太夫及其部下全部强制性集中到在取缔妓院的行动中、于前一年没收的浅草龙光寺门前的町屋。此地原来是一个叫做"堂前"的有名妓院，把这作为乞胸的聚居地，打算对此进行隔离。乞胸到底有没有全部被集中到这里，我们还没有确认，这和把秽多圈到浅草新町，把狂言座圈到猿若町一样，由此我们就能看到权力者对艺能者的蔑视。

浅草寺艺能人争端记录

从前面的那封信，可以推想乞胸组织在成立初期和非人头管理下的艺能人集团两者之间发生过某种争执。围绕对不同艺能人集团的掌握，乞胸头到底采取了什么对策？下面以18世纪末的浅草寺为例详细介绍一下。

从江户市中心的浅草桥穿过神田川，和大川（隅田川）平行北上，一会儿就到浅草寺。这里是江户名胜，至少在18世纪以后，成为市内屈指可数的胜地，吸引了大批游客。此地最具有吸引力的不用说是作为信仰要地的观音堂，除此之外，这一带还有三社宫（浅草神社）等很多堂社和寺院分院。但是能让人们来到浅草寺的真正原因并不是那些宗教设施，而是毫不逊色的寺内各种小店、茶水屋、射箭游戏场、戏棚子等游戏设施和艺能场所。

具有悠久历史的金龙山浅草寺进入近世以来因成了德川家的祈愿所而受到重视。但1685年（贞享二年）当时的别当忠运被罢免，此寺置于上野东叡山宽永寺的管辖之下，以后，别当就都由东叡山来派遣。1740年（元文五年），东叡山住持兼任浅草寺的别当，上野的别当代被派到浅草寺本坊（传法院），自从浅草寺设置别当代后，一直到幕末留下大量日记，作为《浅草寺日记》被逐一翻印。这些日记由别当代、寺务机关人员和浅草寺一山的两名代表负责记述，所以包含了有关浅草寺的各种各样记录。

反感乞胸头管理的下层艺能人

别当代兴善院智贤在1792年（宽政四年）9月28日的《日并记》中，有一封申请书如下：

> 深感惶恐给您写信
> 一、能让我们长年在浅草观世音的寺庙内得以卖药度日，深表感激。但是，今年秋天，町奉行所却通知在御府内（江户市内）搭棚小卖和小店度日者今后都要听从乞胸仁太夫及其手下的管理。由此，除了寺院范围内的人，历来受我们寺内节制、又与其他管理有关的人，我们就一概不能管理，他们认为"如果让乞胸头管理下的这些人在寺院度日谋生的话，以后不知会出现什么难以预计的新情况"，因此，责令停止营业。但是我们都是这个地方的穷人，如果不让营业我们就失去了任何能保证生活的来源，会更加穷困潦倒。所以恳请大发慈悲让我们继续营业，保证我们的生活一如既往。

上面的申请书是9月27日，平八、专助、龟三郎三人向浅草寺的代官提出的申请。平八三人住在浅草寺领域的町内，长年在浅草寺寺院内以卖药维生。在此之前，町奉行所责令卖药度日者以后编入乞胸头的管理下。浅草寺方面也规定在寺院经营者只能限定在这一带的住民，而把划归到乞胸头下管理的"卖药度日"者排除在外。平八他们对寺院的这个决定深感为难，希望寺院能够撤回让他们停止营业的决定。

接到这个申请的代官所，马上强烈要求别当代兴善院保证这些人的生计，至少准许这些地位低的人在浅草寺营业。兴善院在9月28日拿着

第三章　身份性边缘——劝进与艺能

平八准许寺社领域的人在此营业、免受乞胸头管理的申请和代官所的意见,在寺社奉行松平右京亮辉和官衙里亲手交给了寺社管理官神谷弥平手中。

其实町奉行所在1792年(宽政四年)9月颁发的这个法令并非突如其来。有关艺能人的以前法令并没有得到遵守,寺社内艺能人频增,乞胸头仁太夫向町奉行所提出加强管理的申请,町奉行所为了维持旧法,以再次确认旧法的方式重申上述条文。这样一来,在管理下层艺能人的乞胸头和对此反感、逃进浅草寺的艺能人之间发生了激烈冲突。那么,基于平八诉状的浅草寺的要求未能得到町奉行所的许可。

"卖药度日"和乞胸的差别

平八三人靠"卖药度日"到底是怎样的一种营生呢?另外,乞胸头为什么能把卖药度日的这些人归到了自己的管理范围下呢?

1796年(宽政八年)2月,浅草元旅笼町一丁目胜藏店兵助和丰岛町一丁目孙兵卫店清次郎向町奉行所提出了如下诉状:

> 我们长年在搭棚小屋经营祖传秘方,以自己配制的药和香料作为营生。但是,1791年(宽政三年)起,乞胸头仁太夫不知为何要把我们的经营划到乞胸的营生下,并说"我给你们颁发许可,每人每月上交48文钱"。但是乞胸有12种营生(下表左),和我们的13种完全不同(同下表)。我们的营生在1735年(享保二十年)11月获得大冈越前守大人的许可。如果把我们划到仁太夫名下,那么就会被视同贱民,在农村就不能和商人进行这13种交易,如果到其他地方住宿也会遇到困难,基于上述考虑,请允许我们一如从前,仁太夫不要介入我们的营生。

乞胸的 12 种家业	香具师的 13 种家业
杂技	反魂丹　坐姿出刀法
耍碟子	同　　曲鞠
猿若	同　　呗①
耍木偶	牙粉　杂技
江户万岁	同　　曲艺
仕方能	同　　西洋景
口技	怀中挂香
说书	诸国弘商人
净琉璃	街头治疗膏药
说教	腌制蜜柑梨子砂糖
模仿秀	零星杂货
街头讨钱	打火石
	诸国妙药代销

【乞胸和香具师的家业】

提出申请的兵助和清次郎都是香具师（江户商人）。香具师虽为卖药商人，但为了招揽顾客，进行各种艺能表演的也不乏其数。兵助家的营生地点到底在哪？没有史料给予证实，但是从上述内容可以得知乞胸头仁太夫想把香具师纳入自己旗下的动向。在浅草寺卖药度日的平八们其实就是香具师，兵助和浅草寺的乞胸恰好处于同一时期，而乞胸头仁太夫以町奉行所为靠山，想把香具师底下的艺能人都纳入进来，借以扩大自己的势力范围。

被一度驳回申请的浅草寺卖药度日/香具师们于1795年（宽政七年）5月再次向寺社奉行提出申请。8月两者之间的协商解决也正式告吹，此后经过将近两年的调查，浅草寺方的形势变得更加严峻，到1798年6月开始采取调停解决办法，结果乞胸方获得胜利。6月13日浅草寺命管理寺院的南马道町名主庄右卫门等"今后在观音寺内允许乞胸营生的人进入，如有申请者要仔细核对其身份"。并对两名代官的办事不力给予严厉处分。相持7年的争端到此结束，亦即承认了乞胸头对寺院的介入。

浅草寺内的小店、戏棚

乞胸一事解决后，马上有人向浅草寺的代官所又提出如下申请：

---

① 一种民谣。

第三章 身份性边缘——劝进与艺能

深感惶恐,我等寺院内的杂耍、净琉璃、说书的四名负责人提出申请。寺院范围内度日谋生的人,有特别关照的话可以不向乞胸头仁太夫交纳许可费,这完全托您的洪福。能让寺院范围外的人也来这做买卖也是仰仗您的慈悲与宽宏大量。原来在路边茶水店内靠净琉璃、说书度日的人这些日子已经看不到了,因此想恳请允许他们再次营业,还有人想在这里搬演儿童戏剧、杂耍等等。以我们四人名义想向您借新的地方。(后略)

这几位申请负责的人分别是与兵卫、伊右卫门、岩松、源水四人。其中源水就是非常有名的独乐大师松井源水。他当时居住在浅草寺领内的田原町三丁目,是在浅草寺寺院内从事药材买卖的香具师。源水于1778年(安永七年)5月,向浅草寺代官提出想要担当香具卖药、小杂耍行业的负责人,并获得批准。同时还同行之托,负责寺院内土地的租借。源水以外的其他3人也应是同行,即大概都是香具师。他们四人作为香料师的负责人分管浅草寺内卖药度日的人。

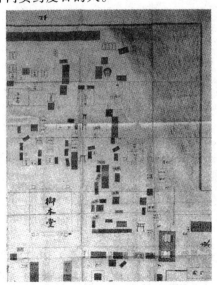

【观音境内诸堂末社诸见世小屋挂绘图】
(标出[部分]茶屋、牙签等的所在位置[金龙山浅草寺发行《浅草寺日记》第4卷所载])

这幅图是源水在提出申请之后的1798年8月制成的，有138厘米宽、173厘米长，是题名为"观音境内诸堂末社诸见世小屋挂绘图"的大幅彩图。这幅图以"御本堂"即观音堂为中心，南面是从传法院（本坊）正门到南马道町的寺院、东面是随身门、北面是御成门、西边是千束村耕地，图中描绘了寺院的中枢部分——仁王门内寺院。从中可以看出在本堂、各个堂舍、末社之间有很多小店、杂耍屋，共有274处。每家都明确写上营业类别，而且用颜色加以鲜明区分。图的左上部分介绍了营业类别，记录共有21种之多。其中最多的是茶水屋和牙签店，这两项占总数的三分之二还多。此外，饮食店、射箭游戏场、净琉璃、太平记场等艺能表演场所都值得注意。

杂耍、小店	间数
茶屋	96
鞣茶屋	4
米粉团茶屋	4
花店	2
醴酒	1
茶	1
牙签	88
纸糊小店	16
工艺品	12
彩版画	2
烟袋店	1
零星杂货	7
烟草屋	1
糖屋	3
牙粉	1
射箭场	12
净琉璃	1
太平记场	1
占卜	2
借出	5
藏地	6
没有记载	7
不明	1
合计	274

【诸小店、杂耍店间数】

（1798年8月，仁王门寺院）

这幅图中，除了上表以外，还有九处新划归的地方用其他颜色区分开来，位置如浅草寺寺院图（下图）所示，从 a 到 i。其中，a、c、e 是"新规净琉璃"，f、h、i 是"新规儿童狂言"，b 为"新规小店"，d 是"新规杂技"，g 是"新规玩偶"。加上前页表中的两处艺能场（净琉璃和太平记场），再加上这页图中的"新划归"部分共计 11 处。

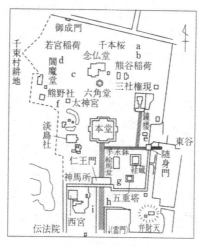

【浅草寺寺院图】

幕府公认演剧和未公认寺社内演剧

上面介绍过，仁太夫管理下的乞胸营生实际就是从事多种文艺的文艺团体。他们以模仿社会上具有特权地位的艺能为基础。下面仅以演剧为例，对它所具有的重层结构作一探讨。

刚才已经介绍过在乞胸的 12 种营生中，包括猿若/歌舞伎的狂言演剧。江户的歌舞伎是在宽永年间以四个狂言座为中心开始确立的。这四座指的是中村座、村山座（后称市村座）、森田座和山村座。他们被允许在特定的町设置常设的演出小屋，作为得到幕府公认（官许）的标志是允许搭建九尺四方的高台。1661 年（宽文元年）12 月的法令规定：

> 各项杂技、演剧人员只准在堺町、茸屋町、木挽町五丁目、六丁目从事活动，以后，禁止在其他各町从事表演。

当时从事演剧和杂耍的人，只能在上述四町表演。这样的町被称为演剧地（演剧町）。歌舞伎的中村座——堺町，市村座——葺屋町，森田座——木挽町五丁目，山村座——同六丁目、以及两个狂言座以各自邻接的方式被限定在江户市中心的两处。

1714 年（正德四年）2 月，大奥女佣人绘岛和山村座的演员生岛新五郎的丑闻发生后，山村座被整垮，江户官许歌舞伎就剩其他三个狂言座（三座）。但除这三座以外，还有小演剧等很多艺能人集团/狂言座存在。这些小剧团在山村座被废止后也被禁止了一段时间，但不久又开始恢复，从下表可以看到在 1735 年（享保二十年），八处寺社地内共有 12 个狂言座。这些寺社内的演剧和三座的差异大概有以下几点。作为官许的标志，三座被允许设置高台，在演剧演出场所可以常年设置小屋。而寺社内演剧只允许设置"小竹台"（没有得到官许公认设置高台，只能用小竹台代替），寺院内也只能在没有屋顶的苇帘搭设临时小屋上演，被限定在 100 天以内进行"晴天演剧"（百日演剧）。另外，寺社内的演剧或被限制，或被禁止使用大太鼓、引幕和演员上下场通道等设备。

地点	座长
芝神明社地	笠屋三胜、笠屋三右卫门 笠屋万胜、江户七太夫
汤岛天神社地	笹屋长三郎
市谷八幡社地	斋藤八尾八
神田明神社地	都传内
浅草寺地中	虎屋七太夫
赤城明神社地	市川长十郎
平河天神社地	久松万太郎
冰川明神社地	金谷三太夫、萨摩弥太吉

【江户的寺社演剧】（1735 年［享保二十年］）

准于三座却受损的江户七太夫座

下面以上面表中出现的寺社演剧为例，看看以芝神明社为据点的江户七太夫座的情况。在《御府内备考续编》神社篇的开头，对于芝神明社

第三章　身份性边缘——劝进与艺能

有详细记载,书中还非常详细地记录了"座长江户七太夫"一座的创立、变迁的经纬。据此书记载,此座从1645年(正保二年)开始演剧后,到1714年(正德四年)的取缔寺院演剧令颁发之前,一直设置"太鼓高台",和其他四座具有同样标准。对于这一点,在1720年(享保五年)町年寄樽氏在官役审查中,其他三座所在地的名主等对此有如下评述:

> 我们知道七太夫演剧和其他寺院演剧团不同,它有幕府的许可,并且从一开始就设置太鼓高台进行演剧。

太鼓高台到底是什么样的形制? 现在还不十分清楚,大概是仅次于三座的高台,又和其他的寺院演剧加以区分的一个标志。现在无法确认它在享保时期的情形,但是正如在前页表格当中所见的那样,在1735年(享保二十年)之前曾一度恢复。

不过,在《祠部职掌类聚》这个史料中,有一则江户喜太郎(七太夫)于1704—1710年(宝永元年至七年)申请在芝神明社内演剧并得到批准的记事。江户喜太郎(七太夫)是座长,他成立了一个狂言座艺能人团体,演剧内容是"弥之助演剧"。所谓"弥之助"指的就是"武家的下人、奴仆"(《日本国语大辞典》)的意思,它和其他四座不同,从事的主要是有关社会下层的演剧。演出时间一般为90天或者半年,和其他常设的四座有明显区别。

在关根只诚的《东都剧场沿革志料》中,有一则出典不详但饶有趣味的记事:

> 享保二十年8月,芝神明的歌舞伎座江户七太夫申请表演山村长太夫的故事,为此,堺町的中村勘三郎被南町奉行所召去询问七太夫演剧的事情。勘三郎回答"七太夫前几年在浅草寺内搭建的草屋,上演儿童手舞",了解此情的町奉行所又把七太夫叫来,告诉他"你们演出的不是大歌舞伎,在寺院的演剧都只能与小竹台和乞胸同一标准,因此申请不予批准",同时又把这一意见传达给其他三个狂言座的座长。

七太夫想要继承山村座,向官府提出申请证明七太夫座确实拥有和其他三座同样的势力。但是町奉行所明确表示寺院演剧级别同乞胸相类,与其他三座/大歌舞伎不同。

这里需要注意的是刚才提及《御府内备考续编》里1747年(延享四年)的纪事。当时得到认可的演出形式和内容,有"卖药、魔术、活动偶人舞蹈以及庵看板"。这里没有前面提到过的太鼓高台。卖药指的是后面会看到的以香具师为主体的香具演剧形式。就是说江户的七太夫演剧在这一年形式上和其他的寺院演剧/香具演剧变成统一规格,被强迫使用小竹高台,实际上是从外在形式上否认了它和三座属于同一级别。

18世纪中期以后,七太夫的演剧时开时休,这也许因为有了1747年的"小竹高台化"这一缘由,剧团经营情况开始恶化。下面的那张图画的

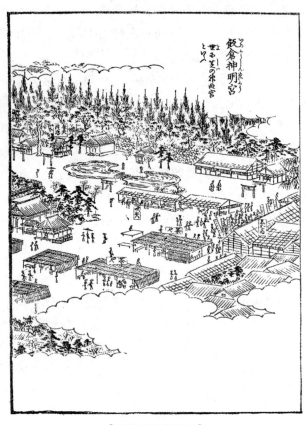

【芝神明社寺院内】
(《近世风俗志》)

就是天保初年芝神明社寺院的情况。右面挂着很多写着"演剧"的小旗,有很多人围着,屋子也不是苇帘搭的临时小屋,而是固定的。1824年(文政七年)烧毁后这样的演剧就不知道由谁来继承了。

有别于"三座"的御出木偶剧

刚才我们讨论了以寺社院内为总据点的寺院演剧在1747年后变成小竹高台香具演剧。这些香具演剧除了在寺社,还在其他地方上演,有广场、大街等町奉行所管辖的城市的各个角落。《守贞谩稿》对"江户御出木偶剧"有如下介绍:

> 江户的御出木偶剧在汤岛天神社和两国桥东、西上演。小屋里没设高台,虽说演员都很专业,但是和三座的演员还是不可同日而语。演员当中也不乏"市川"、"岩井"等姓氏的人。

(中略)

日本国会图书馆收藏的《守贞谩稿》中有一幅图,此图是两国桥东的御出木偶剧的演员戏单,由于不是官许,在上演狂言期间还出售香料、零星杂货等,将与这类商业活动相关的内容纳入狂言中,公之于众,因而在演员剧目一览表中也反映出来。

御出木偶演剧的意思就是使用木偶/玩偶的演剧,后来变成除三座以外的江户小演剧的别称。从上面史料中可见,这类戏剧在汤岛天神社和东、西两国常设上演。其中有姓"市川"和"岩井"的演员,但和三座的演员相比应不同属一派。上面提到的这幅图就是守贞所摹写的演员表,这是在东西两国的垢离场的演剧小屋"模仿"嘉永年间在中村座上演的"青砥仁政录"制成的,"模仿"其实就是复制,照搬照抄。

早稻田大学演剧博物馆收藏了一幅"东两国垢离场"演员戏单的实物。和刚才那幅图比较起来,可以看出守贞的摹写的戏单多么细致精确。这个戏单年限不详,有旧历10月的标记,演出剧目的副标题醒目地写着"一谷嫩军记"和"恋飞脚大和往来"。在看板的最开头写着"爱敬手舞牙膏配药所 市川林左卫门"。由于没有像幕府公认的三座那样得到官许,在演出过程中还售卖香料、牙膏袋。其实,主要目的是卖牙膏袋,演剧是为了招揽顾客。演出者共计23人,其中伴奏5人、净琉璃和三味线各1人,演奏浪花曲的有3人并配2个弹三味线的人,还有狂言作者1人。这样在东两国的垢离场,长期上演可以和三座相媲美的演剧。

在戏单上方有一个叫泽村菊十郎的演员,下面有一个关于他的插曲:

本所松扳町的演员泽村菊十郎是泽村长十郎(市村座演员)的弟子,又被称作纪伊国屋,是演神社戏的一个大腕儿。最近到两国垢离场演出,由于长相十分英俊,被米泽町"羽衣煎饼"的寡妇纳为男妾,并为他在松坂町修建房屋。谁料刚修完就发生了一起小火灾,被附近的年轻人给算计了。由于菊次郎平时装腔作势,周围的人和他打招呼也视而不见,因此年轻人对他极其反感,早就盼着他能出点什么事才好呢。恰巧遇上火灾,大家极其兴奋装着灭火帮倒忙,建好的新房被毁于一旦。菊十郎被吓倒站不起来,大家用门板把他抬到町内警戒处。

这是在1852年(嘉永五年)闰2月发生的事件,同时被记录到《藤冈屋日记》中。从戏单中可以看出菊十郎扮演的是一个侍女角色,他的师傅也是三座之一的市村座的一个演员,这点在三座和香具演剧的关系中值得注意。菊十郎虽不是三座的演员,但是他的帅气使他出名并一举成了大腕儿,成了整个剧团的顶梁柱。支援他的后台帮他在本所松坂町建筑新房,这条街道就在回向院的东侧,离东两国的垢离场是最近的。菊次郎正是以东两国大路的演剧小屋/垢离场为据点,成为狂言座的核心成员开始表演的。

下图显示的是1842年(天保十三年)在西两国大街分布的演剧小屋。每个小屋都明确写上房主、演员名还有入场费。当时正处于天保改革风俗净化的最盛期,从图中可以看到西两国有五到六所的香具演剧。每个剧团有几名到20名演员。有的演剧为招揽顾客还附上座长的名字,比如有"勘九郎演剧"、"三人兄弟演剧"、"春五郎演剧"等等。因此,两国的东西大街和汤岛天神社同负盛名,成为香具演剧的中心地。

第三章　身份性边缘——劝进与艺能

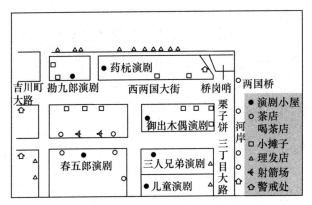

【西两国大街和演剧小屋】

采女原也上演的香具演剧

　　开始于寺社内并慢慢向市内各处的广场、大街发展的香具演剧，不只是在东西两国地区，而且还把它的规模拓展到了江户桥大街和上野山下一带。下面我们以神田由筑氏的研究为参照，看看在采女原的艺能表演的一个侧面。

　　采女原一带指的是从数寄屋桥一直沿着筑地本愿寺的方向向东走，从新桥大概越过30间护城河，一直延伸到万年桥前面的南侧，就在现在歌舞伎座的正对面。伊予今治藩主松平采女正的家就坐落在此，但是在1718年（享保三年）的那次火灾中被烧毁，这片地基在享保改革时，作为防火政策的内容，以防火地被收归公有。这一大片空地于1727年（享保十二年）被改成马场，与此相前后，这片空地的一部分又被西应寺町作替换地、以及一些町屋地基再次开发。马场在宝历年间向西缩小到木挽町四丁目的后面。此地于1785年（天明五年）与西应寺町代地交换，其后，马场和与之相连的空地相对稳定地保持在万年桥一带。这和当初松平采女正的房屋面积比起来缩小了很多。但是仍保持原来的武家房主之名，马场这一带被称为采女原。

　　采女原因有如此之经纬，后委托给木挽町四丁目来管理。木挽町同时负责马场的修复、打扫和疏通下水等工作，作为补偿，马场旁边的3间

×10间大小的土地作为"补助地"给了四丁目。木挽町又在这块地上设摊立店租给商人,收取地租,来充当采女原的管理费。

在紧挨着补助地那一带,有两处被认可"能根据年季搭棚设帐处"(2间×8间和2间×20间)(参见下图)。这是1791年(宽政三年)木挽町四丁目提出申请,要"为这一带行动不便的老人提供白天卖樽茶和水果"服务,以不收在此售货者的地租为前提,以每十年为一期,获得批准。这块地于1796年(宽政八年)左右,又成了乞胸营生者在此演净琉璃和说书的场所。例如:住在木挽町四丁目七郎兵卫店靠卖水果维持生计的次兵卫,从1843年(天保十四年)5月开始在此经营"樽茶生意",后来又在搭棚的货摊上卖水果,并且让乞胸管理下的人在这里表演艺能。次兵卫也应该是香具师,当初"为行动不便的老人"设帐搭棚之地其实只是一个幌子,实际上,在这里的香具师成了负责人,招来乞胸进行艺能表演。

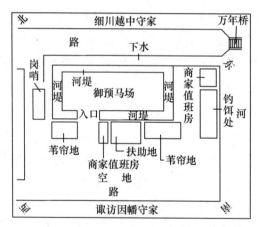

【采女原平面图】
(《市中取缔类集》)

下面就举几个在采女原的设帐搭棚场所艺能表演的例子。

① 1843年(天保十四年)11月的丰年舞蹈。丰年舞蹈是11月下旬起在设帐搭棚场所由女性表演的手舞。三个年轻舞者中有姐妹二人,弹三味线和唱歌的各一人,其中唱歌的常次郎和舞者小富还是父女。入场费每人16—24文钱,如果有需要座垫和茶水的还需另交8文钱。舞者的衣服虽然不算醒目,但是脸上的红白粉化妆,再加上假发还是很受瞩目

的。这些艺人持有乞胸头发的营业许可证明,但是在天保改革的高峰期,香具演剧受到管制时,还接受了町奉行所的调查。

② 1851 年(嘉永四年)9 月的佐仓宗五郎狂言。这一年在中村座上演由濑川如皋作的《东山樱荘子》(《佐仓义民传》)大受好评,市内各所竞相模仿。采女原也从 9 月 27 日起上演《镜山樱荘子》(由《东山樱荘子》改成现名)而一炮走红。

补助地 借方	八丁堀长屿町惣次郎店	国助
小屋保管人	南小田原町二丁目甚三郎店	由五郎
出借方负责人	神田绀屋町二丁目	金八
空地 借方	浅草三屿门前源兵卫店	仁兵卫
小屋保管人	中桥大锯町源兵卫店	基藏
出借方负责人	南八丁堀一丁目安兵卫店	兰藏
采女原负责人	木挽町四丁目仁三郎店	次郎吉

【在采女原演出的人们】(1853)

③ 1853 年(嘉永六年)的手舞、口技。当时在苇帘处表演手舞和口技的乞胸艺人被责令换掉华美的衣服,而改穿质朴的服装进行表演。上面表格里的人就是从事上述艺能表演的,共计有 20 人。从表格中可以看到当时进行艺能表演的地点/设帐搭棚场所的小屋共有两处,在补助地和空地/设帐搭棚场所分别有借方、小屋保管人和出方负责人。借方是土地的使用者/房租承担人,小屋保管人是屋主,而出方负责人指的是负责收门票的和警卫人员。在这里值得关注的是采女原的出借方负责人,刚才提到过的做樽茶生意的人也许相当于出借方负责人。

下面这幅图描绘的就是当时的艺能场所采女原和马场。从画的右上方万年桥后边可以看到本愿寺,马场前有两处设帐搭棚的演剧小屋,靠左边有人在弹三味线,在右边稍大的那个屋子内正在表演,观众人数很多,十分拥挤。

综上所述,采女原与东西两国不是同一档次,可以推定至少有两处设帐搭棚的小屋演剧场于 18 世纪末在此已经成立。

【采女原和马场】

(《江户名所图会》,角川书店)

寄席——町家艺能

　　正如刚才所介绍的,1851 年(嘉永四年)8 月在中村座市川小团次主演的《东山樱荘子》取得巨大成功后,不久就红遍江户整个市。在《藤冈屋日记》里有如下记载:

　　　　佐仓宗五郎的狂言由小团次主演并大获成功,江户整个市内演的都是这个狂言。……就连说书的说的也是佐仓宗吾的故事。以前,说书讲评书经常说"我们讲的是战记故事,不讲狂言,歌舞伎演员

第三章 身份性边缘——劝进与艺能

和讨饭者、非人没什么两样",是被人看不起的。但是多亏了小团次的演出,宗吾故事才变得这么受欢迎,因此他们以"义民录"为题开始说书。

中村座(当时在猿若町一丁目)的人气之作不仅在采女原的香具演剧中备受欢迎,还成为江户寄席艺能评书和相声中的热门话题,对掀起一大热潮发挥了举足轻重的作用。下面,我们要看一下和乞胸集团相关联的寄席这个艺能场是怎样形成的。

寄席的形成有四个来源。第一个来源是和香具演剧一样在寺院内、大街的设帐搭棚小屋进行表演。由评书人来讲有关神道、心学、军事用书和传说故事等。这相当于在本节开头介绍过的乞胸的 12 种营生当中的读书和说书。这里实际上就是乞胸营生中评书人的表演场,这是寄席的最正统的来源。

第二个是浚会。这是在舞蹈、唱歌和三味线的练习所,师傅们公开弟子的训练成果的表演。浚会原则上禁止收参观费,但是把练习的人聚到一起,以"线代"的名目收取入场费,实际上就是艺能表演场。

第三个是町家的女净琉璃定期表演。这是收取场地费、招集几个町家女孩进行的表演。文化年间开始流行,但是屡受町奉行所的禁止。在天保改革中对寄席的镇压也是从对女净琉璃的镇压开始的。也许是因为它保留了浚会的某些形式。

最后一个来源是喜好新的说话艺术——单口相声的人在高级酒馆和私宅进行的表演。这是 1786 年(天明六年)4 月,以立川谈州楼(乌亭焉马)在向岛的酒家武藏屋举办的"单口相声会"为开端的一门说话艺术。喜好这门艺术的人在此互相切磋技艺,形成了自己的团体组织/噺连中。这样,定期并收取一定费用的表演场就雨后春笋般地遍布江户城中了。

寄席就是在这样的几种演出场所、以演出相声等新兴的艺人集团为中心融合起来的产物。它的形式虽然采用了我们前面已介绍过的设帐搭棚中的"席",但是和寺院、大街上的演剧性质完全不同。例如它的演出地点在町内公众浴池的二楼,还有町人的私宅,这一点值得我们注意。寄席与浴池、理发店一样,紧密贴近普通人的日常生活得以迅速发展。

寄席最具有决定性的形成期是文化年末到文政初期,这和乞胸头的行动有很大关系。在探讨这个问题之前,先来把寄席艺术的内容和乞胸营生做一下对比。于1839年(天保十年)4月出版的《为御览噺连中帐》这个史料中,记载了当时很有代表性的182名说话艺人、剪影画艺人10名、"八人艺"4人、魔术师2人和13名人偶艺人。在1836年(天保七年)出版的《东都噺者师弟系图》一书对各个艺术种类都作了介绍。除了说话还有百眼、剪影画、声色、吹打伴奏、长篇故事、都都逸、道具鬼怪故事、各种鸟的模仿、浮节、给演员挑错、农村故事等。可以看出寄席艺术中的大半都和乞胸的12种营生重合,因此可以说寄席和乞胸所经营的艺术其实是同一性质的。所以,乞胸头仁太夫认定寄席应该归属自己管理。

仁太夫在官府的调查中,就寄席、说书、相声等艺人营生挣钱过程中是否向仁太夫提出申请一事作答,说书在私宅表演的,仁太夫一概不干预,但是对于在町家的寄席表演如持续7—10天的净琉璃和相声,负责招来艺人的人多少要向仁太夫表示一下。

上面是1842年(天保十三年)6月,在天保风俗管制改革过程中,乞胸头仁太夫对町奉行所的询问所提出的呈报内容中的一部分。他提出:说书人在私宅赚钱令人费解,如果私宅是说书人自己家的话,那么所谓表演其实就是说书的训练。如果私宅是/寄席以外的町家房子的话,那么可以断定大型私宅有招聘说书人的可能性。呈报明确声明不管怎样,除了这些私宅,应该把町人地段内町家经营的寄席表演都交由乞胸管理。上面提到的负责人是寄席的经营者,其实就是说书场的老板。可以看出,仁太夫想把寄席的艺人统归到自己的管理下,但是目前却无法向每个人收钱,只能通过说书场老板间接地收到一点儿小费。

文化/文政期寄席被乞胸头认可

1844年(天保十五年)5月,乞胸头仁太夫就町奉行所对乞胸头和"寄场"关系的询问,提交了一份意见书,在开头写道:

> 从事净琉璃、说教、魔术、口技、单口相声、说评书等表演,向观众收钱是我管辖下的人们的营生。但是町家却广招顾客,打出广告看

第三章 身份性边缘——劝进与艺能

板,在澡塘、理发店等大街小巷贴出表演传单,表演我在上面提到的艺能,使得原来繁荣的剧场衰败,这给我管理的乞胸营生带来很大冲击。

在这里仁太夫提出原来在寺社内和大街上经营的剧场,由于新兴的町家寄席的出现受到很大威胁。仁太夫对乞胸营生的管理就是以颁发许可,收取费用为主,而艺人们则纷纷脱离仁太夫的管理,到町家的寄席场进行表演。从这个意见书中还可以看到文化到天保期间寄席的几个发展动向。

① 1813年(文化十年)闰11月。仁太夫一纸诉状把神田明神表门前弥左卫门店长五郎等七人告到町奉行那里。长五郎等人提出停止自己的"营生",要求撤销诉讼。这里的"营生",指的是说书场。

② 上述事件的"那之后",以说书场为营生的四十余人朝不保夕,因此向仁太夫保证决不弄成大规模,请给他们颁发许可。仁太夫则以寄席演出的人数来收取相应的钱为条件,答应了他们的要求(立下字据)。

③ 1824年(文政七年)8月,说书场营生者增加到59人,并且其中几个人破坏了原来的约定,规模弄得很大,受到仁太夫的警告并重新立下字据。

④ 1841年(天保十二年),市内的寄席发展到93间,仁太夫向每家每月征收10贯940文。

在这四点中比较重要的是②,从这里可见说书场共同组织按照演员人数向乞胸头交钱——刚才提到的小费,来取得乞胸头的经营许可。因此,寄席和寺院、大街等能进行艺能表演的场所一样得到了公认,这一时期,史料中仅有"那之后"的表述,其具体时间不详,但是①和③所对应的时间应该是文化年间的末期到文政初年。

另外是寄席数问题。1841年(天保十二年)12月,由町奉行远山左卫门尉提交给老中水野忠邦的记事里,町奉行所的调查结果是町人地段有211处的寄席场,寺院里有22处,新吉原有6处,共计239处。乞胸头所说的93间寄席其实只占总数的39%,这个数字表明乞胸头对町人地寄席的管理并不是那么轻而易举的。

寄席的大镇压和复活

1841年(天保十二年)11月末,在江户市内各地寄席场演出的女净琉璃和说书场老板共60多人被町奉行所逮捕。逮捕的理由是,他们违背了文化初年的管制宗旨,混用疑似男人的艺名。有35人被送进监牢,第二年3月,处理完毕,此事才算了结。当时的俗曲中也提及此事。提到的女艺人主要有语登代(29岁)、巴勇(40岁)、语寿(23岁)、雏久(24岁)、染之助(40岁)、巴山(23岁)、巴女(39岁)、巴势喜(37岁)、道(光)之助(22岁)等。被捕者从16岁到20岁左右的人过了半数,她们都是非常有经验的艺能人。尽管屡遭官府的管制、处分,但女净琉璃仍然作为寄席艺能的重要分支确立下来,而且还培养出了很多艺能明星。

处分女净琉璃事件发生后,1842年(天保十三年)2月,官府开始了对寄席的镇压。当时江户市内的238间寄席中的一大半都被拆毁,只留下寺社内的9处、町人地的15处和新吉原6处共计30处,并且只允许神道讲评、心学、军书讲评和古代传说这"四种营生"上演。寺院内还可以保留40%的艺能,町人地只不过剩下7%了。下面这个表就是在町人地残留下来的15处说书场老板的住所和职业。至少有7处在两国和江户桥大街的广场,而町家地的寄席几乎都被毁坏。

三田实相寺门前	当时只靠寄席不出外赚钱
曲町龙眼寺门前	同上
青物町	担任室町一丁目的家主,在元四日市町寄席表演
南本所元町	两国桥东大街扶助地茶碗所看守寄席表演
本所相生町五丁目	到两国桥西大街扶助地赚钱,寄席表演
两国桥际役	汤岛所看守,寄席表演
汤岛天神社地门前	只是寄席
深川永代寺门前町	同上
江户桥藏屋铺	同上
曲町五丁目元善国寺谷火除明地借地	除火地的地守,寄席
樱木町	蒸气浴屋,寄席
曲町平河町三丁目	町消防五番头,寄席
神田小柳町一丁目	只是寄席
二叶町	同上
下谷金杉上町	町消防十一番,下谷坂本町二丁目从事高空作业,寄席

【被保留下来的市中15处说书场】

(《天保撰　要类集》6下)

第三章 身份性边缘——劝进与艺能

但是,即便使用强权方式进行管制,并从根上抹杀掉作为城市民众的艺能场所的寄席文化在大众心目中的地位。1843 年(天保十四年)闰 9 月天保改革受挫后,第二年(弘化元年)12 月,演出虽只限四个种类,寄席实际上却得到自由发展。

根据《藤冈屋日记》的记载,受町内法令的影响,寄席陆续复苏,年内已有 60 家,到第二年春天,则发展到 700 间。这个数字可能有点夸大,但是寄席又恢复到镇压以前的规模,正如一首川柳歌唱的一样,一切都恢复了原样。四种行当的限制也渐渐被无视,到 1848 年(嘉永元年),音曲、净琉璃、歌舞伎和耍玩偶又开始大规模上演,更加动摇了演剧町、寺社境内以及大街繁华处的演剧的基础。

新的民众文化形成

下面,对前面介绍过的香具演剧和寄席的动向、以及近世中后期乞胸这一特殊艺能者集团的特征作一个简单的总结。

我们来看一下从这个集团存在形态中所反映出的特性。本书曾介绍过在乞胸集团内,乞胸头——手下构成的核心圈和其管理下的乞胸营生中的艺能人有很大差别。而且管理下的 12 个艺种又形成拥有新领导者的小集团。这样的艺能小集团被称做"单位小集团",其他的身份集团,例如非人、香具师、愿人等组织中也有类似的单位小集团。例如,非人里的猿饲,香具师里的拔刀者、杂技、杂耍等,愿人的住吉舞蹈等,都与乞胸相同,作为单位小集团的基础,各自经营自己的营生。

以近江国大津的关蝉丸神社为中心地的说教者集团,到 17 世纪后期以来,把组织发展到京都、伊势、伊贺、美浓、尾张、三河、备前、播磨、丹波、赞岐等地。根据其来历,据说统治着包括"赞语"、"音曲道"等四派二十种前后的单位小集团。亦即辖下的说教者有玩偶师、歌舞伎模仿演员、艺能人、游方艺能人、香具师、通俗评书、浮世讲说等等。另外,还有琵琶法师、盲女艺人、讲说净琉璃等的"赞语",街头狂言、街头相扑等的"乞讨师",以及放歌、弹奏三味线等等的"音曲道"。

而这样的艺能小集团到底属于乞胸,还是香具师,亦或是西国的说教者组织未必十分明确。所以，说会出现我们前面见到的乞胸头和香具师头之间的利益纷争，但是对于江户市内的一般艺能人来说，寄席这一在町家的各个角落很快扩张的新的艺能场给予了从盘踞其上的身份集团的统治和盘剥中逃脱出来，以单位小集团，更为自由艺能人的活动的有力条件。这样，寄席，特别是谋求从乞胸头统治中脱离与解放的大多数艺人及其小集团与新推出的讲唱艺术融合，成为创造新的民众艺术形式的大熔炉。这与今天由于昂贵入场费而一般群众不能轻易欣赏到的歌舞伎不同，形成了更加民众化的文化发源地。

超越民众文化的化石化

通观近世艺能的历史，我们大致可以勾画出以下的线索：17世纪是中世以来能的权威化和新的民众艺能——木偶净琉璃和歌舞伎的抬头期，18世纪是歌舞伎的权威化和多样艺能单位小集团的簇生期，而19世纪前期则是木偶净琉璃的衰退和单位小集团转向寄席，并成为新文化的发生源泉，以及歌舞伎文化向全国的流通期。不管是能，还是歌舞伎，都来源于民众文化，一个一个地走向权威化成为传统文化也就意味着文化的化石化。界定这个动向的标准就是守屋毅氏所说的"艺能商品化"的进展程度。

寄席也许是日本传统社会的民众世界最后带来的文化光辉。但到了20世纪后期，寄席艺术作为传统文化也基本上化石化了。那么，寄席的复苏，或者创造能取而代之、有活力的民众艺能能成为现实吗？

第四章

汇聚于市场的人群

1 商人与市场社会

民间社会与小规模经营

本书在第二章中追溯了作为巨大都市中强有力社会性权力的巨型商店的状况,在第三章中讨论了作为身份性的边缘,构成社会底部的下层集团及其职能,它们各自相当于民间社会中的最上层和最下层。不过,正如我们在第一章中看到的那样,在近世的民间社会中,以为数庞大的村落和町为基础,普遍覆盖了地方社会、城市领域的各种各样的小规模经营者们实际上已居大半。这些小经营者中为数最多的中心性要素就是在当地社会中构成村落共同体的小农/百姓。他们以村落为基础进行农业生产,以稻米为中心的谷物,兼营蔬菜,并以纺织、编席子等家庭内手工业为"副业"。同时,山村的人们从事伐木、烧炭等生产活动,靠近湖泊海洋的渔村的人们从事捕捞鱼贝、海藻等渔业活动。

另一方面，城市里的小规模经营更加丰富多彩。第一章中提到，至享保期时，已经形成了17世纪中期时无法比拟的各种职业分工。这些职业大致可以分为工匠等手工业者和商人层两类。在第一章第4节中可以看到，18世纪是以这些城市工匠和商人组成的小经营者为基础，各种叫做仲间、组合的社会性结合/共同组织以多种形式展开的时期，而且，当政者也默认这些共同组织的结成，到18世纪后半期田沼政权时，以缴纳冥加金①税为条件，开始积极地正式承认这些仲间结成。自中世末期以来，当政者的政策基调一直都是乐市乐座②制度，近世前期也同样采取压制仲间、组合这种共同体组织的政策，但从17世纪后半期以来，这种政策发生了很大转变，作为这种政策转变的结果，幕府开始实施向承认仲间、组合方向的转轨。

当然，巨型商店和普通大商店层也包含在结成这种共同体组织的主体之中，不过，大量加入这些共同体组织的还是普通店面商人和手工匠中的掌柜层等，这样，第二章第3节中提到的市镇这种共同体就逐渐衰弱，仲间、组合取而代之成为一定的地域框架内的区域性共同组织，从而形成了城市民间社会的中间层部分。目前，关于这种城市民间社会小经营层具体存在状态的研究还非常少，其剖析也还非常滞后。因此，本章将着眼于商人的小规模经营，以及经营着所有城市居民生存所必需的生鲜食品的人们及其集团，并进一步关注他们的活动场所。

批发商——卖场与金融

不过，虽然在近世社会中统称为"商人"，但其性质并不完全一样。下面，我们接受塚田孝氏的观点的同时，来探讨这个问题。所谓商人，从其经营形态和职能来看，至少可以分为几个层次。其一是批发商。据说，

---

① 冥加金原意是祈求神佛保佑时所捐献的钱，江户时代成为一种杂税，是工、商、渔以及其他行业的营业者为了从幕府或者藩主那里获得经营权或者受到保护而捐献的金钱，后来幕府为了补充财政，每年对营业者课以冥加金税。

② 乐市乐座制度是自战国、安土桃山时代实行的政策，大名为了把商人集中在自己的统治范围内，废除城下町、重要城市以往的市、座的垄断特权，承认商人自由营业的权力。座是中世以来工商业者的同行业联合会，在贵族、神社、佛寺的保护下，垄断商品的制造和贩卖。

批发商起源于中世的问、问丸①,他们在交通发达的地方,以在商品流通中保管、管理或中转货物为业。与此类似的还有旅店。从语义上的差别来说,旅店是表现人以及马匹、船只等运输手段的停泊地、设施、职能等意义的词汇。驿站、港口的船坞以及商人旅店、行人旅店等都可归入其中。而批发商的本来意义在于表示年租等领主的物资和商品在与人和运输手段分离的状态下暂时滞留的场所、设施和职能。陆路驿站的批发商、水上交通枢纽处的河岸批发商等比较接近于批发商的原始形态。

这样一来,批发商存在于拥有城下町②等大型消费地的大都市里,他们为远方产地的商品所有者/货主(后面讲到的产地经纪商)保管商品,提供卖场(售货处),把商品卖给消费地的商人层(经纪商和零售商),并作为售货处的使用料向货主或经纪商们收取中介性的手续费。这种批发商常常被称为存货批发商,而这种存货的职能正是批发商的本质性特征,即暂时保管与人和运输手段分离的物资。同时,批发商还依靠自己的资本对商品生产者、货主和商品运输者进行预支,发挥着金融职能。这一方面使产地稳定地向消费地供给物资,另一方面也成为使生产者和商品所有者在经济上从属于都市批发商的契机。

由此可见,批发商经营的两大支柱是拥有可收取手续费的售货场所和可作为金融业基础的自持资本。

经纪商——介于产地与消费场所买卖的商人

商人的第二种层次是经纪商。其特征是,商人本来是以直接从商品生产者处购买商品,把自己的人格融汇到了商业之中(参照下页图示)。也就是说,商人的本质就是商品持有者,直接与生产者和消费者双方接触,从事商品买卖。从这一点来看,前面讲到的批发商并不能算是狭义上的商人。到中世为止的商业还处于十分简单的阶段,商品自始至终是从属于商人的,商品都是直接由商人卖给消费者,不论是卖给其他商人还是

---

① 问和问丸是中世在港口和重要城市从事水上运输中介的从业者,他们是商品中介业,负责保管、委托贩卖年贡米,也兼营旅店。

② 城下町,是以封建领主的城堡为中心,在周边发展起来的市镇。

消费者。重要的是把货物直接销售给买主。例如,在第二章第 2 节中提到的称作"振卖"的小商贩,就浓厚地残留着中世以来商人简单形态的色彩。但是,进入近世之后,相隔遥远地方之间的商品流通得到了极大的发展,运输业者通过船只、牛马等大量运输商品的形态成为主流,于是,在河岸、港湾、驿站等交通枢纽、中转站、运输点等,出现了大量的、前面提到过的具有存货职能的批发商。而在流通的终点则集结了大量的经纪商,逐渐形成了市场社会。这样,与商品生产者联系密切、作为商品持有者,直接从事贩卖活动的原初的商人就转化为专门在产地收集货物的经纪商（商品所有者,下图Ⅱ中的商人 A）。他们仍然是商人,但却不再直接贩卖给其他商人或消费者,而是委托远方的批发商进行销售。在人格和商品分离的这种交易形态中,他们和商品是分离的,成为产地的经纪商。也就是说,他们不直接接触消费者。

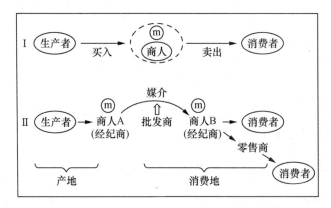

【批发商与买卖】

（ⓜ表示商品。Ⅰ是到中世为止的简单阶段,不通过批发商,直接进行买卖。Ⅱ是近世以后的发展阶段,以批发商为中介,商品被运送到远方进行买卖）

同时,以批发商为中介,在销售地也产生了大量的经纪商（上图Ⅱ中的商人 B）。他们替代了产地经纪商们丧失了的、作为贩卖主体的职能。也就是说,商人的原初形态是贩卖主体的人格和商品的统一体,随着商品脱离贩卖主体进行流通,这种原初形态开始消失,作为具有人格的商人,就在职能上分化为产地的买入商人和消费地的卖出商人,而后者也不再直接接触生产者。处于两者之间的批发商,就起到了连接分化了的产地、以及与消费地分离的商人这两种格局的作用。因此,可以说,产地与消费地的经纪商作为从商人原初形态中游离出来的东西,是同时产生的。本章所讨论的市场,就是作为消费地的经纪商把经批发商买入的商品进行销售的贩卖场所而形成的。

零售商——商人的本源形态

商人的第三个层次是零售商。零售本来的意思是商人向消费者贩卖商品,所以,近世消费地的经纪商们如果直接向消费者出售商品,他们就是零售商。但是,正如本章后面将要讲到的生鲜食品的情况,在大都市和城下町,市场多是以批发市场为核心的。在市场上,经纪商的顾客虽然也包括武家、饭馆等需求较大的消费者,但顾客的中心仍是零售商人。这些零售商被认为是经纪商脱离原有的零售职能时派生出来的,那么这种派生是如何形成的呢?这个问题很难解释清楚,但可能性之一就是,随着市场的形成,有些商人一方面拥有与批发商交易的权力(市场参与权),另一方面依然拥有零售权,他们逐渐形成了经纪商,并把一部分零售职能转让给没有市场参与权的商人们。

不过,虽然商人可以分为这三个层次,但在近世社会中,中世以来商人的原初形态一直重复出现。虽然出现了巨大的市场,特权化的批发商们支配着流通,但产地的商人们携带着自己的商品(货物),活跃于都市及其周边地区,来往于特产地和大都市之间,积极扩大着他们的小型贩卖活动。关于这一点,本书无法涉及,但大规模市场的周边地带可以说是这些产地商人们活跃的地区。

作为社会性权力的市场社会

如上所述,从 17 世纪后半叶至 17 世纪末,在三都[①]和全国市场形成的过程中,逐渐形成了生产者—产地的经纪商—批发商—消费地的经纪

---

① 三都,是指江户时代的京都、江户、大阪。

商—零售商的流通构造。而且,在三都和城下町中,形成了常设的或者经常开市的批发市场,从中也可以看出,当时已经确立了以这样的职能分化为前提的流通结构。另外,在都市里的批发市场上,存在着批发商联合体和经纪商联合体,它们统称为市场联合体。从单个的批发商和经纪商来看,店铺经营的规模有大有小,繁杂不一,但如果把市场联合体看做一个整体的话,其就成为可以与任何巨型商店相匹敌的社会性权力了。以这种社会性权力之一的市场联合体为核心形成的社会就叫做市场社会。

构成市场社会的主要要素,除了批发商和经纪商之外,还有以下要素。

① 市场买卖的参与者。即从经纪商处购买商品的人们,包括武家、饭馆等需求巨大的消费者和零售商们。在下面讲到的生鲜食品等市场上,零售商是指被叫做"棒手振"的零散商人,他们几乎没有货币和动产,和临时雇佣工一样,依靠自己的劳动力从事商业。

② 茶馆。茶馆与前面讲到的旅馆属于同一体系,是聚集在市场的人们的休息场所,同时也是搬运手段的驻留场所。

③ 日常层。主要是指从属于批发商的装卸工、搬运工、拉车工等搬运货物的劳动。

④ 附属商。是指市场上各种各样的小型经营店铺,例如为市场上的人们提供饭食的商人(寿司店、天妇罗店等)等。

⑤ 市场周围生活区的巡逻人员、建筑工人、青年组[①]等。

⑥ 市场地主。市场地主把自己的房屋作为住宅、店铺、卖场等租赁给批发商或经纪商,并收取租金。这种租金以批发商或经纪商为中介,使市场地主们享受到市场利润的相应份额。

这种市场社会包括后面讲到的蔬菜水果市场、水产品市场等,还包括米、盐、油、偶人、旧衣服、沙丁鱼干、木材等市场。不过,其中规模最大的是蔬菜市场和鱼市。

从上面可以看出,市场社会是一个复合而成的社会构造,它以市场联

---

① 青年组,是村里组织起来的青年男子的集团,主要担任村里的警备、消防、祭礼等工作。

第四章　汇聚于市场的人群

合体,即批发商和虽然从属于批发商但也保持着相对独立性的经纪商为中心,同时也包括了其他边缘性业种、身份的人们组成的多种行业和组织。也就是说,研究市场社会就可以把握各个联合体和组织的特征。在市场联合体之外,这些联合体和组织也是构成市场的因素,它们生存在市场社会的周边。在第一章第1节提到了整体历史的叙述,但只有对局部社会进行精细分析,并不断积累,进行概括和综合,整体历史的叙述才成为可能。另外,下面讲到的蔬菜、鱼等食品都是日常必需品,因此这种市场社会的特征就是,商品在生产地、市场、消费地等各个场合都与都市或当地社会的广大民众紧密联系在一起。也就是说,讨论蔬菜市场和鱼市场,可以探知民众世界的一个侧面。这种状态可以参照本章第2、3节。

这里以江户的蔬菜、鱼市为例,探讨市场及市场社会。不过,虽然规模不尽相同,但各地的城下町都形成了强大的市场社会,如大阪——天满蔬菜市场、京都——锦高仓蔬菜市场,以及名古屋——枇杷岛蔬菜市场等。在以下的叙述中,我也想将这一点纳入视野。

2　蔬菜市场和甘薯

日本最大的蔬菜市场

江户中心地带的繁荣是以日本桥附近的市场繁荣景象为代表的。那么,江户市内的市场究竟是什么样子呢?在本章中,我们将介绍几个蔬果市场和鱼市,来具体看一下市场社会的状态。

在《熙代胜览》这幅画中,画面右端描绘的是今川桥,越过今川桥,往北走五町左右就会到达通新石町。从这里到西北一带的多町二丁目、连雀町、佐柄木町、须田町附近,曾是日本规模最大的蔬菜市场神田市场。从江户的创立期开始,直到1928年搬迁到旁边的秋叶原中央批发市场为止,神田市场历经了三百多年的历史,是江户(东京)的代表性市场。进入近代,这一带设立了"市场界限",市场被局限于下图所示的范围之内,不过近世时并没有这样明确的界限,就像后面叙述的那样,幕末时代,蔬菜和水果的批发商们以多町二丁目和连雀町为中心集中在一起,多达近百家。当时江户的批发商总数为二百九十多家,所以,实际上,其中有三分之一集中在神田市场上。

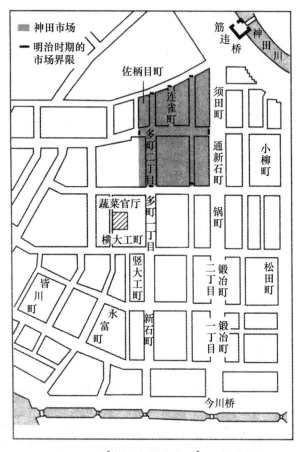

【神田市场周边图】

不过,虽然神田市场规模宏大,但迄今为止关于神田市场的史料都只是断裂零碎的,神田市场的实际状况仍然很不清晰。1989年夏天,笔者获得一个偶然的机会,在东京大学法学部法制史资料室看到了一批古代文书,即《驹达蔬菜批发商文书》。虽然数量不多,只有四十余本,但是读罢其内容,笔者发现这是驹达蔬菜市场商人联合体(市场联合体)留下来的珍贵史料,而当时的驹达市场和神田市场、千住市场并称为江户三大蔬菜市场。而且，其中也包含了神田等其他市场的相关史料。这里，我们以《驹込蔬菜批发商文书》为中心，并辅以其他史料，以 19 世纪前半期为主要舞台，来考察一下蔬菜市场的状态。

```
神田多町  ┐
连雀町    │
须田町    ├ 神田市场
佐柄木町  ┘
京桥大根河岸
两国广小路
本所中乡竹町
四目千岁町
驹込浅嘉町
千住中组
青山南町四丁目
南品川五丁目
四谷内藤新宿一丁目
下谷金杉村
原宿町
本芝四丁目
```

【"十六处"蔬菜市场】（1877）

市场和零散批发商

我们先介绍一下商品名称。青菜主要是指叶食菜类，根菜是指根食菜类，加上水果，形成果蔬的三大主要组成部分。如后所述，有些批发商专门经营根菜类，把慈姑、山药、藕等作为高级蔬菜，与其他蔬菜相区别，我们把这些蔬菜叫做特殊蔬菜。不过，通常情况是，大部分批发商都兼营几个蔬菜类别，同时也贩卖特殊蔬菜。下面讲到的所谓蔬菜批发商、蔬菜市场都是广义的，其中也包含了经营水果和特殊蔬菜的批发商。

如果从以上观点出发来考察什么是蔬菜市场，就会觉得格外困难，而从本章的导言部分来看，许多批发商的店铺连接在一起，批发商们所拥有的卖场/售货处、店铺前面的空间等就成为买卖场所，在这里，经纪商从批发商处购得货物,并批发给蔬菜零售商,这种固定的空间领域就是蔬菜市场。

1877年东京府发布了《蔬菜水果中转批发及经纪营业者条例及税则》,在其开篇,明确指出"十六处"为蔬菜市场,如上页表格所示。其中神田多町以下四处连为一体,组成神田市场。在后面讲到的幕末期,情况也大致与此相同。

组	a. 青菜纳人（1868年）	b. 水果纳人（1865年）	c. 兼为a、b者	d. 只经营青菜者	e. 只经营水果者	f.（=c+d+e）批发商实际数量
1	55	76	32	23	44	99
2	19	20	4	15	16	35
3	10	6	5	5	1	11
4	21	14	11	10	3	24
5	24	26	14	10	12	36
6	23	14	13	10	1	24
7	19	18	9	10	9	28
8	32	7	5	27	2	34
共计	203	181	93	110	88	291

【8组蔬菜、水果纳人和批发商的实际数量】(家)

江户市内的水果批发商和青菜批发商分别在1865年(庆应元年)和1868年重新编组,按市内所处位置分为8组。青菜批发商有203家,水果批发商有181家,其中兼营青菜和水果的有93家,实际数量共计291家(上表)。其中,第1组基本是指神田市场,第6组是指本所四目市场,第8组是指千住市场,而其他各组不仅包含市场,还包含了许多零散的、只有一两间房子的批发商。后者被叫做"零散批发商"。由此可见,幕末期江户的青菜市场与上面讲到的1877年的情况基本是一致的。这样,从批发商的存在形态来看,可以分为两种情况,即,属于市场的有221家,单独存在的零散批发商有70家,这一点是非常重要的。也就是说,批发商中虽然有3/4集中在某处的市场上,但零散存在的批发商也达到了1/4。

八处组——地域批发商组合

町名	青菜纳人	水果纳人	批发商实际数量
* 本芝四丁目	5	4	7[5]
芝口一丁目		1	1
芝片门前町		1	1
神明町		1	1
二叶町		1	1
* { 南品川妙国寺门前 南品川品川寺门前 }	6	7	9[6]
品川台町	1		1
永峰町	1		1
下高轮证成寺门前	2	2	2[1]
高轮台町	1		1
涩谷宫益町	2	2	2
涩谷广尾町	2	2	2[1]
麻布广尾町	1	1	1[1]
三田台町二丁目	1		1
* 青山久保町	2	4	5
共计	24	26	36[14]

【第 5 组的批发商数】

(＊表示在青菜市场"十六处"中,[ ]中表示自己拥有店铺房屋的批发商数量)

就这样,幕末期,批发商们被编成了 8 组,我们以第 5 组为例,讨论一下其地区编成的实际状况。如上表所示,第 5 组中有 36 家批发商(其中 14 家自己拥有店铺房屋),分布于芝、品川、涩谷、青山等江户西南部的广大地区,其中包含了 3 个市场(＊符号),内括 21 家批发商,剩下的 15 家是零散批发商。

据推测,第 5 组是统合了以 3 个市场为中心形成的各个小型商业集团而形成的。其中之一是以青山久保町为中心的小型商业集团,他们于 1799 年(宽政十一年)9 月制定的联合体规则(议定书)至今仍在。这是以町奉行所①再次向市内的青菜批发商们广泛发布御用采购命令为契机而制定的,其组成情况如下表所示,共有 9 町 16 家批发商。这份议定书记载了地区性青菜批发商联合体的规则,是一份十分珍贵的资料,下面我们介绍一下包括 15 条内容的这份规则。

青山久保町	5
涩谷广尾町	2
*永峰町	1
*品川台町	2
*高轮台町	2
*麻布北日窪	1
*麻布六本木町	1
*涩谷道玄坂町	1
*涩谷宫益坂	1

【八处小组的分布】(1799)

(*被称为"六处",关于手续费[收入]另有其他规定)

① 这联合体被分为 3 个小组,自称为"八处"(第 1、12、13 条)。因此以下称之为"八处组"。

② 八处组设有被称为大行事的负责人,担负着幕府的"御用"(以便宜的价格采购优质的物品)供应。相关的搬运费等费用由联合体组成成员共同负担(第 1、2 条)。

③ 八处组附近的商人(经纪商)如果直接从"山方"(作为生产地的农村)购入货物,不告知联合体就擅自与零售商进行买卖,将由大行事来制止(第 4 条)。也就是说,经纪商必须通过联合体中的批发商才能购入产地的货物。

④ 禁止批发商和农村的特定货主加深关系,不得请客吃饭,不得送礼(第 11、14 条)。这是为了防止批发商与特定农村货主之间产生排他性契约关系。

⑤ "青菜买卖"采用现金交易,顾客即使是武家,如果拖延支付,就将

---

① 奉行所是掌管幕府直辖领地的行政机关。

第四章 汇聚于市场的人群

其名字写在布告上,在八处组内公示(第15条)。本条规定了批发商们把货物出售给经纪商或武家时要采取现金交易。

⑥ 批发商所收的手续费比例为6%—8%。这一规定基本只适用于青山久保町市场,其他"六处"(上表中的*)都是按照"古来惯例"收取手续费。所谓手续费,是指卖方农村货主把货物委托给批发商,批发商允许其使用自己卖场的费用。八处组虽然大致规定了手续费的标准,但原则上还是由各批发商自主决定。这一点需要注意。

以上八处组的议定书体现出了青菜批发商的基本特征。即,从⑥可以看出,卖方农村货主把产品委托给批发商,批发商提供卖场,将产品卖给买方经纪商。另外,有一部分产品直接卖给大名、旗本等。经纪商在批发商的店铺门前或市场内的路上把从批发商处买入的商品批发给蔬菜零售商。零售商中有很多是零散商人,被称为"棒手振"。据推测,许多批发商也兼做经纪商。

驹込市场与市场联合体

下面,我们以幕末期包含在第4组里的驹込市场为例,讨论一下青菜市场的构造。驹込市场位于驹込浅嘉町、高林寺门前、天荣寺门前(今东京都文京区本驹込)一带,这三町被称为"根菜店"。这里被开发成町之前是驹込村,当时人们在一棵大皂荚树下开"千菜市",这就是驹込市场的前身。驹込浅嘉町作为御家人"黑锹者"①在大绳拜领町的住宅用地是天和年间(1681—1684)开发的。大绳拜领町住宅用地是指在町人地区相应组中给身为下级武士的御家人以住宅建筑用地,并建造成町。而高林寺和天荣寺是以1657年(明历三年)的火灾为契机从本乡附近搬迁过来的,并被允许在寺门前经营起町市。因此,这一带是17世纪后半期的新开发地,之后编入江户市内,其中心处就是驹込市场。

高林寺和天荣寺从东西两方夹住本乡路,其间便有根菜店。从町的规模以及后面讲到的驹込市场有14家批发商来看,并不能认为构成根菜

---

① "黑锹者"是江户时代负责江户城内的警备、防火、建筑、清洁等事务,并在将军出行时搬运行李的人。御家人是直属于将军的下级武士。

店的三町的大部分房屋都是和市场相关联的。但是,早晨开市的时候,以青菜批发商的卖场为中心,经纪商们的卖场就扩展到街道附近,市场上就会出现拥挤的人群。

《驹込青菜批发商文书》中明文规定的驹込市场法则有五点,这些都是幕末期的法则,内容十分耐人寻味。因此,下面我们介绍一下1863年(文久三年)8月制定的《联合体准则》。

驹込市场的法则好像从很久以前就一直存在,不过,1855年(安政二年)5月进行了一次总结(现已遗失),8年之后又增加了一些新的条款,从而成为长达22条比较规整的准则。其开篇如下。

安政二年5月,联合体全体成员曾签订了联合体共同准则(市场法则),但日久天长,渐渐不被遵守,而且,农村货主也有各种要求,于是,批发商们与货主们进行协商,并达成一致。因此,现改订以前的准则,并增加了新的条款,将联合体达成一致的看法和手续费等写入准则中,并共同签署,希望今后不致违反。

由此可见,批发商和农村货主之间发生了手续费争议,是在解决争议时修订了联合体准则。从其22条内容中可以明确看出以下几点:

① 联合体的构成。由14家批发商、19家经纪商构成(第1条)。也就是说,联合体中不仅包括批发商,也包括经纪商。而且,批发商和经纪商的地位根据股份来决定,股份可以继承,也可以根据买卖进行转让(第8条)。股份可以借贷,称为预存股份。

② 附属于批发股的经纪股。批发商的股份中包含着一人份的批发经营权(第2条)。不过,这种批发经营权只限于父子、兄弟关系之外的人,而且禁止向他人转让、借贷,这叫做"附属于批发股的经纪股"。这样,批发商不仅把自己店铺里经营的商品卖给其他经纪商,而且还利用"附属于批发股的经纪股"经营权,同时也进行批发销售。而且,各家批发商经营的商品种类也大多各不相同,自家不经营的商品就从旁边的同行处购买。这时,批发商相对于自己的同行(批发商)就处于经纪商的地位了。"附属于批发股的经纪股"经营权确保了这种采购的权力。

第四章　汇聚于市场的人群

③ 批发股。批发股可供两人,即主人和"另外一人"进行"买入卖出"的活动(第3条)。即,一份批发股可使两个经纪商拥有经营权。不过,批发预存股只允许借主一个人进行经营(第4条)。

④ 货款支付系统。以前,支付方式一直是经纪商在批发商的卖场直接把货款支付给货主,现在,支付方式(对农村货主的支付)改由批发商先行垫付,"早市"结束后立即进行现金结算(第22条)。这里需要注意的是,"市场上的金铜兑换与一般兑换处相比,铜钱要便宜100文"(第11条)。也就是说,如果在一般兑换处铜钱与金子的兑换率是1两金子兑换6贯500文铜钱,那么在市场交易中就是1两金子兑换6贯600文铜钱,即少算了每1两的铜钱。从这里可以了解,市场上的支付是靠铜钱进行的,通过这种兑换操作,向农村货主垫付金子的批发商就自动获得了相当于钱款总额1.54%的利益。

商品种类	手续费	
山药、芋	10%	从买方
百合、藕	8%	
慈姑	6%	
芋头类、牛蒡、番瓜、黄瓜、带叶生姜	4%	
毛豆、冬瓜、南瓜、蜂斗菜		
菌类	1筐12文	
萝卜、茄子、青菜类、胡萝卜、葱	5%	从货主

【驹込市场手续费的规定】

⑤ 手续费。市场上买卖的货物按照买卖方式不同可以分为幕府御用品、袋装品、零卖品三种,其手续费按照先前惯例收取。关于手续费的多少和负担者,参照1866年闰5月的规定,如上表所示。"从买方"是指由经纪商负担,因此称作"经纪商手续费"。"从货主"是指由农村货主负担,称作"货主手续费"。也就是说,按照商品的不同,手续费的负担者也不同,或者是买方经纪商,或者是卖方农村货主,而有的买方手续费竟高达6%—10%。这种手续费的规定是批发商、经纪商和农村货主三方最

关心的问题,之前我们提到的农村货主与市场商人的争议大概就是围绕手续费而展开的。

⑥ 市场的和平友好。除了以上①—⑤的规定内容之外,有的条款还规定了市场人员相互之间的友好与和平。例如,别人家有白事时要送香奠(第5条),对常年生病或贫困的人要施以"援助"(第6条),与外人发生"纠纷、口角"时要"声援"(第10条),对新手要"照顾"(第18条)等。而且,还规定了"批发商要关照经纪商,经纪商要关照批发商,要互相帮助"(第17条),强调批发商和经纪商之间的相互关爱。

农村货主与经纪商之间的买卖

驹达市场上青菜等商品的买卖中,第一种情况是,农村货主和经纪商以批发商的卖场为中介进行买卖,例如上面1863年的准则中提到的情况。在1866年的准则中提到,与驹达市场相关的农村有14个,如东京都公文书馆收藏的一幅"江户府内朱引图"所示,它们分布于驹达市场附近的丰岛郡。这一地区处于内陆,远离河川,生产的蔬菜通过马、车或人力经陆路运往驹达市场。所谓农村货主,但他们究竟是这一地区的普通百姓,还是在当地已经存在采购的商人?这一点从市场方面的史料来看还不清楚。不过,正如"八处组"一样,对驹达市场的批发商们来说,农村货主们是非常重要的,批发商们努力垄断他们和农村货主之间的买卖关系。

这里,我们举一个例子来说明包括驹达市场在内的江户蔬菜批发商和农村货主之间的关系。武藏藩足立郡各村曾和神田、千住、驹达三大市场的山药批发商发生过一次争议。山药是特殊蔬菜之一,由三大市场的10家批发商垄断收购。

1830(天保元)年11月,足立郡片柳村等57个村和神田多町二丁目喜右卫门等10家批发商之间发生了纠纷,并诉至幕府评定所。同郡的户塚村等54个村也加入到诉讼方,形成111个村子和江户批发商相对峙的局面。这111个村子是山药、束芋等特殊蔬菜的产地,10家批发商是这些山药等的垄断收购者,并担负着对幕府的御用上缴任务。村子一方提出诉讼的内容有如下三点:

① 在山药等的买卖中，向来的惯例是，神田三町和驹込浅嘉町向"买方"（经纪商）收 10% 的手续费，千住河原町向"买方"（经纪商）收 8% 的手续费，而农村货主并不需要交纳"卖方手续费"。但是近几年，却要向"卖方"货主征收一担束芋 72 文、一担山药 100 文的手续费。

② 批发商支付给货主的货款时，与金、铜钱兑换市价每 1 两金子要便宜 300—400 文铜钱。

③ 近年，经纪商们组成联合体，阻碍市场买卖，向农村货主征收 3% 的货款。

①—③都是江户的批发商和经纪商把应该支付给农村货主的钱以各种名目、方式进行非正当的克扣和剥夺。从"八处组"的例子也可以看出来，批发商的收入主要来自货主手续费和金铜兑换差等。

经纪商和零售商之间的买卖

第二种蔬菜买卖的情况是经纪商和零售商之间的买卖。包括上面讲到的准则，驹込市场上保留下来的幕末期的协定中几乎没有看到关于经纪商和零售商之间的买卖协定。这是因为市场上的规则主要是批发商联合体制定的规则。

下面，我们引用史料《忠孝志》中记载的一个有关孝子的事例来探讨一下经纪商和零售商之间的关系。1841—1843 年（天保十二至十四年）江户町奉行所①认为市内的孝子"难能可贵"，并给予他们褒奖，这被称之为幕府政策中的"孝子褒奖"。《忠孝志》就是对 40 件孝子褒奖事迹所作的记录。在给予褒奖的时候，奉行②要对本人进行宣告，这些宣告内容也记载于《忠孝志》中。其中，1843 年 3 月 9 日，驹込浅嘉町代管人小兵卫的儿子小太郎受到褒奖，其相关记录如下。

小太郎自幼性格沉稳，从不违背父母之言。父亲小兵卫贩卖蔬菜，所以小太郎自 10 岁起就给父亲帮忙，经常忙碌至深夜。1839 年起小兵卫患了风湿病，生活更加困窘，小太郎就到市场上批发蔬菜，

---

① 行政事务机关。
② 担当行政事务的武士官名。

在店铺里出售,卖剩下的蔬菜就挑到附近去兜售。小太郎从未能好好休息过,他一直挂念着父亲的病,从幼年开始就经常给父亲按摩,每天到目赤不动神处(文京区本驹込南谷寺)参拜,祈愿父亲早日恢复健康。而且,小兵卫恢复健康之后,小太郎仍然每天挑着蔬菜去卖,即便是微薄的收入也交给父母,让他们高兴。母亲阿鹤因孩子很多,经常生病,所以小太郎早上很早就起床做饭,他辛勤工作,白天晚上都不怎么休息,但是由于家里人多,生活依然很难维持。因为严冬的时候父母经常会说"真是冷得无法忍受啊",所以小太郎在去年7月上旬托田端村的熟人买了八袋木炭,其钱款中有二成之多就是靠小太郎平时24文、32文这样一点一点积攒起来的。小太郎从不浪费,但会给妹妹们一点零花钱,他从不违背父母的意愿,从不游玩,总是勤勤恳恳地忙着卖蔬菜。

小太郎的孝行当然令人感动,但我们注意到的是,这里描绘了驹込市场上浅嘉町蔬菜零售商的经营情况。父亲小兵卫是町内的代管人,有自己的店铺,那么其批发地点应该是驹込市场经纪商的店铺里。在贫困的生活中,小兵卫不仅在店铺里零售,还让孩子到附近做棒手振,即边走边叫卖,这一点是非常重要的。也就是说,零售商有两种形态,一是店铺经营,二是棒手振,也有的人同时以这两种形式进行零售。

从上面可以明显看出,蔬菜的流通过程为:产地的农民—中转货物的批发商—购入货物的经纪商—从经纪商处批发的零售商。在市场上,农村货主与经纪商、经纪商与零售商这两个买卖过程是同时进行的,前者发生在批发商的卖场,后者发生在经纪商的卖场,而这些卖场形成的空间正是市场。

确保御用品是批发商经营的关键

在讨论"八处组"议定书时,我们曾提到过批发商们担负着对幕府的"御用"任务。那么,批发商们担负着的"御用"到底是什么呢?

1867年(庆应三年)12月"御用青菜缴纳人"(详见后述)的代表所写的文书开篇如下:

第四章　汇聚于市场的人群

　　　　江户城中心地区和西部地区的蔬菜供应及其他相关物品的供应，以前由一个承包人负责，承包人在五节句①的时候，要穿戴整齐到江户城中心地区的"御广敷"②问候请命。之后"宽政"改革时，变为幕府直接采购，在现在的地方建立起蔬菜官厅，命令神田多町二丁目、永富町、连雀町这三町供应蔬菜。不过，如果不了解缴纳给官厅的物品、官方收购价格和市场价格之间差额的筹措方式等，就不能很好地完成"御用"任务，因此，"御用"的缴纳任务由原来的缴纳人八幡屋太郎兵卫等5人承担。（后略）

在这段史料的后面，还按青菜种类记载了百余种青菜、根菜的官方收购价格、大小情况等。可见之后的所谓青菜御用，就是指江户城幕府政权中心的本丸与西丸所消费的蔬菜类的供应。幕府以比市场上便宜很多的"官方收购价格"买入这些青菜，其中的价格差由承包御用的特定批发商负担。

在上面的史料中提到，这种御用系统在宽政改革前后发生了巨大的变化。下面，我们依据史料《青菜供应处之建立》（旧幕府接交书《撰要集》所收）主要考察一下18世纪御用系统的情况。

青菜等的供应由江户城的食品官厅管辖，最迟于17世纪末，在神田市场附近设立了"蔬菜供应处"作为办事处，由多町二丁目、连雀町、永富町这"神田三町"的批发商负责供应青菜、根菜等。这一时期可以看做Ⅰ期，之后至宽政期是Ⅱ—Ⅴ期。

Ⅱ期　18世纪前半期，小细工次郎兵卫担当"青菜根菜诸物品御用供应承包"人，负责御用。我们暂且称之为"承包制"。

Ⅲ期　1755年（宝历五年）改为"诸物品御用直买"，任命根菜批发商喜右卫门（多町二丁目家持）和干货批发商伊豆屋善兵卫（濑户屋町）二人为"御买人"。食品官厅官员和附近地区的地方支配者负责管理御用。这可以称为"直接购买制"。

---

①　五节句是1月7日人日、3月3日上巳、5月5日端午、7月7日七夕、9月9日重阳这五个节日的总称。

②　江户城中心地区和西部地区将军的夫人和侧室的居所。

Ⅳ期 1773年(安永二年)恢复承包制,八幡屋太右卫门(或是八幡屋太郎兵卫之误)为承包人,负责调度神田三町的御用供应。

Ⅴ期 1793年(宽政五年)终止八幡屋的承包,重新实行直接购买制。第二年废止青菜供应处,重新在神田市场附近设立青菜官厅,以肝煎名主①为管理者,监督御用的直接购买。神田三町仍然担负着御用的供应。

如上所述,青菜的御用系统中,直接购买制与承包制相互交替,而到18世纪末之后,就一直沿用以青菜官厅为中心的承包制了。从《青菜供应处之建立》中可以清晰地看到这种变迁,不过,却没有提及直接购买制与承包制的不同,也没有提及何为批发商们负担的任务。因此,关于御用系统的构造,我们提出了以下假说:

第一,不论是直接购买还是承包,所谓御用,是指以幕府设定的御定价格,即以比市场便宜许多的价格从青菜、根菜经纪商处买入优质的商品,上缴到食品官厅。这种担当御用的经纪商被称作"纳人"。

第二,这一时期,青菜、根菜的御用一直由神田三町担当。这里所谓的神田三町是指町附近的全体批发商。神田三町集中了青菜、根菜的批发商(纳人)们,形成市场。御用系统的根本就在于幕府直接从这些纳人处购入御用品(直买)。这种情况下,御定价格与市场价格之间的差价由纳人们负担。

第三,承包制是将纳人的功能和负担集中于一身的系统,幕府依靠承包人间接从批发商处购入御用品。这种情况下,纳人仅指承包人,承包人必须负担巨额的差价,神田三町的批发商们对此进行协助,称作"助合"。处于这种位置的批发商们被称做"下纳人"。不过,即使得到了下纳人的助合,承包人(纳人)的负担仍然是很大的。虽然拥有这种能力的承包人本身就是神田三町中最有实力的批发商,但与承包人的负担相对应的报偿也必定相当可观。纳人为了确保向幕府上缴御用品,就必须尽早查验集中到神田三町的青菜和根菜,把最上等的蔬菜选为御用品。这对于其

---

① 宽政改革时设立的地方支配者。

第四章　汇聚于市场的人群　　175

作为批发商的经营来说,在确保优质产品、把握市场主导权等方面具有重大的意义。

御用系统的确立

从上面可以看出,宽政改革带来了如下变化,即,1796年(宽政八年)在神田市场旁边的神田横大工町后面设立了青菜官厅,这显示了与之相应的御用体系在制度上的完备。如前所述,随着直接购买制的实行,神田三町的全体青菜、根菜批发商(幕末期50家)重新获得了纳人的地位。不过,具体业务由包括原承包人八幡屋在内的几名纳人共同负责,称作"纳方世话役"(供应商负责人),差价负担由纳人们共同承担。

1799年(宽政十一年),市内的青菜批发商全部接到了町奉行所"征收御用青菜、根菜"的命令。其内容有两点:① 神田三町的批发商担当"御用";② 应上缴的产品货源不足时,居住在产地附近的"其他地方的批发商们"要辅助补齐不足部分,这叫"补足御用"。也就是说,以前纳人只有一人,现在纳人扩张为神田三町的数十家蔬菜批发商,同时,"其他地方",也就是神田三町以外的青菜批发商也以"补足御用"的形式担当起辅助纳人的任务,成为下纳人。这样,宽政年间之后,青菜的御用系统就确立起来,其形式为:纳人们以神田三町的几个负责人为中心,同时,其他地方的下纳人进行辅佐。

水果的御用和纳人

水果和青菜、根菜并列,是青菜市场经营的主要品目之一。在神田市场上,多町二丁目、连雀町以青菜、根菜为中心,水果批发商则广泛分布于包括这二町在内的市场各町。不过,水果经营的中心是须田町一、二丁目和通新石町、佐柄木町,多町、连雀町的水果批发商们大多还同时兼营青菜。

水果的御用虽然是通过须田町御用所上缴到幕府食品官厅,但其系统基本和青菜、根菜等相同。详细情况现在还不是很清楚,但至19世纪初为止,"御用人",即纳人,只有一人,须田町、通新石町的水果批发商们都是"下纳人"。也就是说,构成神田市场的须田町一、二丁目和通新石町,其地位和青菜御用中的"神田三町"基本相同。而且,其形式相当于承包制。之后,1839年(天保十年)废止"御用人",改为直接购买制,原来的下纳人升级为纳人,1843年之后,市内其他地方的水果批发商作为"助合"加入到御用系统中,成为下纳人。

至少在1842年(天保十三年),水果御用处于青菜官厅的管辖下,到天保改革期前后,基本与青菜、根菜成为一个系统。

特殊蔬菜的御用系统——慈姑的情况

近世后期江户的青菜、根菜、水果御用系统的基础都是以神田市场各町的批发商为纳人,但有几种品目与普通的青菜、根菜、水果等不同,是以几个专门经营的批发商为纳人的,形成了独特的体制。这些品目中青菜有慈姑、藕、山药、芋头、芥末、蘑菇、辣椒等,水果有"柑橘类、甲州物、立石柿"等三类。另外,干货、蛋类等也因为和青菜官厅的关系形成了纳人系统。下面,我们来看一下这些"特殊品目"的御用系统。

慈姑是多年水生草类,栽培于湿田中,其块茎可以食用,多用于正月或庆典时,作为高级根菜备受珍视。在幕府的青菜御用系统之外一直是由神田多町二丁目、连雀町、永富町这神田三町的七个纳人(批发商)垄断承包,确保供应,也就是说,少数批发商垄断着慈姑的买卖。但是,18世纪中期以后,江户北方的千住河原町和驹込浅嘉町这两个市场隆盛起来,神田市场的货源就急速下降了。这是因为货物在从产地农村运往神田的途中经过千住和驹込,货物的八成左右在这里就被卖掉了,只有很少的一部分到达神田,而且质量也不好。因此出入于大名之家的蔬菜零售商们就到千住和驹込去购买优质的慈姑了。这样,1817年(文化十四年),神田的七名慈姑纳人就诉至幕府,请求禁止慈姑过分集中于千住、驹込市场,重新确认神田是担当御用的市场。

1819年(文政二年),重新确立了以下三处为慈姑的御用系统:

① 御用的负担比例为神田市场5个月,千住市场5个月,驹込市场2个月。

第四章　汇聚于市场的人群

② 实际的御用由神田的纳人负责，每年由千住、驹达的纳人负担10两费用。

这样，由三个市场的纳人（批发商）共同负担的慈姑的缴纳方式得到了确立。

水果的特殊品目与御用

下面，我们来看一下"柑橘类、甲州物、立石柿"这三种特殊水果的情况。"柑橘类"是指蜜橘。蜜橘大致可以分为两类，一为附近生产的蜜橘，产于骏河、远江、三河、伊豆四藩，二为纪州蜜橘，产于纪州藩，其生产和流通由藩政统制，是用于交易的特殊商品。附近生产的蜜橘在1847年（弘化四年）由80余家水果批发商经营，幕府御用也与其他水果相同。但是，纪州蜜橘不在这种纳人系统中。这大概是由于纪州藩是御三家之一，所以，其重要的交易货物就排除在幕府御用之内了。

经营纪州蜜橘的批发商被称为纪州蜜橘批发商，19世纪之后大约只有6家。这6家批发商大都在神田市场区域内营业，他们把蜜橘卖给经营附近生产的蜜橘的其他水果批发商，在纪州蜜橘的流通中拥有强大的力量。至享保期为止，纪州藩设官厅"蜜橘方"，组织以有田川流域为中心的产地，管理面向江户和大阪的输出机构，并试图通过握有特权的纪州蜜橘批发商来控制江户的市场销售。

"甲州物"是指甲州产的葡萄，其产地以胜沼宿和上岩崎村（现在的山梨县胜沼町）为中心，两村的葡萄都被定为江户城的御用品。经营甲州葡萄的是须田町、佐柄木町的6家水果批发商，其中有几家也同时兼营纪州蜜橘。

"立石柿"是指信州下伊那的立石村（现在的长野县饭田市）周边的特产品干柿。这种干柿据说曾被幕府将军用于"坚固牙齿"，不过现在却被邻近地区生产的市田柿取而代之了。是否有立石柿纳人存在呢？这一点还无法确认，但可以推测，进入19世纪之后，有4—8名柿子批发商从天龙川经远州挂塚凑（现在的静冈县龙洋町）从事立石柿交易，那时是有和甲州葡萄类似的纳人系统的。

蛋类和干货也处于青菜官厅管辖下

天保末年,处于青菜官厅管辖下的特殊品目还有蛋类和干货。

蛋类是高级食品,常用作贵重的答谢物品,归入青菜类,18世纪之后处于青菜官厅的管辖之下。蛋类批发商在1788年(天明八年)受到限制,1803年(享和三年)可以确认的蛋类批发商有27人。蛋类为什么归入青菜纳入纳人系统呢?这一点还不清楚,但鸡蛋至今都和果蔬一起买卖,这也是一个有趣的现象。

干货主要是指香菇、葫芦干、葛根、腌松蘑、紫萁、萝卜干、干海带、海带丝等。1796年(宽政八年),这些干货被纳入御用品,归青菜官厅管辖,由15家干货批发商(纳人)负责。其中,有关海带产品则只限于在大阪加工、然后运送到江户的产品。虽然一部分干货批发商位于神田市场内,但大部分以小舟町一丁目为中心,集中于日本桥一角。干货和青菜、根菜等生鲜食品不同,要通过干燥进行保存加工,所以其特征是产地农村广泛分布于全国各地。这和下一节中讲到的鱼的情况很相似,即,和鲜鱼相比,咸鱼干的产地渔村分布更为广泛。

蛋类和干货为什么会在蔬菜市场上进行买卖呢?其缘由还不是很清楚,但它们和蔬菜相同,都由幕府的青菜官厅进行管辖,也许这也是一个契机吧。

特殊品目甘薯

上面,我们围绕青菜官厅,介绍了以青菜、根菜、水果为中心,包括特殊品目在内的御用(纳人)系统,下面,我们来看一下根菜之一——甘薯的情况。

至少在天保末年,甘薯成为与一般根菜不同的特殊品目之一,拥有固定的纳人。在这一点上,和前面介绍过的慈姑和山药等是一样的。不过,1843年左右,市内的甘薯纳人达到了75人,作为特殊品目的纳人来说,这是特别多的。而且,从1844—1845年(弘化元年至二年)甘薯批发商所处的位置来看,除了几家位于神田市场区域内之外,其余全都没有重复,

第四章　汇聚于市场的人群

主要集中于本所、深川、芝、浅草等地的河边。1877年7月东京府布告，青菜批发商经营的品目分为青菜、水果、甘薯三种，甘薯单独构成了一个品目。从以上可以看出，与其他青菜、根菜相比，甘薯是一个非常特殊的品目。下面，我们来探讨一下甘薯的生产、流通以及消费的情况。

下总国千叶郡面向江户湾一带和武州入间郡形成了江户近郊甘薯的一大产地。说起甘薯，青木昆阳是非常著名的人物，他在享保年间，为预防饥馑，把甘薯作为救灾作物大力推广普及，据说他把种薯带到下总国千叶郡马加村（现在的千叶市花见川区幕张町），并认真教授种植法，19世纪中期，人们在这里修建了昆阳神社以纪念他。马加村是"甘薯起源村"，这里和临村的武石村土壤里掺杂着沙石，适于种植甘薯，这里产出的甘薯风味、品质俱佳，据说江户城的御用甘薯主要就是这两个村出产的。18世纪后半期，甘薯的生产以这两个村为中心，迅速向周围的地区扩展。千叶市史编纂室一直致力于收集和保存市内流传的珍贵古文书资料，其收集的资料中就包含了残存在各村中的许多与甘薯相关的史料。关于其内容，我们请教了编纂室的今井公子先生和芦田伸一先生，得知这些资料主要是关于19世纪前半期围绕甘薯的流通和江户的甘薯商发生的三次争议的记录。下面，我们一边追溯这些争议的经过，一边考察连接江户和近郊农村的甘薯流通和消费，同时也关注甘薯在根菜中的特殊性。

文化年间议定书——甘薯买卖协定

1817年（文化十四年）春，江户的42家"甘薯商"结为联合体，试图垄断进入江户的甘薯货物采购。当时，甘薯的御用以神田多町二丁目的根菜批发商伊势屋喜八为纳人，神田三町的批发商为下纳人。上面提到的42家中，神田三町的批发商包括伊势屋在内只有4家，具体情况不详。42家结为一体，大概是试图以纳人伊势屋喜八为中心，确保其作为甘薯批发商的地位。当时，有一批甘薯从产地千叶郡地区18村运给江户深川的中岛町和蛤町一丁目的甘薯商（42家之外），而伊势屋扣留了其中一部分货物，其理由是应该供应御用的甘薯短缺，所以要强行购买。

产地18村将此看做是42商人对江户甘薯采买的垄断，因此向幕府评定所提出诉讼,同年9月,此事以产地方的主张进行了私了。而且,42家"甘薯商"擅自结为一体,受到了町奉行的"申斥",同时,他们还向产地18村递交了以下内容的誓约书:

① 今后甘薯的购买商不得私自号召批发商结成一定人数的联合体。

② 御用甘薯短缺时,纳人要上报青菜官厅,接到指示之后,要以市场价格,而不是御定价格买人。

③ 货款支付以金子为标准,每1两金子要比兑换处贵300—500文。如果1两金子兑换6—7贯文铜钱的话,则相当于支付了5%—7%的手续费。

④ 关于卸货时的重量,卖方可以当场修正。

⑤ 甘薯的运输船到达江户时,卖方可以自由将甘薯分批出售。

此后,这份誓约书被称作"文化年间议定书",并成为规定江户甘薯商和产地农民之间关系的基本协定。

产地直接上交御用甘薯

生产者与江户批发商的甘薯采买纠纷之后,1818年(文政元年),一部分甘薯商向町奉行所提出经营会所①、许可批发商名目等请求,但都因遭到产地一方的反对而落空。1830年(天保元年),马加村、武石村等千叶郡6村和武州入间郡23村一同提出"产地直纳"御用甘薯的请求并得到批准。就千叶郡来说,这使产地各村中的6村获得了纳人的地位,并在神田三町设立产地一方的会所(称为甘薯直纳会所),在江户批发商的指示下担当御用。

这6村的构成现在还不明确,但除了马加、武石两村之外,至少还有实籾、长作两村。以马加村为中心,这些村子里很早就盛行种植甘薯,他们大概是通过6村直纳来确保他们对千叶郡、部分葛饰郡以及周围其他村子的优势地位。而且,也可以推断出,通过直纳,产地各村虽然要直接负担御用差价,但他们试图通过这种措施来阻止江户的甘薯商转化为批

---

① 会所指地方上的钱铺、商品交易、放高利贷处等。

发商。但是，1833年（天保四年）之后发生饥馑，甘薯的市场价格暴涨，这使市场价格和御定价格之间的差价变得格外巨大。因此，1838年（天保九年），产地直纳方式破产，不得不恢复到原来的买卖方式。而且，产地6村遭受的损失仅马加、武石两村就为780两，6村全体的损失达到1000两。因此，江户批发商对产地6村给予每年30两的辅助金。

成立甘薯批发商联合体之争

1838年8月之后，幕府重新命令经营芋薯的136家芋薯商供应御用甘薯。芋薯商们以此为契机，与马加村、武石村达成一致，结成由几个小组组成的联合体，并挂起甘薯批发商的火印牌开始营业。9月末，向町奉行所提出了承认联合体的申请。

与此相对，翌年，即1839年（天保十年），产地一方除去马加、武石两村的24村收获甘薯之际，他们与江户市内依靠卖烤甘薯度日的305名小本经营的商人联合起来进行了反击。首先，7月，卖烤甘薯的305名小本经营商人向町奉行所提出申请，请求承认他们的甘薯批发权（批发股）。他们的目的之一应该是与致力于成为甘薯批发商的136名芋薯商相对抗，与产地24村联合起来确保甘薯货源。次之，8月，24村以江户的136名芋薯商为被告，向评定所提出诉讼，要求禁止结成新的批发商联合体，遵守《文化年间议定书》。评定所受理了这次诉讼，于10月14日将双方召至评定所进行"对决"（陈述各自的主张），之后，评定所开始了调查。

另一方面，从9月开始，产地24村就不再向136名芋薯商供应甘薯，而将货物送至卖烤甘薯的305人中的9名中心成员处。针对此事，甘薯商一方向深川派驻巡查，扣押了24村中的久久田村运送的甘薯，双方的关系越来越紧张。第二年，即1840年5月，经过协商，达成：① 不承认甘薯批发商的名目和联合体；② 撤去一部分芋薯商挂在店前的"批发商"牌子；③ 遵守文化年度议定书的主旨等协议，并交换了文书，24村一方取得了全面的胜利。

可以看出，这次争议中，产地一方马加村等6村和24村相对立，江户一方支持6村的136名芋薯商和联合24村的305名烤甘薯小商人相对立,产地农村和江户的内部都发生了分裂,这也是这次争议的特征。

【天保十年事件相关地图】

关于甘薯运送的争议

以老中①水野忠邦为中心推进的天保改革中,作为改革项目之一,于1843年(天保十四年)7月23日开始开凿下总藩印旛沼水渠。这项工程的目的是通过水路把印旛沼和江户湾连接起来,其构想十分壮观,准备把从千叶郡横户村流入印旛沼的河流和从柏井村流入江户内湾的河流连接起来,开凿路线从江户湾经印旛沼到达当时的物流大动脉利根川。这一构想在享保改革时和天明初期田沼意次政权时都策划并着手实施过,但不久都中止了。这一工程的目的大概是作为水灾对策和为了预防外敌。关于后者,则是为了特别修整通过利根川水运向江户运输物资的路线,以

---

① 老中是江户幕府的职名,直属将军,总理幕政,管理朝廷和大名的事务,直辖各小国的官员。

第四章　汇聚于市场的人群

防止江户湾被外国军舰封锁。工程从印旛沼一侧开始分为五个工区,分别由沼津藩、庄内藩、鸟取藩、贝渊藩、秋月藩承担,作为大名的承包任务加以实施。但是,工程进展艰难,只有秋月藩承担的江户湾一侧完成了,在这种情况下,闰9月,水野老中被罢免之后,大名的承包任务也被取消,工程转由幕府负责。第二年5月,工程被迫中止。

这样,虽然印旛沼水渠的施工投入了大量的资金和劳动力,但却宣告失败,不过,秋月藩承担的工程修整扩充了原有河道(新川,现在的花见川),使水运可以到达位于千叶郡内陆地区的天户村。工程中止后的第二个月,人们就争先恐后地利用新川向江户运送甘薯,地处港口的检见川村所有的船里有14—15艘船驶入新川开始运送甘薯。这种情势下,发生了一件事,8月2日,有5艘船运载着860袋甘薯到达江户,在要求转为驳船运输时,遭到了驳船船家的拒绝,在进退维谷的时候,大部分甘薯都烂掉了。

进入江户的甘薯是由一种叫做五大力船的中型船运输的,这种船基本无法直接靠岸,因此,需要将货物转到驳船上,然后运至买方处。拥有驳船或租用驳船经营零散水运业的是驳船船家,他们大部分集中于以深川和小网町为中心的地区。上面的事件,就是原来的买方芋薯纳人(甘薯商)联合驳船船家拒绝转运。

这是因为,以前甘薯一直是全部在检见川的港口装船,但产地各村与检见川村的一部分船家合谋,在新川逆流而上的地方擅自设立了新的装船点,这损害了检见川村船家阶层多数派的既得利益,因此,江户的甘薯商就联合他们进行反击,从而发生了上述事件。

就这一事件,产地27村于10月25日向勘定奉行中坊骏河守提出诉讼,状告江户39名甘薯商和1名驳船船家。11月2日双方对簿公堂,之后进行审理,第二年,即1845年(弘化二年)7月6日,双方私了,结果承认了装货和卸货地点可以由产地各村"依据方便"自由决定之权。也就是说,承认了产地各村的主张。参加这一事件的产地27村和1839年(天保十年)的事件不同,包含了武石村,但不知何故,马加村没有参加。

另外,有一份文书是在上述事件协商解决之后作成的,其中包含了以下内容：

一、本次 27 村就甘薯的贩卖方式提出诉讼，状告江户的御用芋薯纳人，议定结果为产地一方可以依据方便在"便利之处"自由买卖。因为受到"请销售甘薯货物"的委托，所以就应允了。我们希望相互之间可以摒弃虚假、诚实买卖，如果销售商有虚假买卖的行为，则由其他销售商承担损失，而不会给产地的生产者造成损失。另外，御用甘薯由深川熊井町的纳人治郎兵卫负责。营业税可充当御用差价，每一袋甘薯收银五厘。

这份文书的制作者和递交处如下表所示。关于文书制作者，附笺上写道，"如前言所述，销售商有 32 人，其中有 3 人是负责人"。由此可以得知，3 名制作者"卖方代表"也是销售商的负责人。这里销售商的意义比较难以理解，但表中列在最前面的半兵卫在 1839 年的事件中，是产地一方诉讼的 136 名甘薯商的 6 名代表之一。这里，可以把他们看做是从很有实力的甘薯纳人治郎兵卫购买甘薯的经纪商。接下来是驳船船家金兵卫，他所在的地区以纳人治郎兵卫为管理者。两者的关系不是很清楚，但这里纳人和驳船船家出现在同一个地方。从上面可以推测出甘薯的流程为生产地的 3 村→检见川河岸→五大力船运输→深川熊井町驳船船家→当地的纳人→部分甘薯用作御用，其余部分卖给 32 名销售商，即经纪商。而且，这 3 村可能还和其他销售商、驳船船家、纳人等签有契约，其他产地农村也和江户市内各处的销售商存在着契约关系。

制作者	卖方代表	深川六轩堀		利兵卫店	半兵卫
		芝赤羽		清五郎店	宇之助
		浅草堀田原新旅笼町代地		半藏店	平次郎
画押者	驳船船家	深川熊井町		治郎兵卫店	金兵卫
	纳人	深川熊井町		管理者	治郎兵卫
递交处		畑村		村长	八郎左卫门
				村长	重郎左卫门
		长作村		村长	治右卫门
		天户村		村长	市兵卫

【文书的制作者和递交处】

烤甘薯成为百姓的主食

从上面可以看成,甘薯和其他青菜、根菜不同,其流通几乎不经过神田市场等市内诸市场和青菜批发商等。这可能是因为18世纪后半期之后甘薯是正式种植的新品种,不过甘薯消费方式的特殊性也是不可忽视的。即甘薯是百姓们非常重要的主食。

《江户繁昌记》于1831年(天保二年)执笔,第二年夏天发行,作者寺门静轩在其开篇设立了"烤甘薯"一项,其记录如下:

> 甘薯在很早之前就普及于都下(江户)。现在,在八百八町的门房等处,都有打着"八里半"的招牌卖烤甘薯者。我七八岁的时候,很多人是不吃甘薯的,甚至有老人说"甘薯价钱又贵又有毒"。但是,时过境迁,现在,日本全国上下不论身份贵贱,大家都在吃甘薯。甘薯价钱很便宜,所以卖得很好。冬天,卖烤甘薯的商人们营业额不会低于20—30两,卖得多的据说可以达到100两。店里的甘薯从早晨烤到夜里,炉灶上烟雾缭绕,香气扑鼻,柱子是黑黑的,店里是暖暖的。接生婆、女佣、家奴等也都来买。大家小姐也悄悄地对侍女说:"再去买些烤甘薯来。"修行的僧人、盲目的乞丐也为烤甘薯而倾囊。4文钱的烤甘薯能让号啕大哭的婴儿安静下来,10文钱的烤甘薯能填饱书生早晨的辘辘饥肠。我没钱买米的时候,也经常买烤甘薯来度日。烤甘薯对穷人们来说真是"不死仙药"啊。

寺门静轩出生于江户水户藩下级武士家庭中,其一生的大部分时间是作为浪人①知识分子度过的,他通过充满讽刺和幽默的文章生动地描写了天保期江户市内的世相百态,对他来说,没有烤甘薯的话,从秋天到冬天是无法度日的。

---

① 浪人,中世至近世离开主公失去俸禄的武士。

【○烤制食品的招牌】

(《近世风俗志》，岩波书店)

另外，喜田川守贞在《守贞谩稿》中介绍了江户的门房、招牌等，内容如下：

- 门房的大小以长9尺宽1间为一个标准单位，算上房檐的话大约有长9尺宽2间大小。看门人和妻子儿女都住在这里，并在这里煮饭吃饭。门房也卖草鞋、笤帚、手纸、蜡烛、瓦、炉子等物。冬天卖烤甘薯，夏天也卖金鱼。经常4文钱卖一个粗点心。
- 在京都大阪地区，卖烤甘薯和蒸甘薯的是一些小店，经常在灯笼上写着八里半的字样。在江户，把甘薯整个烤了卖的也写着"○烧"的字样(前图)。

在街角卖各种生活必需品的门房被称做商用门房，这里也是看门人的住处。塚田孝引用日本桥街道四丁目门房看门人的相关史料指出，这一职位可以用数10两门房股金买得，而且，即使看门人更换，"门房名号"(例如叫权助)也不会更改，町与看门人之间是"非个体性关系"。门房股金高达数10两，而看门人却在不足9尺2间的门房里和家人一起生活，从这种落差可以看出，权利的所有者，也就是股东并不是看门人。另外，商用门房的经营权也是决定股金价值的重要因素。

同时，对江户的百姓们来说，位于街角各处的商用门房相当于现在车站的书报亭或街上的便利店，人们可以随时方便地买到各种日常必需品。而且，这些商用门房在秋冬季节都卖便宜而美味的烤甘薯。对百姓们来说,烤甘薯逐渐成为不可或缺的主食,在天保大饥馑的时候,烤甘薯成为贵重的粮食,挽救了许多人的生命。

不过,1839年(天保十年),江户市内靠烤甘薯度日的305名小本经营的商人围绕甘薯发生了争议,作为当事者的一方,是一个规模很大的集团。这种烤甘薯小商人与在商用门房卖烤甘薯的看门人不同。所谓烤甘薯小商人,可能不在门房营业,而另有店铺经营烤甘薯,其大部分也许是拥有店铺的蔬菜商,或者他们是向门房供应甘薯的经纪商,或者他们同时经营这两种业务。在这种烤甘薯小商人分布广泛的地方,甘薯就会与其他青菜和根菜不同,形成自己独特的流通构造。

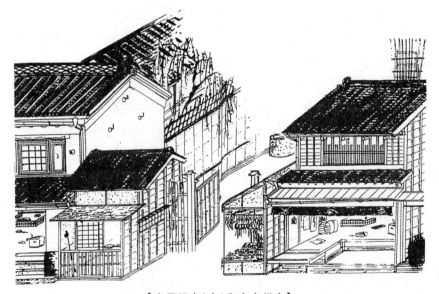

【商用门房(右)和自身门房】

(商用门房兼营小店铺,自身门房(所)是值班守房的小屋。[《近世风俗志》1卷])

蔬菜零售商与现代社会

上面,我们探讨了青菜、水果市场以及甘薯的流通特征。虽然使用的素材多为19世纪前半期的材料,但以批发商和经纪商为中心形成的青菜、水果的市场社会大约在17世纪末就以神田市场为中心确立了骨架,18世纪则在市内各处都形成了许多中小型的蔬菜市场。而且,确立了神田之外,千住、驹达等经营御用品的中心性市场地位。在青菜市场上，商品的基本体系是，产地的货主将运出的商品委托给批发商，批发商收取手续费后将其卖给经纪商，经纪商在批发商店铺附近又将货物卖给零售商。关于货主和市内零售商的情况，除了本节中介绍的"孝子褒奖"的史料之外，我们还无法了解他们的实际状况。特别是蔬菜零售商，广泛分布于各町，供应着各个阶级阶层庞大的蔬菜需求，今后，这也是一个需要阐明的重要课题。

现在，生鲜蔬菜和水果的买卖基本上是经过各城市的中央批发市场，由大规模化的"批发商"果蔬公司卖给零售商们的。不过，虽说是"零售商"，却也包含了大型超市、餐饮产业等，所以流通被这些大型零售集团所控制，零售小商铺在经营中所占的比重越来越低。笔者住在东京南部，平日经常去一家叫做高桥青果店的零售店买蔬菜。与超市里好看不好吃的蔬菜不同，这家零售店的蔬菜无一例外全都非常可口。而且，在那里还可以买到别处没有的鸡蛋，非常好吃。从这里也可以感受到蔬菜和鸡蛋由来已久的渊源。店主一家辛勤工作，让人感到他们对商品倾注的无限爱心。

我们每天都在不经意地吃着蔬菜和水果，这些蔬菜和水果都是经过市场才到达我们的盘子里的。街上小本经营的蔬菜零售商们处在蔬菜经营的末端，他们和消费者紧密相连，留意蔬菜的品质，对生活在现代的市民们来说，他们是不可或缺的重要财富。而且，正如我们上面介绍过的，这种小型的零售商拥有悠久的历史，自近世的市场社会以来，他们就一直遍布于市民的身边，这也是我们不可忘记的。

3 探索鱼市内部

四个鱼市场和九组鱼类批发商联合体

日本桥鱼市场的中心只不过是日本桥鱼市场的周边部分。那么，被省略的日本桥鱼市场的中心部分及其全貌是什么样子呢？那里的社会情况如何？这对考察近世社会的特征有何启示？本节以这些问题为中心，考察一下与蔬菜市场并列的另一个市场社会——鱼市场的特征。

第四章 汇聚于市场的人群

鱼市场	九组
日本桥	本小田原町组　a 本船町组　a 本船町横店组　a 安针町组　a
新肴场	新肴场　b
芝杂鱼场	芝金杉町组　b 本芝町组　b
四日市	四日市组　c 小舟町组　c

【鱼市场与九组】
（a 经营生鲜鱼和咸鱼干，b 只经营生鲜鱼，c 只经营咸鱼干）

18世纪之后，江户有4处鱼市场，即日本桥、新肴场、四日市、芝杂鱼场。这些市场的中心是鱼类批发商联合体。如上表所示，鱼类批发商联合体有九组，这九组鱼类批发商联合体与鱼市场形成一种对应关系。

鱼市场上经营的品目可以大致分为生鲜鱼和咸鱼干①两类，九组鱼类批发商联合体中有四组是"鲜咸鱼批发商"，他们拥有生鲜鱼和咸鱼干两者的经营权，新肴场和芝杂鱼场只经营鲜鱼，四日市和小舟町只经营咸鱼干。

其中，四组鲜咸鱼批发商——有权利同时经营生鲜鱼和咸鱼干——的联合体分为新旧两类，本小田原町和本船町两组是德川家康入江户城之后成立的，本船町横店和安针町两组是17世纪后半期随着市场的扩大才得到公认的。其中，本小田原町和本船町两组是日本桥鱼市场的起源，也被称作"古场"。

---

① 通过腌制、干燥等进行加工保存的鱼贝类。

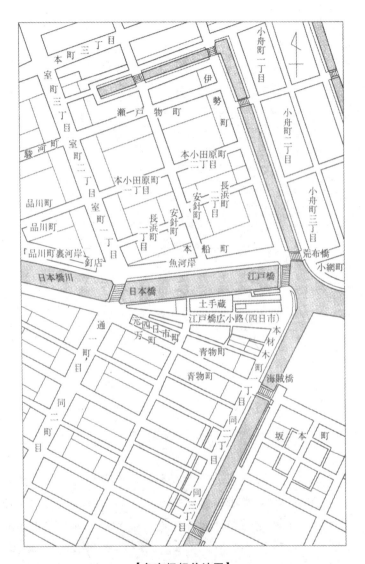

【鱼市场相关地图】

（以《日本桥南北滨町八町堀边图》为基础做成）

如后所述，1675年（延宝三年）本材木町二、三丁目开设了新的鲜鱼市场新肴场（也叫做"新场"），新肴场组就是这里的批发商联合体，和相模藩的渔业产地（叫做"滨方"）关系紧密。关于芝杂鱼场的两组，芝金杉

第四章　汇聚于市场的人群

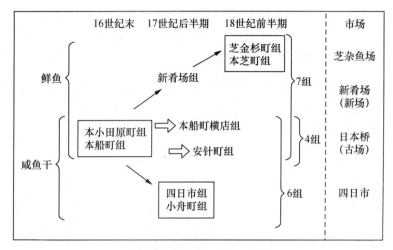

【鱼类批发商联合体的系谱】

和本芝本来是江户旁边的渔业村落，1721年（享保六年），这里的批发商联合体得到了公认，就在隔芝桥相望的芝金杉街道四丁目和本芝一丁目这两个町里隔月开鲜鱼市，通称为杂鱼场。

另外，关于四日市和小舟町这两组咸鱼干批发商联合体，还无法确定其成立于何时。不过，这两个组经营的市场以俗称为"四日市"的江户桥大街为中心，而这条大街建立于1657年（明历三年）的大火之后，因此，可以推测咸鱼干市场，也就是这两组批发商联合体应该成立于17世纪后半期。

这样看来，如上图所示，九组鱼类批发商联合体和市场以本小田原町和本船町为母体，在17世纪后半期分出了鲜鱼组和咸鱼干组，到18世纪前半期大致确定下来。而且，"四组"是指日本桥古场，"七组"是指四组加上新肴场和芝两组的鲜鱼七组，"六组"是指经营咸鱼干的日本桥和四日市。下面，我们介绍一下四个鱼市场的概况。

日本桥——鱼河岸和卖场

鱼市场的空间构成可大致分为卸鱼场、批发商的卖场、经纪商的卖场三个要素。从日本桥的鱼市场来看，第一要素卸鱼场是本船町西侧日本桥的河岸。这里被称作"鱼河岸"，从日本桥的北桥头开始分为芝河岸、中河岸、地引河岸三部分。14 艘平田舟固定在鱼河岸的岸边,发挥着码头的作用。被称作押送船的鲜鱼运输船和小船等满载着鲜鱼从江户内湾、上总、下总、安房、相模、伊豆等地到达此处。

住址	本船町组(人)	安针町组(人)
本船町	66	3
安针町	4	15
本小田原町一丁目	17	13
本小田原町二丁目		9
长滨町一丁目		7
长滨町二丁目	3	4
室町一丁目	3	
室町二丁目	2	
品川町	1	1
品川町后河岸	3	
濑户物町	2	1
小舟町三丁目	1	1
堀江町三丁目		1
青物町	2	2
元四日市町	3	3
万町	6	
西河岸町	4	
通一丁目	4	
通二丁目	1	
通三丁目	1	
本材木町一丁目	1	1
本町一丁目	1	
铁炮町	1	
叠町		1
芝凑町		1
深川大岛町		1
共计	126	64

【本船町组、安针町组批发商的分布】

(选自 1851 年《批发商名簿》)

关于第二个要素批发商的卖场,还有许多不清楚的地方。上表表示 1851 年(嘉永四年)本船町组和安针町组的批发商的分布处。虽然叫做本船町组,但居住在本船町的商人只有一半多一点,许多商人居住在本小田原町一丁目,其余的散居在鱼河岸附近。如后所述,鱼河岸上有许多叫纳屋的批发商卖场,居住在本船町以外的大部分鱼类批发商也都在鱼河岸上拥有自己的卖场。安针町组也大致如此。

鱼市场的第三个要素,也即最重要的要素,是经纪商的卖场。经纪商的卖场叫做板舟,是简易的非常设店铺,鳞次栉比地排列在本船町、本船町横店、本小田原町、安针町、室町一丁目等地的道路两侧。关于此项,我们会再次论及。这些经纪商的卖场所在的区域就形成了鱼市场。

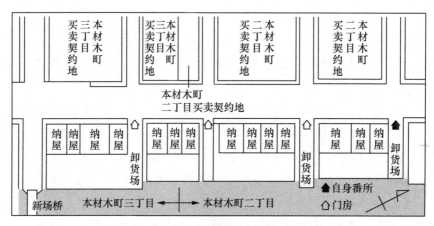

【新肴场河岸地的平面图】

(选自国立国会图书馆收藏《市内管理续类集》。小林信也作图,部分省略)

新肴场——新设的鱼市场

从江户内湾西部到三浦半岛的滨方(渔村)叫付浦十七浦,新肴场就是以这里和本小田原町组—本船町组围绕中转手续费发生的争议为契机新设的鲜鱼市场。之前鱼类的流通一直被日本桥的两组垄断,因此,幕府以危害"御用"为由,设立了新的鱼市场。新肴场覆盖了日本桥鱼市场近旁的本材木町二丁目全域和三丁目的北半部。之前,这里是木材批发商、经纪商的集中地带,之后,河岸上的"木材店"也渐渐变成了"鱼店"。上图就是小林信也介绍的"新肴场河岸地"地图(年代不详)。新肴场的河岸地和鱼河岸相同,不仅有卸鱼场,还排列着批发商的卖场纳屋,而本材木町二、三丁目的路上则被板舟并列的经纪商卖场占据了。

四日市——咸鱼干市场

明历大火之后,日本桥川沿岸设立了江户桥大街作为防火带,通称为四日市(现在的东京都中央区日本桥一丁目)。这里之所以叫做四日市,是因为之前在这里的四日市町被强制搬到灵岸岛上,而在原地修建了江户桥大街。关于这条大街的空间特色我们将在第五章介绍,不过,这里的四日市也是进行咸鱼干买卖的地方。是否有特定的卸货场还不清楚,但可以推断出,小舟町的河岸地、本材木町一、二丁目的河岸地都是用作卸货的。如前所述,这里有四日市组和小舟町组两个批发商联合体,1759年(宝历九年)分别有103家、57家批发商归属于他们,分布于四日市周边的元四日市町、青物町、万町以及小舟町一带。

对四日市来说,储藏设施是非常重要的。咸鱼干和鲜鱼不同,因为进行过加工,所以可以储藏一段时期。四日市日本桥川沿岸排列着许多巨大的石造仓库,称作土手藏,具有防火功能,同时,也有一些商用仓库。这些商用仓库大多被租借给咸鱼干批发商用来储藏商品。但是,经纪商卖场的情况还不是很清楚。不过,在本节的最后部分我们将会介绍,到19世纪中期为止,日本桥鱼市场地引河岸东侧的道路两侧布满了来自四日市和小舟町的"咸鱼干商人"的卖场,在四日市的广场内、批发商分布的青物町、元四日市町、万町、小舟町等地,都有许多经纪商在营业。

不过,批发商的卖场、住宅等在一些地区是相互重合的,所以上面介绍的日本桥、新肴场、四日市这三个鱼市场几乎是连续的,形成一个平面。我们把位于江户中心地区的这三个鱼市场叫做"日本桥、四日市的鱼市场群"。

芝杂鱼场——东海道一带的市场

从上面介绍的日本桥、四日市的鱼市场群往南约五千米处是芝地区,这里有被称作杂鱼场的鲜鱼市场(参照下页图示)。这里相当于现在JR田町站和滨松町站的中点处(现在港区芝一、二丁目)。如前所述,这个市场在芝桥两边东海道一带的路上隔月开市。其中,芝金杉町组鱼类批发商联合体的记录保留了下来,从中可以知道金杉町一侧的概况。首先是卸鱼场。芝金杉里五丁目附近有座崩桥,崩桥两侧的河岸就是卸鱼场。和鱼河岸一样,这里也设有批发商的卖场"肴小屋"。1730 年(享保十五年)这里的批发商有 33 家,之后不断减少,到 1837 年(天保八年)就只有 17 家了。1853 年(嘉永六年)有 18 家批发商集中于市场地区,即金杉通四丁目附近,其中金杉通四丁目 2 家,金杉里四丁目 1 家,金杉里五丁目 7 家,金杉滨町 8 家。批发商在卸鱼场把鱼卸下来,并在肴小屋或批发商的店铺里卖给经纪商,经纪商又在鱼市场的卖场里把鱼卖掉。虽然市场上的卖场在本芝一丁目隔月开市,但批发商的卖场和买卖是常设的,所以,经纪商们就交互往来于两町的卖场之间。

【杂鱼场周边图】

通过御用系统大量消费高级鱼类

上一节中我们考察了青菜的御用系统,那么鲜鱼和咸鱼干关联的御用系统的情况又如何呢?下面,我们参照太田尚宏的一系列研究来探讨一下。

幕府征收鱼贝类有两种方式。一种是"御用鱼类"缴纳制,另一种是"本来价格"买入制。前者来源于对德川家康的进贡,例如,佃岛和小网町要无偿缴纳白鱼,江户近郊的渔村中,芝金杉、本芝、品川、大井村御林猎师町、羽田、生麦、神奈川、新宿等"御菜八浦"要进贡部分渔产。这可以看做是赋课在渔业上的一种年贡,其负担者是渔民。这种御用鱼类缴纳制在宽政改革时期改为渔民来付一定的钱款。

后者的买入制与青菜水果的御用、纳入系统基本相同。从17世纪前半期开始,买入制就由鱼类批发商承担实施,由设在本小田原町的"御纳屋"(御用供应商)以比市场低许多的价格购入,上缴至幕府食品官厅。享保时期,这种直接买入制改为间接买入制,由承包人负责供应,宽政改革时又改回直接买入制。然后,在江户桥大街的正中间,也就是日本桥、四日市鱼市场群的中央地区设立幕府食品官厅的驻外办事处"御用鱼类办事处",办事处的官员常驻于此,监督各种鱼类的御用供应。这种系统和青菜水果通过蔬菜官厅进行御用供应的方式基本相同。

品目	1815年	1818年(%)
鲷鱼	30	35
中鲷鱼	20	
大型小鲷鱼	30	
中刺鲅		25
大型小刺鲅		30
小刺鲅		40
鲍鱼	30*	20**
沙丁鱼	10	10

【御膳御用在总货量中的比例】

(*除此之外,御次御用为60%,** 同30%。另外,大刺鲅、石鲽、鳝等根据订货供应。选自《金杉鱼类批发商记录》)

下面,我们以鲜鱼为例介绍一下御用鱼类办事处设立之后的情况。幕府的"御用"分为三类,即日常御用、"定式"御用和临时御用。日常御用是指以一定的比例强制购入七组鲜鱼批发商处的货物,每年按照鱼的种类确定各自的比例。上表是1815年(文化十二年)和1818年(文化十五年)的情况,鲷鱼、鲽、刺鲅、鲍鱼等的御用比例是20%—50%。

节庆	鱼	四组	新肴场	芝杂鱼场		合计
				(金杉)	(本芝)	
端午	鲷鱼	47	33	55	17	152
七夕	鲷鱼	120	50	100	30	300
御生身魂	鲷鱼	158	68	134	40	400
八朔	鲷鱼	120	30	140		290
十五夜赏月	鲷鱼	170	100	250	50	570
	鲽	700		300		1000
	鲍鱼	800	100	150		1050
	龙虾	1200	200	200		1600
重阳	鲷鱼	40	30	30	12	112
十三夜赏月	鲷鱼	120	64	85	20	289
	石鲽	800		200		1000
	鲍鱼	800	100	100		1000
	龙虾	800	150	150		1100
御规式	龙虾	4480	1120	700		6300
	鲥	400	100			500

【定式御用在各市场征用的鱼类】(1835)

定式御用用作端午、七夕、生身魂(可能是开斋日)、八朔(阴历8月初1,庆贺收获新谷的日子)、赏月、重阳、御规式等日子的"节庆用品",1835年(天保六年)的情况如上表所示。从这里可以看出,以鲷鱼为中心,鲽、龙虾等昂贵的高级鱼贝类被大量消费。除此之外,临时御用是指将军继位、冠礼、婚礼,或者朝臣、朝鲜通信使进宫时的临时用度,这时也需要大量的高级鱼类。而且,如果是鲜鱼的话,其与市场价格之间的差价由七组鱼类批发商来负担。

鲷鱼的需求以江户城为中心,保证御用特别是定式御用和临时御用是很重要的,其中就包括了如何保持鲷鱼的新鲜度。因此,另设一个体系,命令一至数名批发商作为"活鲷鱼纳人",供应活的鲷鱼,以备御用。这正好和蔬菜中的慈姑等类似,所以也可以把活鲷鱼看做是特殊品目。根据太田尚宏的研究,1817年(文化十四年),在相州的浦贺和泊浦、武州的神奈川和品川等四处设立鲷鱼鱼池,鲷鱼从附近的海湾或远处的濑户内海等各地用鱼槽船运来,在这里卸载,并通过活鲷鱼纳人供应江户城的需求。

根据幕末期江户城内宫里两个女佣的对话,我们可以看出将军德川家庆和家茂早晨吃鱼的情景。

问:煮好的鱼,吃完上面一面,还翻过来吃下面吗?

答:那种事是绝对不做的。而且也不会吃一半,只吃一两筷子罢了。

问:剔鱼肉的时候,是在同一个盘子里剔吗?

答:剔完了是放在鱼身上的。

问:吃了如果觉得好吃,就再剔下一盘吗?

答:正是如此。

(《旧事咨问录》(上),岩波文库版,第186页)

充分动员了大型都市江户市内高度集约化的鲜鱼流通系统,花费了大量的时间,并把大量的金钱负担强加到鱼类批发商身上,这些高级鱼类才最终得以供应上来,但它们的结局,也不过如此而已。

鱼类批发商和滨方的关系

供给江户鱼类批发商各种鱼类的产地被批发商叫做滨方(渔村)。滨方由"浦"构成,浦是渔业村落的意思。在人们的观念里,浦也同时包含了实行渔业的水域。这里,我们根据后藤雅知的研究,围绕鲜鱼,介绍一下近世中、后期江户鱼类批发商和滨方的关系构造。

第四章　汇聚于市场的人群

首先,滨方内部的构造是一个重要的前提。如果将其简单化,可以分为渔民和商人两个部分。其中,商人可以分为多种类型,不过,其中心组成部分是船家和被称作小买商人、五十集商人的商人。船家拥有船只,把鲜鱼运往江户;小买商人和五十集商人拥有收购鱼类的权利(股)。同时具有这两种特征的是拥有船只的小买(五十集)商人——"一割元",对江户批发商来说,所谓的滨方不是渔民,而是小买商人和其共同组织,即鱼类的卖方,也就是货主。

```
        ┌ 御菜浦
   散浦 ┤
        └ 其他
        ┌ 秋—春    日本桥四组收购浦
   一割浦┤
        └ 夏       日本桥四组收购浦、芝两组
        ┌ 日本桥四组收购浦
   敷浦 ┤ 新肴场付浦
        └ 芝两组付浦?
```

【根据收购方法对滨方进行的分类】

滨方和江户批发商的关系在七组鱼类批发商中是各不相同的。为确保鲜鱼的供应,鱼类批发商和滨方之间建立了契约关系,契约关系不同,滨方和批发商的关系就不同。通过缔结契约,批发商提前把渔业资金借贷给特定的滨方,并以此垄断对其渔产的收购。后藤雅知根据收购方法对滨方进行了分类,我们整理后做成上图。

所谓"散浦",是指和任何鱼类批发商联合体都没有固定收购关系的滨方。这种滨方是自立的,和江户之间不存在从属关系,是滨方的本来姿态。次之,所谓"一割浦",是指有义务把从秋天到第二年春天的渔产全部用一割船运给日本桥四组的滨方。一割浦在金钱上从属于四组,是"收购浦"。在夏天的几个月里,一割浦也可以把鱼运送给芝金杉、本芝两组。

所谓"敷浦",是指无论何时都要把全部鲜鱼运给特定批发商的滨方。例如,日本桥四组的收购浦和新肴场付浦等都是敷浦。

新肴场的成立和滨方

这里,我们考察一下敷浦之一——新肴场付浦。实际上,新肴场鱼类批发商联合体和其市场的成立都与新肴场付浦有着密切的关系。

起因为本小田原町组、本船町组的鱼类批发商与相模藩三浦领、武藏藩金泽、本牧领的滨方17浦围绕手续费发生的一场争议。1673年(宽文十三年/延宝元年)8月,日本桥的两组鱼类批发商在没有得到滨方同意的情况下,擅自通告将5%的手续费提高到6%。对此,滨方17浦的渔民和商人表示强烈反对,并提起诉讼,要求向江户"直接贩卖"(不经过批发商直接进行贩卖)。幕府对此做出调解,许诺在日本桥之外设立新的鱼市场,并于第二年9月在本材木町二、三丁目开设"新肴店",即新肴场。而且,之前17浦从日本桥两组借的3290两债务也由幕府借贷6000两来偿还。这样,在幕府的大力保护下,新的鱼市场和鱼类批发商联合体诞生了,不过,幕府的意图或许是确保用便宜的价格大量收购御用的各种鱼类。

1674年(延宝二年)9月,新肴场成立之际,本材木町二、三丁目市场区域内的名主们和10名户主向町奉行所提交了一份文书,内容如下:

① 幕府借贷给滨方17浦的6000两由各位户主做保证人。

② 即使新设"鱼店",也要保证往来于河川上的船只交通不受阻碍。而且,之前营业的木材店等要尽快关闭,并出租为鱼店。

③ 幕府命令,鱼店的地租、店租价格要低。因此,这里的店租要比日本桥本小田原町便宜三成,河流沿岸小店的店租便宜二成。

④ 虽然自己只出租店铺并不从事鱼类买卖,但可以进行监督,使鱼价不会因为垄断销售而高涨,并使经纪商不能把鱼以高价卖给大名和旗本。

⑤ 努力使滨方和鱼店的买卖顺利进行,并使滨方和户主联合体之间即使发生有关鱼店的矛盾也尽可能内部解决。

正如上面所述,在市场区域内把房屋租借给批发商、经纪商用作店铺的人叫做市场地主。批发商们通过营业活动获得利润，其中的一部分以地租、房租的形式交给市场地主。不过，从上面的文书中可以看出，市场地主同时还是滨方负债的保证人，也可以监督市场买卖，他们作为市场上有房权的町人，已经超越了简单的地主，参与到市场中。

其次，我们来看一下在新肴场上开始从事鱼类批发业的人们的出身。从1676年（延宝四年）的史料中，我们可以得知新肴场设立之后这里的33名批发商的姓名。土井浩先生根据他们的店名多为大津屋、三崎屋、本牧屋、小坪屋、松轮屋、野岛屋、三浦屋等，其中多见滨方的名字，指出"新肴场的许多批发商都出身于十七浦"。也就是说，滨方的一部分五十集商人来到江户，在这一时期转变为新肴场的批发商。但是，其实，这里的大部分店名都和17浦无关，只凭店名是很难知道他们的出身地的。

1691年（元禄四年），滨方17浦与新肴场的市场地主之间发生了一场诉讼，这里，我们注意一下诉讼中的表述。我们在前面提到，幕府借给滨方17浦6000两贷借金，这场诉讼就是围绕贷借金的返还而发生的。原定返还方式为，在新肴场应该支付给滨方的鱼款中，五年之内每年保留20%，这些钱由市场地主保存，并每年向幕府返还1200两。但是，市场地主却长期拖延贷借金的返还，于是，滨方对此提起了诉讼。其中，滨方对新肴场的批发商表示强烈不满，说他们"身为滨方直接委托的江户销售商，竟然和市场地主联合起来阻挠贷借金的返还"。从这里可以看出，虽然新肴场的批发商也有可能是出身于滨方的，但更可能的情况是，新肴场的批发商是包括日本桥两组在内的本来的批发商和经纪商中的一部分，他们与滨方缔结了直接的契约关系。

幕府资金与新肴场付浦

新肴场开设之后，1674年（延宝二年）12月，三浦郡鸭居村（现在的神奈川县横须贺市鸭居）的57名百姓——可能包括商人和渔民——向本村的名主提交了一份联名保证书，内容如下：

此次根据幕府的命令在江户的本材木町二丁目设立了新肴场，

因此17村也接到命令，所产鱼类要毫无保留全部运送至本材木町二丁目，一点也不能运到日本桥本小田原町，也不能运到其他町。而且，也不能在海上和船上进行买卖。

　　此次幕府发放贷借金，我们平均每人借到2分金子。这些借款可从卖鱼的钱款中扣除二成进行偿还。

由此可以看出鸭居浦和新肴场的基本关系。第一，契约规定，渔产要全部运往新肴场。卖往其他市场或中途进行贩卖都是违法的。第二，作为报偿，幕府提供借款。其中也可以看出借贷给17浦的6000两金子是如何分配的。借贷给鸭居浦的总额为25两，57名百姓每人得到2分（共计14两2分），其余的大概被名主独吞了。可以说，幕府是为确保新肴场的货源才向各浦分配借款的，这和鱼类批发商向其收购浦提供贷款是一样的。这样，包含鸭居浦在内，17浦依靠幕府的资金成为新肴场的敷浦，被称作"新肴场付浦"。

之后，新肴场的敷浦不断向相模湾沿岸扩张，1677年（延宝五年）有8浦、1681年（天和元年）有6浦加入，这样，就形成了"新肴场付31浦"（参照第204页图）。

频繁的秘密买卖与私卖

新肴场以相模湾周边的31浦为收购浦，垄断货源，成为仅次于日本桥的大型鲜鱼市场，不过，新肴场与31浦的关系并不是十分稳定。关于这一点，我们来看一下18世纪中期以后的情况。

其一是"秘密买卖"。1744年（延享元年）8月25日，相模藩镰仓郡材木座村（现在的神奈川县镰仓市）的鱼商角左卫门假装"来自尾州的石头七内"，将四担鲣鱼通过陆地送给本船町的西宫四郎五郎，此事遭到检举，第二年9月，在本船町和新肴场诸名主的调解下，角左卫门向新肴场提交了道歉书。根据角左卫门在道歉书的说法，他自己没有运送船，也没有小船，要到各地借船送鱼，31浦的敷浦原本在本地以及其他各浦的商人、渔民处买鱼，并通过使用虚假姓名等手段，将鱼秘密卖给江户的本芝、金杉町、本船町的鱼类批发商,也就是进行"秘密买卖"。材木座村有6—7名五十集商人及其联合体,新肴场的鱼类批发商为了垄断货源,在这里投入了大量贷款,因此他们决不允许敷浦的商人们有这种违约行为。但是,一直到幕末为止,与此类似的"秘密买卖""私卖"等行为频繁发生,垄断收购指定浦的渔产货物并不是一件容易的事。

其二是关于入会海域和购买渔产的事件。1770年(明和七年)12月,幕府评定所对31浦中的小柴村海域渔场入会争议进行判决。争议缘由为神奈川猎师町与新宿村的渔民准备在附近被称作"神奈川内海"的海域进行入会渔业时,小柴村以"这里是小柴、野岛和室之木三个村子的入会渔场"为由,禁止他们进行渔业作业,但神奈川猎师町与新宿村的渔民认为这是不正当的,并提起诉讼。神奈川猎师町与新宿村属于江户内湾西侧的"御菜八浦"。御菜八浦相当于第199页图中的散浦,和江户的任何鱼类批发商联合体都存在买卖关系,不从属于特定的批发商。而小柴村是新肴场付浦,其位置比较接近于江户内湾最北端。在此次诉讼中,小柴村败诉,但是,由于新肴场的批发商们介入了此次诉讼,又引起了新的争端。新肴场鱼类批发商的主张内容如下:

① 附属于新肴场的31浦的水产品必须全部送往新肴场。

② 小柴村是31浦的一部分,所以如果神奈川猎师町与新宿村的渔民在小柴村的渔场进行入会作业的话,其水产品也必须送往新肴场。

但是,幕府评定所调查和审议的结果是,从芝金杉浦到室之木的内海是连为一体的入会渔场,是没有海面界限的,所以与小柴村的主张同调的新肴场一方的理由是不成立的,因而驳回了他们的申请。

在此次事件中,引人注目的是虽然滨方各浦因为和鱼类批发商的收购关系不同而有不同的分化,但各浦之间成立的入会渔场是不可分割的。鱼类批发商依靠贷款进行的控制并不能直接影响到渔产丰富的江户内湾渔场。这也是秘密买卖、私卖等频繁发生的重要条件。

以上,我们以新肴场为例,介绍了江户的鱼类批发商和滨方的关系构造。下面,我们详细考察日本桥鱼市场的构造,这一点我们在本节一开始已经提到过。同时,我们还将讨论从滨方运来的鱼是在什么场所进行贩卖的。

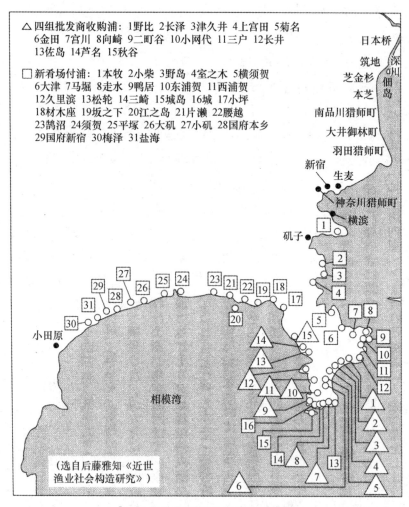

【四组批发商收购浦和新肴场付浦】

第四章　汇聚于市场的人群

【日本桥鱼市】
(《新版江户名所图绘》,角川书店)

图画《日本桥鱼市》

　　首先,我们来看一下长谷川雪旦所作的名画《日本桥鱼市》。这幅画作为插图收录于斋藤月岑编写的《江户名胜图会》前编,于1834年(天保五年)发行,中村胜先生曾对此做过详细的分析。下面,我们参考中村胜先生的考证分析一下本图。图中所画位置为本船町大街和二十轩大街的交界处附近(参照下页图),从东北方向的高楼来说,画师的视点大概有四层楼高,所以,整个画面是俯视日本桥川方向的。画面左上角,满载着鱼的巨大的运送船(平田舟)刚刚到达码头,被称作卸鱼工的劳动者正忙着卸鱼。这里在地理位置上属于拖船河岸,河岸上有井,旁边有许多叫做盘台的大桶,鱼被放到大桶里,由搬运工们运到鱼类批发商的卖场里。河岸上长型房状的建筑叫做肴纳屋(鱼店),是鱼河岸的中心设施。肴纳屋的内部被隔开,分别租给鱼类批发商们,用作河岸上的店铺。画面上有两处画着在肴纳屋的店铺里,掌柜模样的人在账房里往账簿上写着什么。如果店面有实力的话,批发商也在住处经营店铺。

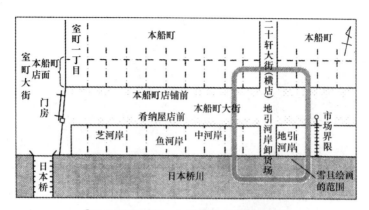

【日本桥鱼市场　鱼河岸和本船町周边】
（雪旦的绘画可能是东侧的交叉点附近）

画面中央处，从右边往左下方延伸的是本船町大街，街道两侧是被称作"板舟"的经纪商卖场，这是喧闹的市场中最重要的地方。像门板一样的摊位上面摆满了鲷鱼、比目鱼、河豚等，盘台中则放满了章鱼和鲍鱼等。到处都是正在进行买卖的经纪商和买家。买方主要是叫做棒手振的鱼贩们，除此之外还有许多大名和旗本的家丁们以及许多经营饭店的商人。买完鱼的棒手振们用扁担挑着鱼，匆匆忙忙地赶往自己的摊位。

没有板舟权的经纪商

金子为雄先生住在东京都中央批发市场筑地市场旁边，他收藏了一卷附有题签的画卷，叫做"鱼市场纳屋板舟图"。这幅图正好描绘了一部分鱼河岸和本船町附近的情况。下面，我们把雪旦描绘的地区稍微扩大一下，看一看《鱼市场纳屋板舟图》的内容。此图画面下方是日本桥川，在拖船河岸的入口处可以看到"町内门房"，河边还画着井（与原图的上下方相反）。其北侧部分（图 a）是肴纳屋，上面写着的"高根屋藏吉"等是纳屋的租户，也就是在这里营业的批发商。批发商的店铺前面写着"板流"等字样，参照雪旦的图画和本书第 208 页图可以看出，这里摆满了板舟，是经纪商的卖场空间。

街道的对面（图画的上方）是本船町。粗线表示町屋的界限。标注 ＊符号的各间町屋可以分为 b 和 c 两个空间，如下表所示。其中，c 表示店面，米屋和尾张屋可能就是鱼类批发商，相当于雪旦图画中右下方的店铺。b 与 c 的界限就是町屋店面的界限。

伊丹屋幸七	6 尺 3 寸	传七支配	*	3 尺 5 寸	米屋半五郎	米屋半五郎
米屋嘉兵卫				3 尺 5 寸	同右	
伏见屋五郎兵卫	6 尺 9 寸			3 尺 5 寸	佃屋小兵卫	
佃屋小兵卫				3 尺 5 寸	大和田平八郎	
伏见屋五郎兵卫	9 尺			同	大和田平之助	尾张屋和吉
高屋根藏吉	1 丈 2 寸			同	佃屋佐兵卫	
	a			同	西宫九郎右卫门	
				同	米屋嘉兵卫	
				同	大和田平之助	
				2 尺 5 寸	佃屋安兵卫	
				6 尺 7 寸 5 分	三河屋利右卫门	
				b = 板舟		c = 店面

【板舟与店面】

（上图中 a、b、c、* 部分的分解图。右转了 90 度）

标注 * 符号的町屋范围中，b 的空间又细分为 11 处，分别写着表示长度的数字和人名。实际上，这一个一个的空间才是放置板舟的地方。数字表示店面的宽度，这些宽度表示出卖场权力的大小，人名是这种权力的所有者。

从全图来看，本船町 11 处町屋的店铺前面，这种板舟有 126 处，宽达到 450 尺。其中大部分处于 2 尺 5 寸至 4 尺之间。拥有这种板舟权的经纪商只有 50 人，例如图中的西宫九郎右卫门拥有 28 处 98 尺多，米屋嘉兵卫拥有 12 处 41 尺多，这两个人是比较突出的，其他拥有 2—6 处板舟的经纪商有 17 人。b 处的人名也未必都是拥有板舟权、自己营业的经纪商。板舟权集中在少数人手中，一名经纪商拥有好几处板舟，全部板舟的 3/4 以租赁的形式租借给没有板舟权的经纪商。例如，西宫九郎右卫门就拥有许多板舟，是 19 世纪前半期最大的鱼类批发商，就鱼河岸来说，共有店面 49 处，其中属于西宫九郎右卫门的就有 7 处。这样看来，经纪商可以分为两种类型，其一是拥有板舟权并在此营业的经纪商，其二是没有板舟权、从板舟权所有者处租借板舟进行营业的经纪商。这两者都是鱼市场上的正规组成成员。

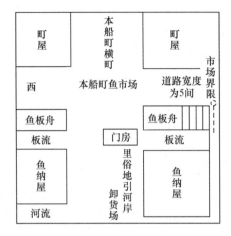

【本船町肴纳屋店前和板舟】

（选自《大日本近世史料·市内管理类集》14，第 97 图）

有板舟的地方就是鱼市场

从 1853 年（嘉永六年）的数据可以看出，构成日本桥鱼市场的四组鱼类批发商联合体都分别有自己的经纪商联合体，本小田原町组有 221 人，本船町组有 170 人，本船町横店组有 60 人，安针町组有 65 人，共计 516 人。仅就前面提到的鱼河岸的店前、本船町的店前来说，经纪商的卖场是严重不足的。

【本船町与周边各町】

（以明治十九年《东京五千分之一实测图》[内务省地理局]为基础做成）

第四章　汇聚于市场的人群

在一份1870年12月的史料中,东京府列出了当时日本桥鱼市场上的板舟的分布情况,如下所示:

  a　本船町　① 岸边街道北侧　约50间多
      ② 中见世　同
      ③ 纳屋　同
  b　二十轩大街两侧　100间
  c　新道大街两侧　100间
  d　室町大街半町两侧　40间

全部共约390间(709米)。a①相当于前面提到的本船町店前。a③相当于肴纳屋前面的板舟。a②的情况不是很清楚,不过纳屋前面的板舟共有两列,也许道路中间的一列就叫做中见世(中间摊位)。板舟有近四成集中在a处。b是穿过本船町中央部分的南北向的街道(二十轩大街,也叫横店)部分。后面我们将会讲到,c可能是安针町附近。

将此投射到地图上,就是前页图的样子。板舟集中在a本船町和鱼河岸一带,不过,从二十轩大街到安针町,以及日本桥室町一丁目的南端都布满了板舟。这种有板舟的地方就形成了鱼市场。

安针町也有板舟

本船町横店,即二十轩大街的北侧就是安针町。据说,17世纪初,英国人威廉·亚当斯来到日本,得到相模藩三浦郡为知行地,改名为三浦按针,他的府邸就建在江户日本桥附近,由此,这里就被叫做安针町了。1790年(宽政二年),安针町的町屋只有9处,总长度为42间1尺6寸(约83米),规模只有江户标准町的三分之一左右。在1880年前后东京1:5000的地图上,安针町被分为八处町屋,分布在中央处南北向大街二十轩大街的东西两方,其两边是长滨町。西侧有一条街道穿过了室町一丁目,叫做"高砂新道"。前面提到的"新道大街"或许就是指这条街道。

1827年(文政十年)4月,安针町的地主冬木喜平次把町内西北角(宽度为4间半5尺8寸)和其南邻(宽度为8间1尺7寸)的町屋共2处以 6000 两的高价卖给了一个叫阿常的女人。这两处町屋相当于前面地图的 7、8 两处。阿常成为新的户主,但她的保护人是吉田市右卫门,这才是真正的地主。

市右卫门是武藏藩幡罗郡下奈良村的豪农,拥有百石余的田地,同时积极从事金融活动和酿酒业,为寻求新的商业机遇,他开始向江户发展,从 18 世纪末开始到天保年间,他取得 15 处町屋,其中大半用于出租,以获得地租和店租。仅安针町的两处町屋,他就从二十轩附近的租借人处获得每月十六七两的高额地租。

这两处町屋的东侧(表大街一侧)和西侧(新道大街一侧)是放置板舟的地方。吉田买下这两处町屋的时候,大街一侧和北边的本小田原町交界的地方就是市场的"末尾",据说,进入本小田原町就看不到板舟了。吉田家的记录中有如下记载:

- 按规定,安针町表大街板舟的使用费缴纳给地主,新道大街 20 间左右的板舟的使用费缴纳给店面租用者。这样,从町屋内 3 尺到街道上 3 尺的地方都放着板舟。
- 对店面的租用者,每店给一个板舟。

例如,1835 年(天保六年),吉田把北角上町屋表街道的 6 个(每个每月 17.1 单位银子,1 单位 = 1/60 两)、其北邻的 5 个半(每个每月 7.5 单位银子)板舟租给经纪商,并收取板舟使用费。当时,大街一侧共有店面 6 家,每家给了 1 个板舟,所以,这里共有板舟 17 个半。而且,按照上面的规定,面向新道大街的店面租借者可以收取板舟使用费。这样,我们可以了解到,在安针町吉田家的町屋附近到处都是板舟,这里相当于鱼市场区域的东北部分。

对室町一丁目外来商人的规定

前面我们介绍过,在"室町大街半町"的两侧也布满了板舟,是经纪商的卖场。下面,我们讨论一下与此相关的史料《日本桥御桥头卖鱼者人数调账》(国文学研究资料馆·史料馆藏《武藏国江户室町一丁目荻原家文书》)。

第四章　汇聚于市场的人群

1779年(安永八年)5月,鱼商向室町一丁目提交了一份文书。其背景如下:

　　每天早晨从日本桥的桥头出发到室町一丁目卖鱼的"外来商人"以前有130人。但是,之后不知从何处又来了许多商人,人数增加,人群混杂,所以从外来商人中选出18人作为管理人,每月向每个卖鱼者征收224文钱,以此作为市场治安人员和清洁工的工钱。但是管理并不完备,1760年(宝历十年),这里改由室町一丁目月祭礼进行管理,并改为每人每月征收100文钱。当时向外来商人发放了通告,因年长日久,特此重新确认通告的内容。

并且,明确指出如下几点准则要求外来商人必须遵守:

　　① 卖完鱼后,摊位上要收拾干净,不留下大盘台、残鱼等,不放置任何东西。
　　② 不得顶撞町内的居民,特别是"店里的人们"。
　　③ 不得让町内的公役人员为自己捎信等。
　　④ 如果不再经营摊应立即向町内汇报。不得私自对摊位进行买卖,不得以此为抵押进行借款,不得将此作为自己的私有物转给他人。

上面"店里的人们"也记作"店内众人",是指室町一丁目经营店铺的商人们。这些商人在早晨开市的时间里,把店铺前面的空间提供给卖鱼的外来商人作卖场。虽然这段史料中没有出现板舟的字样,但这里的"摊"很明显就是指板舟。但是,从④可以看出,外来商人对摊位的权利是受到限制的。之前我们看到,本船町店铺前的板舟可以在联合体内买卖,也会出现拥有多处板舟的商人,但这里的板舟权尚不成熟,在很大程度上仍然受到町和店铺商人的支配,这也是这里板舟权的特征。

在之后的1793年(宽政五年)、1831年(天保二年),这段文书的内容又被多次重新确认。特别是1831年的时候,还有104名外来商人的联合署名。从这里可以看出,室町一丁目出现了外来商人的共同组织,下面有以干支命名的12个"分组",每组有5—15人,他们占有着卖场,即板舟。

这些外来商人是什么人呢？从 1831 年联合署名中记载的住处可以看出，佃岛有 13 人，深川大岛町有 12 人，同蛤町有 11 人等，多数人来自猎师町一带。另外，有 13 人来自日本桥鱼市场周边。其余的人多来自鱼市场周边地区，比较分散。前面曾提及明治初年这一地区共有板舟 40 间，由此可以看出，这些外来商人应该是属于四组的经纪商。而从上面的史料又可以看出，这些经纪商广泛分布于猎师町的深川、佃岛等处以及日本桥鱼市场内外。

品川町后河岸——鲜鱼市场的周边

1778 年（安永七年），本小田原町担任"御用纳屋"的鱼类批发商庄次郎向町奉行所提出申请，"希望命令每天早晨到室町一丁目、品川町后河岸、长滨町附近开市的鱼商人全部到本小田原町经营买卖"。本小田原町本来是鱼市场的中心，近世前期，在此有大量卖鱼的板舟等出现。但是之后市场就集中到鱼河岸附近，本小田原町的市场就逐渐衰微了。庄次郎申请的意图就是复活本小田原町的市场，但是因遭到了鱼商们的反对而失败。前面曾提及室町一丁目有许多外来商人，从这里可以看出，品川町后河岸和长滨町也聚集着许多外来商人。

这里，我们来仔细看一下品川町后河岸。在 190 页的《鱼市场相关地图》中，日本桥北端西侧有一小块空地，其左边就是品川町后河岸。品川町有日本桥川沿岸和北侧街区的两条道路，北边的街区俗称为钉店。

1745 年（延享二年），有人申请重新开发空地一带。这个申请因为町内的反对而被驳回，当时，品川町的管理者新右卫门代表町向町奉行所提交了一份申请书，请求不要受理开发申请。新右卫门的这份申请书保存了下来。从这份申请书中可以看出，1698 年（元禄十一年）12 月，日本桥因火灾被烧毁，第二年，作为防火带，品川町后河岸南侧东角宽度为 20 间的町屋中有 11 间被收公，成为空地。这些町屋的主人就是新右卫门，之后，他管理这片空地，并在空地的河岸一侧修建了两栋仓库。从 18 世纪初开始，每天早晨"当地的鱼贩"就大量聚集在这片空地上进行买卖。

第四章　汇聚于市场的人群

在前面提到的明治初年板舟分布区域史料中，并没有关于品川町后河岸和长滨町的叙述。由此得知，至少这里的板舟权没有得到承认。在这里从事鱼类贩卖的外来商人也是市场上的经纪商，但他们在卖场上的权利却和室町一丁目的外来商人相同，甚至更少。以上就是第207页图中板舟密布的鱼市场周边的情况。

咸鱼干外来商人——卖场权利之争

在金子为雄先生所藏的《鱼市场纳屋板舟图面》中，从拖船河岸往东10间左右，那里有本船町鱼河岸市场的市场界限标志。19世纪中期，许多"咸鱼干外来商人"在从市场界限的东侧到江户桥前面一带设摊营业。在道路两侧长为63间之多（114米多）的空间里，大量的外来商人设立了摊位，简直和市场一样，甚至给通行带来了很多困难。和只在早上开市的鲜鱼市场不同，咸鱼干可以从早卖到晚，所以这里人群的拥挤就可想而知了。

1850年（嘉永三年）12月，本船町的管理者们为了管理演变为市场的这一带，向町奉行所提出申请，要求"在6尺的地方设立界碑，卖场不得越过界碑延伸到道路上"，也就是说，承认从町屋到道路上宽幅为6尺的地方为卖场空间，并要在那里设立界碑。由此可以看出，这里咸鱼干外来商人的卖场是和板舟十分相似的。但是，受理这份申请的是町年寄喜多村彦右卫门，他认为管理者们的意图是为了确保他们收取卖场使用费的权利。同时，日本桥的四组鱼类批发商以"我们来管理市场中的外来商人经营场所"为由，反对管理者们建立新的市场。而且，四日市组和小舟町组的咸鱼干批发商们认为，这里经营的商品都是"私货"（没有经过批发商直接进行买卖的货物），如果允许"私货"流通，就会危害到原有的咸鱼干市场。这样一来，本船町管理者们的申请最终没有被批准。

这一事件鲜明地反映出市场社会的一部分权利构造。即支配市场的日本桥四组和咸鱼干二组等鱼类批发商联合体，从属于批发商但又频繁进行违约买卖的"外来商人"，依靠出租卖场收取租金的管理者，等等。这里，外来商人的特征非常重要。他们应该是从属于四日市组和小舟町组的一群经纪商,但他们的实际状况还不是很清楚。或许是四日市,即江户桥大街附近的一部分咸鱼干经纪商的卖场越过了江户桥,分布到了鲜鱼市场旁边。由此可以推断出,日本桥鱼市场和四日市的咸鱼干市场以鱼河岸地区和江户桥大街为中心,不断向周边扩展,两者实际上连为一体,甚至延伸到新肴场。

深川、筑地的"肴店"与七组之争

鲜鱼流通系统以日本桥鱼市场为中心。威胁这一系统的有两个因素,一是前面提到的向江户城供应的御用,这是一个非常沉重的负担;二是滨方各浦频繁发生的"秘密买卖"。在本节的最后,我们参照后藤雅知先生的研究,来看一下19世纪中期七组鱼类批发商联合体在流通中的垄断地位遇到了什么问题。

1859年(安政六年)2月12日早晨8点左右,与七组鱼市场相关的约2000人聚集到数寄屋桥门外的南町奉行所。这一天,鱼市场全部停业,新肴场和日本桥有1200人参加集会,芝杂鱼场有800人参加。七组言称,滨方运来的鱼在深川和筑地被大量"私卖",那里共有17家商人像批发商一样营业,并且生意兴隆,这使七组市场开始衰微,并影响到御用,因此,七组要求这17家鱼商加入四组联合体。这时,不仅鱼市场上各种各样的商人、搬运工、建筑工人、年轻人等,而且和鱼市场紧密相关的戏院、相扑场、饭店等也纷纷停业,许多人都声称"支援"而加入进来,一些不良分子也混入其中,丸之内一带人山人海,混乱不堪,形成前所未有的局面(《藤冈屋日记》)。

这次事件形成这种混乱的局面是天保改革以来漫长岁月矛盾不断积累的结果。1841年(天保十二年)末,幕府发布了股金联合体解散令,鱼类批发商的垄断在名义上宣告破产,之后,深川蛤町、中岛町、大岛町以及筑地的上柳原町、南本乡町、南饭田町等的"肴店"开始经营批发业务,并在以前不被承认的七组市场之外的河岸上开始公然卸鱼。可以说,这一时期,新的鱼市场开始在深川和筑地出现。但是,1851年(嘉永四年)3月,允许股金联合体复兴,随着以前的鱼类批发商联合体的复活,如何对待深川、筑地的新兴批发商就提上了议事日程。同年9月以后,这两个地区的22家"肴店"提出申请,要求加入复活了的批发商联合体。町奉行所表示了对其予以承认的意向,所以,七组一方表示强烈的反对,争执了一年半以后,这件事被悬置起来。

1858年(安政五年)7月,在町奉行所的指导下,七组交换了意见,讨论让深川11家、筑地6家鱼店加入到四组联合体的某一组中。10月町奉行所命令这两处鱼商加入联合体。但是,深川、筑地一方并不遵从,反而集合了六百余人向町奉行提起诉讼,反对加入联合体,因此七组鱼类批发商联合体掀起了激烈的请愿运动,并导致了上面的骚乱局面。

结果,七组2000人的请愿发挥了作用,1859年3月,在町奉行所的调停下,以下列方式进行了解决:

① 筑地6家加入本小田原町组,深川11家加入本船町组。

② "限40种下鱼"可以在深川、筑地卸货,并允许其卖给经纪商。

③ "上鱼"只能在"四组固定卸货场"即日本桥鱼河岸卸货,并在市场内卖给经纪商。

④ 为了监督上面的②条和③条,由四组在深川和筑地两处设立监督所。

所谓"上鱼"是指运往江户城用作御用的高级鱼类。40种"下鱼"的具体内容还不清楚,大概是指满足平民需要的全部"杂鱼"。结果,深川和筑地成了专门经营杂鱼的新的鱼市场,并在事实上得到了承认。这样,18世纪以来七组对鲜鱼流通的垄断局面终于被逐渐打破了。

但是,这只不过是七组的流通系统解体的开始。1860年(万延元年)10月的史料记载,筑地的许多新兴批发商实际上并不在日本桥鱼市场内出摊,出摊的几家批发商也在这时从日本桥撤出,而在居住的深川和筑地卸货,并进行"私卖"。而且,只把杂鱼运往鱼河岸,而"上鱼"则在住处买卖。这样,曾经被打破的七组垄断并没能轻松地恢复就迎来了明治维新。

市场社会的动摇

以上,我们在本节中,以鲜鱼市场为中心考察了市场社会的几个具体情况。日本桥、新肴场、芝杂鱼场三个鱼市场的核心是七组鱼类批发商联合体,而担当市场实体的是经纪商的卖场板舟。而且,七组对鲜鱼流通的垄断态势确立于18世纪,进入19世纪之后到中期,这种垄断局面逐渐被打破,发生了各种各样的动摇。其背景是,一方面,滨方各浦不再对江户批发商百依百顺,而开始寻求自由的贩卖途径,另一方面,江户市内的平民及其周边的当地社会中对鱼贝类的需求迅速增加。而且,从天保改革期开始约10年的股金联合体解散期间,七组的垄断在名义上一度崩溃,以此为转折点,既成鱼市场对货物的集聚力迅速衰落下去。而且,江户城的依然庞大而奢侈的御用消费,对七组的存在来说已经成为最大的桎梏。

近世传承下来的鱼市场的喧闹

在上一节的末尾,笔者描述了经常光顾的蔬菜店,最近,笔者偶然得知,蔬菜店隔壁的隔壁就是尾村幸三郎的住宅,于是,笔者就去拜访了两次。尾村幸三郎生于1910年,是日本桥鱼市场的中枢本小田原町鱼类批发商尾久的第三个儿子,战后,他继承了第13代"尾寅"家业,长期活跃在商场中。同时,他还撰写了关于鱼河岸历史的著作,留下了许多短歌和俳句,是继承了孕育于鱼河岸的文化传统的文学家。他讲述了许多现在已不存在的日本桥鱼河岸的回忆,其中尾久的店铺并不是本小田原町的住宅,而是在二十轩大街的角上租借的尾寅"店前一部分"(参照尾村幸三郎《日本桥鱼河岸物语》,青蛙房,1984年)。从明治期尾寅店铺的位置来看,第205页长谷川雪旦所描绘的《日本桥鱼市》的右下角的店铺可能就是尾寅的店铺。雪旦画笔下的世界借助尾村先生的介绍,穿越时空而复活了。

尾寅现在仍在筑地市场经营批发店,而筑地市场也是非常有魅力的市场。早晨,鱼市场上拥挤的人群、商人的叫卖声、搬运工强健的体魄、多达1000家的批发卖场,这些全部和雪旦图画世界里市场上的喧闹是相通的。贮立于筑地市场,我深深地感到,只有以近世社会形成的市场体系及其依存的市场社会为基础,才会有如此公正的市场买卖,才会有如此新鲜而干净的鱼贝类。

第五章

江户的小宇宙

1 广场与境内

与居所分离的空间

作为最后一章,这里将对本书有关"成熟的江户"的各论点进行总结。在此之前,我们将略微谈一下江户的广场及大街,它们与《熙代胜览》中所描绘的、拥有诸如三井那样的超大店以及鳞次栉比的表店等景观的繁华街道一起,成为象征江户成熟的标志之一。

在江户,除去约占其面积三分之二的武家地①,还存在着为数不少的广大空间。其中主要便是广场、大街以及境内。其中的广场多数被设定

---

① 指武士居住的地区。

第五章　江户的小宇宙

为町人地①中的防火地带（火除地）②，同时也包含诸如两国桥—江户桥—新大桥等大桥的邻接地，上野山下等幕府的公共设施或将军家菩提寺四周，采女原等大名宅地收归公有的土地等等之类的多种多样形态。除此之外的是所谓境内，毋庸赘言，境内是指寺社地中实力寺社的正殿、神殿及其周边地域等空间，主要包括浅草寺、本所③回向院、深川八幡社、汤岛天神、芝神明社等地。

这些广场及境内，同道路一样，原则上是禁止普通人居住的，是专门为了"仪式性活动"或者玩乐而特殊化了的场所。与作为居住空间的町不同，与居所相分离的仪式性等活动在这里得以纯粹地展开。这里将再次以第四章第三节中因与鱼市场有所关联、曾略有涉及的江户桥大街为例进行说明。在这里，对性质各异的市场社会相互邻接，以此为核心形成的、与居所相分离的广场及大街的社会结构的特点，在本章中，我们将充分考虑其中的民众要素的同时，进行探讨。

【四日市】

(《新版江户名所图会》上，角川书店)

---

①　与武士地相对，指町人居住的地区。
②　即防火地带，明历大火后为防止火灾发生时火势蔓延而设置的空地，包括宽路、大街等，一般在宽路两旁还会设置土堤等。
③　地名，位于今东京都墨田区。

江户桥大街——错综的利益与权力

上图为长谷川雪旦所绘之四日市，构图为由东北至南俯瞰四日市。画面中下部为横跨于日本桥川之上的江户桥，右下方为本船町，向左可以看到枫川，图正中的广场即江户桥大街，俗称四日市。

这里所说的江户桥大街——四日市，位于江户的中心部位、日本桥南地区的东北端。北、东、西三面分别为日本桥川、枫川及日本桥大街所隔，南面则为与元四日市町、青物町、本材木町一丁目等地的町屋所接壤的一片地方。这里原本有一处名为四日町的町，1657年（明历三年）大火之后，为使横跨日本桥川的江户桥免受火灾之虞，同时也为阻止大火时火势向南蔓延，这里被设置为专门的特殊空间——防火地段，四日市的一大部分被移至灵岸岛（灵岸岛四日市町），其后便留出了这一片空地（参照下图），因此这里也被通称为四日市。关于这条大街，国立历史民俗博物馆（千叶县左仓市）设有专门的长期展示区，并置有该地区的复原模型，同时也有一系列的专门研究。然而，关于这一广场及其周边地域社会，原本已包含了各种鱼市场、青菜市场等市场社会，同时也具有由多种要素复合而成的特质，关于这一点，却一直没有得到关注。

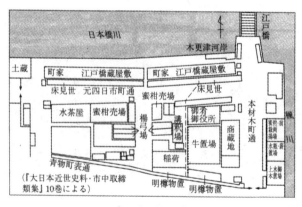

【江户桥大街】
（选自《大日本近世史料·市中取缔类集》10）

首先，让我们来简单了解一下有关江户桥大街——四日市的概要。

第五章　江户的小宇宙

在江户的中心地带日本桥、京桥地区及隅田川等地区，架有大小不一的各种桥梁，其中在主要桥梁的两端即桥头，出于防火的目的，留有一定的空地，在这里往往设有幕府的高札场①，也设有防止桥梁受到火灾水害之侵扰同时兼具担负日常治安功能的"见守番"②——的小屋以及理发摊等，也就是说这些空地并非是仅仅作为广场而闲置在那里的。在这些狭小的空间中，往往挤满了形形色色的营业店铺及其附属设施、娱乐文化设施、幕府官衙以及宗教设施等等。

围绕着这种通过对广场的利用而带来的利润，多种不同层次的利益及权力应运而生，享有其使用及受益权的主体包括了个人、町，以及借用此种收益权支付地租而从事营业的各种各样的人。小林信也先生在其研究中指出，有关江户桥大街及其邻接地域的利益与权力的存在形式，主要包含以下几个特征：

① 幕府公开认可桥梁附近的防火地区——广场的管理体制以及对这些地域进行使用、经营并获益的主要形式。即幕府允许负责桥梁警备及防灾工作的承包者在广场的一定范围内进行营业活动，以作为对其的补偿。通过这种方法，幕府认可了这些承包者向营业者征收营业地租的利益与权力，而这种对于承包者的排他性权利进行保障的空间被称为"助成地"。在新大桥及两国桥等地区，这种承包的主体为个人，但在江户桥大街则是本材木町一、二丁目以及青物町（1785 年后改称为元四日市町）等与广场相邻接的町共同体是承包助成地管理责任的核心。除此之外，广场中由幕府直接运营的辻番所③的维持与管理，在发生火灾、水害时需赶赴江户桥现场的御用（欠付役④）等工作，则由非常设的 107 家小店铺（商床⑤）联合组织来负责承包，这种承包的存在也是其特征之一。

② 其中通过町进行管理的地域，在广场东侧为本材木町一、二町目，西侧则为青物町（元四日市町），基本上将广场平分为二。此外，在其各

---

① 即放置布告牌的场所。
② 即当时的警卫所。
③ 即岗哨所。
④ 意为有事即需到场的职务。
⑤ 见下文。

自所辖区域的助成地内，除各种蜜柑批发商①、青菜商、干鱼屋、松饰商人②之外，如下表所示，还包括租赁给理发摊、水茶屋③、说书场、杨弓场④之类的各种床店⑤、叠床⑥等临时性店铺业主的场所，町也向这些业主征收地租，以1826年（文政九年）为例，一年之中所征收的地租达到了702多两黄金。

元四日市町份额	葭簀张⑦杨弓场	5
	葭簀张说书场	1
	葭簀张按摩治疗所	1
	叠床	3
	葭簀张卖药摊	1
	商番屋	1
	葭簀张水茶屋	15
	叠床	4
本材木町一、二丁目份额	叠床旧衣商人	10
	葭簀张旧书商人	1
	商番屋	4

【江户桥大街的床店、茶店】

（1788年，不包括文中所述的107家商床）

③所谓107家商床，由小间物屋⑧（52家）、旧书屋（7家）、占卜（6家）、新组（9家）、本材木町的通商商家（11家）、槙木家⑨（3家）、江户桥南桥台商人（19家）等组成。关于其营业范围，至今仍存在不太明了之处，但总体而言，在这些临时设置的店铺内，都是以包括平民在内江户市内的人们为主要客户的小型经营为主。这些商床若依照其业种的区分

---

① 即批发行，日语中"问屋"一词既有批发行、批发店之意，又有批发商之意，本书译作问屋的均为批发行之意，而原文中作批发商之意的"问屋"均译为批发商。
② 贩卖装饰用门松的商人。
③ 近世，在路边或寺社境内为过往路人提供茶水的店铺。
④ 用杨弓进行游戏的收费游戏场所，杨弓即用杨柳做成的用于游戏的弓。
⑤ 指不住人的简易商店，床，在日语中有商店、货摊等意，下同。
⑥ 指可折叠的移动摊位。
⑦ 用苇席围成的简易小屋。葭簀，即用芦苇编成的席子。
⑧ 妇女小件用品的杂货店。
⑨ 贩卖建筑材料用的上乘木材的商店。槙木，原指罗汉松。

及在广场内所处位置等标准,可划分为九个不同的区域,并拥有小型的联合组织,而其整体则结成被称为"床持总商人"的地缘性联合组织,甚至有其自身的规则(据旧时幕府引继书《江户桥广小路並最寄旧记》所载,下同),其中,江户桥南桥台商人还担负着江户桥欠付役的职务。

④ 广场内部及其周边地域并非全部被其管理者——町以助成地的形式占有。紧靠江户桥西侧的木更津河岸,是用于驶向木更津的船运停靠终端,此外,在广场的周边、沿河岸地区还有着数处用作仓地①、卸货场等的土地。而日本桥川的沿岸地带,则是赏赐给江户町年寄②奈良屋(馆)及喜多村两家③的仓屋敷地④,在这些仓屋敷地的中央建有两栋巨大的石制仓库,这些被称为土手藏⑤的仓库是针对自北而至的火灾的防御设施,仓库的内部设施多是借给邻近的批发商。不仅如此,在枫川的沿岸,如第四章第3节中所列举的那样,也存在着包括鲜鱼市场、新肴场⑥(本木材町二、三丁目)的卸货码头在内的各种卸货场。除此之外,还包括一些参拜后能除去虫牙之痛的翁稻荷、由芝车町养牛业主所管理的养牛场等等。

从以上几点可以看出,正如波多野纯先生等人所明确指出的那样,在江户桥大街,以聚集于广场的人们为营业对象,床店商人、理发摊、杨弓场、说书场、稻荷等营业设施可谓鳞次栉比,就作为玩乐与消费的社会/空间或是作为船运的据点之一等方面而言,它与江户城中的其他广场有着共通的性质。

四日市的干咸鱼市场——二重空间构造

然而,值得注意的是,江户桥大街在以下几个方面与其他的广场相比,也存在着略有不同的特性。这便是我们在第四章第2节中所见的,在

---

① 即仓储用地。
② 江户时代町官吏的官位名称,受町奉行统辖,位在町名主之上,江户城的町年寄则基本上相当于町名主。
③ 在江户时代,奈良屋、喜多村两家是世袭的町年寄。
④ 即栈房用地,供储藏兼出售粮食等之用。
⑤ 土手有堤坝之意,藏则指仓库。
⑥ 见下文。

这一广场中，进行鱼、青菜、水果交易的批发市场有着多重性展开的特点。

首先，我们将从江户桥大街/四日市的干咸鱼市场谈起，它与夹在日本桥川两侧北面的日本桥鱼市场（旧场）以及南面的枫川沿岸的新肴场（新场）等两大鲜鱼市场相邻接，有关这些鲜鱼市场在第四章第3节中已有过详细描述，这里我们将就咸干鱼市场的特质进行简要的概括。

有关四日市的具体形态仍存在着许多不明之处，但至少我们可以指出如下的部分事实。

① 在广场四周的町所属的领域内，如元四日市町、青物町、本材木町一、二丁目、通一丁目等地，已有多所由从事咸干货经营的鱼批发商所建的批发商店铺在运营。

② 林立于日本桥川沿岸的两栋江户桥藏屋敷地上的仓库中的一大半都已作为咸干鱼贮藏设施，租给了鱼批发商。

③ 在广场内部，与养牛场相邻接的部分空地，自1732年（享保十七年）起，便已为居住于元四日市或本木材町一丁目等地的咸干鱼批发商们所租赁，用作"咸鱼凉干场"使用。这里可能是对全国运来的咸干鱼进行再次干燥等加工处理的作业场，或者咸干鱼批发商将在日本桥和新肴场卖剩的一部分咸鱼在这里进行加工处理。

④ 如前所述，1792年（宽政四年）闰2月，幕府在本木材町一、二丁目的大街领地内设立了御肴役所①，而这里正处于相当于日本桥、新肴场、四日市等地的鱼市场群的中间地带。此后又于1803年（享和三年），专门设立了用于放置御用干咸鱼的土仓房。

⑤ 为放置用于运输咸干鱼的容器"明樽"，在广场的东南角还建有专门的小屋。

⑥ 如上一章所述，江户桥北面本船町的东侧，即日本桥鱼市场的拖船河岸以西两侧，直至19世纪中期，都是四日市及小舟町咸干鱼商人"出商内场"（即销售地）的密集之处。一般认为，这些"出商人"②即咸干鱼的经纪商，显而易见，他们把从四日市或小舟町的批发商那里批发来的商

---

① 即鱼市场的官方管理机构。
② 本意为外来商人。

第五章　江户的小宇宙

品，以日本桥鱼市场的邻接地域为市场进行贩卖。由此我们可以推断，在咸干鱼批发商较为集中的元四日市町、本材木町一、二丁目（也包括小舟町）及江户桥大街内部，经纪商们的卖场、店铺已经开始大量出现，咸干鱼市场的领域得到了进一步的扩展。

通过上述几点，我们不难设想四日市咸干鱼市场所具有的二重空间构造，即第一重的咸干鱼批发商、经纪商卖场不断涌现的元四日市町、本木材町一、二丁目等町属领域和第二重以经纪商卖场为起点，包括各种咸干鱼的贮藏设施、晒鱼场、明樽小屋等在内的江户桥大街及其周边道路。

咸干鱼之特性

对四日市咸干鱼的特征进行考察，其要点首先在于咸干鱼这种商品自身所具有的特殊性。鲜鱼易变质而不易贮藏，在除了部分冷水之外并无冷冻、冷藏技术的江户时代，只有前面所见之活鲷这样的活鱼可算例外，其他自海滨运来的鱼货都必须争分夺秒地尽快卖掉，这样算来，除了活鲷之外，作为鲜鱼产地的海滨就大体被限制在包括江户内湾在内的房总、相模等临近江户的渔业地区。但是经过干燥或是用盐腌制等保存措施处理过的咸干鱼类贝类产品，如较具代表性的土佐、萨摩的干制鲣鱼、虾夷地的干鲑鱼、伊豆诸岛的咸圆鯵鱼干等等，正如其名称所示的那样，来自全国各地的各种产品都可以汇集于江户。也就是说，对于四日市的咸干鱼批发商而言，作为其货品产地的海滨可以遍及全国各地。同样我们也可以相信，与其相关的批发商及经纪商卖场的结构也必定与必须在短时间内进行交易的鲜鱼市场有着迥异的风貌。例如在四日市似乎很难发现鲜鱼市场中随处可见的板舟①、盘台②这样的工具。相反，在活鱼市场难得一见的土手仓、商仓等相对而言可以长期使用的贮藏设施却成了批发商及经纪商们经营过程中尤为重要的因素。

其次则在于日本桥、四日市、新肴场这些鱼市场在整体上的相互关联。夹着日本桥川的这一片广阔地域，其一大特征便在于这三大市场在

---

① 鱼商所使用的用于摆放鱼类商品的木板。
② 鱼商所使用的椭圆形的盛鱼用的盘子。

平面展开上有连续性。如前章所述,这些被称为"日本桥、四日市鱼市场群"的鱼市场具有一体性,同时从其交易商品种类差异的角度也可看出,日本桥—新肴场与四日市—小舟町,从买卖、交易的惯例到批发商、经纪商等市场社会构成主体的意识层面,均存在着显著的不同。然而,如前所述,就这些鱼市场群而言,至少其所包括的经纪商卖场,尤其是这些卖场的边缘部分就是彼此邻接的,而且在空间上更是唇齿相依,相互交错。同样,在日本桥的周围,以咸干鱼种的干制鲣鱼为例,就开有不止一家的批发商,而这些批发商中又有相当一部分是与卖场、店铺等相临或是相连的。由此可见,从总体上将包含着四种市场的庞大的日本桥、四日市鱼市场群视为一个整体是十分重要的,而且在空间上,江户桥大街也正好处在了其中心地带的位置。

青菜与柑橘的应季经营

下面,我们将以青菜及水果的经营为例,对江户桥大街的第二个要素进行说明。如第四章第 2 节中所述,在江户,以神田市场为中心共有 11 家青菜市场,在这些青菜市场中,有不少批发商同时经营青菜—土物(根菜)与水果两种生意,这些批发商多位于町属的街道、大街、河岸及门前[①]等地带。在江户桥大街,同样有一个这样的市场。

如前所述,在江户桥大街除 107 家商床之外,青菜商人、柑橘商人、瓜类及西瓜商人、门松类商人自 17 世纪后半期起便开始以集团的形式出现。这些集团也成了构成江户桥大街青菜市场的经纪商人阶层。这里我们将以青菜及纪州柑橘为例,就若干事实进行说明。

① 本材木町一、二丁目属地"江户桥大街东边河岸"(东西长 8 间[②]半,南北宽 2 间半)及元四日市町的相关属地(门面宽度 40 间,进深 5 间),每年的 8 月至翌年的 4 月是"众柑橘商的卸货码头及卖场",而 4 月至 8 月则被用作"青菜商人"的"卸货码头及卖场",这里常常会搭起很多的"棚子"。也就是说河岸上的同一卸货场,可能会分别成为不同批发商

---

① 即门前地,江户时代专指寺院门前的土地。
② 长度单位,一间为六日尺,约 1.8 米。

的卖场,同样,在广场内的个别空地,也会临时搭起一些商家的小屋,成为经纪商们的卖场,即根据季节的不同,这些土地会分别为经营柑橘或青菜的批发商及经纪商所交互租用。

② 就青菜经营而言,目前可以确定的是,早在1791年(宽政三年)即有四家"蔬菜批发商"作为"外来商人"开始营业(参见下页图表)。这些批发商构成了青菜市场的核心。如下页图表及下段文字所述,他们利用这里作为江户船运中枢的地利条件,将从江户近郊的"山方场所"①采购来的西瓜、茄子、萝卜等各种时令青菜水果委托给各经纪商贩卖,这些青菜水果又从经纪商们的卖场被批发给了各个八百屋②。

③ 就纪州柑橘经营而言,据研究在1707年(宝永四年)左右,江户桥大街有4家批发商及20家经纪商营业,又有史料记载,在1740年(元文五年),山崎屋三郎右卫门曾得到尼崎屋清右卫门转让给他的柑橘批发股,并与其他15家经纪商一起租借地皮,用作卸货码头及卖场。这种柑橘批发商即享有纪州柑橘经营特权的水果批发商,自18世纪末至19世纪初,如第四章第2节中所述,共有六家此类的批发商在营业。他们中的多数同时也是神田市场的水果批发商,在纪州柑橘的采购季节,他们从幕府或町人那里租来"柑橘卸货码头",并就地将柑橘卖给隶属于各批发商的经纪商。在所举事例中,山崎屋三郎右卫门租用了江户桥大街的卸货码头,像这种持有卸货码头使用权,是柑橘批发股持有的主要内容。

而到了每年的冬季(10—3月),在这里卸下船的大量纪州柑橘会经由几家批发商,批发给大约二十名左右的经纪商,此外还有一部分被卖给了大街内所设的三家大柑橘市场里的零售水果商,从而为江户的风物图又添了一道景观。这种柑橘卖场虽然只有半年,但这期间却是名副其实的水果市场。

---

① 即农村产地地区。
② 卖蔬菜、水果的商店。

蔬菜批发商	坂本町一丁目权右卫门店　喜右卫门店	
	坂本町二丁目庄助店　市兵卫	
	箔屋町家主　七兵卫	
	本材木町二丁目仪兵卫店　吉右卫门	
山方场所	西瓜	下总①柏井村
	冬瓜、南瓜、葱、腌菜、倭瓜、茄子、豇豆、刀豆及其他蔬菜等	下总猿股村
	西瓜	下总鹭沼村
	银耳瓜	下总桑荷村
	桃子	下总庄内领若野村
	萝卜	武州袋井村
		武州练马村

【江户桥大街的蔬菜批发商及山方】(1791)

综上所述，我们可以管窥到江户桥大街中心地带的时令水果和蔬菜的批发及零售状况，而其中的柑橘零售买卖当时早已是江户桥大街的著名景观之一，它与广场内的玩乐设施一起，一到时节便吸引来大量的游人。由此可见江户桥大街的柑橘卖场及蔬菜市场在交易品种方面有着相当明显的倾斜，与其他青菜市场相比有其相对的独特性。

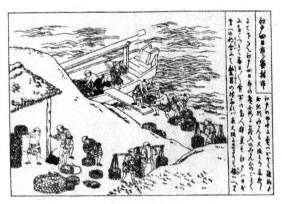

【四日市的柑橘集市】
（选自名著刊行会《日本山海名物图会》）

---

① 旧时地名。

第五章　江户的小宇宙

棒手振穿行的市场——民众化的相位之一

　　下面我们将要展示的是类似江户桥大街这样的广场，作为民众维持生计及进行文化生活场所的具体状况。

　　到目前为止，由于尚未发现能够直接明示江户桥大街市场与民众关系的相关史料，我们将先参考一例与两国青菜市场有关的事件。这是一则有关受到町奉行奖赏的孝子、箱崎町二丁目十兵卫店传兵卫女儿阿留（20 岁）的事例（《江户町触集成》11558）。阿留 3 岁时便随再婚的母亲阿育嫁至传兵卫家，成了养女，养父传兵卫在阿留 14 岁时双目失明，其后的家计便一直靠母亲阿育在维持，阿育"每朝购菜于两国桥大街"，然后又挑着沉重的青菜货担，四处叫卖，而当时还是少女的阿留则每天跟在出入"两国桥买出①场"的母亲身后，帮忙将购来的青菜运回家中，在学会了卖青菜的全部工作后，她便让母亲在家休息，自己一个人在家宅后的一条小河里将采购来的青菜洗净，然后在店里卖掉或是挑担卖与四周的近邻，在文化年间②，以"一人之工"养家四口，维持生计。

　　可以推测，传兵卫原本应是蔬菜货郎，而上文所述的由妻女代替失明的丈夫（父亲）四处挑担叫卖经营这一点也十分值得注意。此外，从箱崎到两国的距离要比到江户桥远，与到附近的一些主要市场如神田市场、京桥大根河岸等地的距离相比也相差无几，问题就在于为什么要偏偏选择到两国市场来进行采购呢？是否是因为与特定的批发商或经纪商有着固定的交易往来之故呢？另一方面，或许这也正是由这种所谓的广场青菜市场不仅仅是针对其周围地区，同时对于相当大范围内的极其零散的蔬菜小商贩们而言也是极为开放的"买出场"——批发市场的特质所决定的。

年轻人的争斗之所——民众化的相位之二

　　1851 年（嘉永四年）9 月 15—17 日，在神田祭的祭祀典礼举行过程

---

① 即采购之意。
② 1804—1818 年。

中,町火消①波组②的鸢者③组织与小纲町的青年团伙因一些小纠纷而发生了一场大战,争斗中双方的据点均是各自地盘上的寄席④,这一点也是值得深思的,而且,这是一场伴有大量伤亡的惨烈争斗。在争斗最为激烈的 17 日夜,以"新场、小田原町若者⑤众"为中心,"近周二十余町之若者众"开始介入调停,在得到双方头领的同意后,约定在深夜不见人迹的江户桥大街大道的正中央"击掌言和"。年青的调解人等在大道上摆下筵席,置酒五六樽,将高价购来的鲔鱼切成五分厚的生鱼片,还为不能喝酒的人备下糕饼点心,与小纲町青年团伙的众人一起,等待波组帮众的到来,然而波组一伙却趁此间隙施暴,将后防空虚将小纲町青年们的寄席大本营砸烂,和解也就此落空(《藤冈屋日记》卷四)。

这里所说的新场、小田原町的众青年无疑是指新肴场及日本桥鱼市场的青年团伙,这些年轻人应该主要是指那些从属于批发商或经纪商的轻子⑥或卸船工,即以所谓"团伙"阶层为中心的体力劳动者。而"附近二十町"显然也包括了四日市咸干鱼市场的青年团伙,甚至四日市也许已经被包括在新场、小田原町的一部分内了。总之,通过这一事例,我们不难看出,对于附近的青年组或鸢者团伙而言,包括四日市各市场在内的广场,已经成了承担其诸如斗架之类的越轨行径、并为其中所呈现之文化标注特质的一大要素。

广场——经济、玩乐及文化成熟的集中地

综上可见,江户桥大街——四日市已不仅仅是一处名胜、玩乐的闹市区,如文中所见,它在鱼市场和青菜果蔬市场这一近世市场社会中也是最大规模,而且最具有连续性和多重性的。就这一点而言,它也是构成都市经

---

① 江户时代的消防组织。
② 江户时代将各种职业联合组织成为组。波组应为组的排序,即按照"伊、吕、波、歌"的顺序排号,相当于甲乙丙丁中的丙。
③ 江户时代在町火消工作的劳工,其名称可能是由于其所使用的工具(鸢口)上装有铁制鸢嘴状铁钩而来。
④ 即曲艺场。
⑤ 若者即年轻人之意。
⑥ 在问屋等地以搬运为业的人,主要搬运工具为轻笼。

第五章　江户的小宇宙

济根基的诸要素得以厚重展开的场域。与此同时，对于都市民众而言，这里也是使他们自身的"谋生之计"获得成立条件的活动场域，或者可以说，作为包括游兴①在内的行动文化的核心，它是一种具有重大意义的社会/空间。在这种意义上，广场—大街以一幅"成熟"的实态呈现在了我们的面前。

如今，作为兜町东京证券交易所的临近区域，曾经的四日市一带已经成为包括大型证券交易所在内的证券交易集中的、日本资本主义最大的据点之一。被誉为现代最为重要的商品——证券的大型交易市场，正在这片与旧时日本桥、四日市的鱼市场群有着极深渊源关系的土地上发展壮大，这不由使人仿佛看到了这种市场或市场社会最终的历史归宿。充满了汗水与燥热的当面交易走向消亡，取而代之的是无菌、非人格化的电子交易，越发向以美国为中心的世界市场靠拢，今天，当我们看着这些作为市场的个性已丧失殆尽的证券交易所的时候才感到，曾几何时，以筑地及大田市场为中心、维持着近世以来全国各地生鲜食品的竞价销售，人们靠着自己的双手与双眼来守护市民大众的饮食生活安全与质量的中央批发市场的所作所为是何等的珍贵，而其中我们失去了什么？不应失去的又是什么？今后应找回并在更高层面上使其复兴的又是什么呢？诸如此类的问题的答案不正是蕴藏在其中吗？

2 18世纪社会的成就以及历史的"最深远宇宙图像"

走向近世社会的全景——外部压力的动向

至此，本书从三个层次六个脉络，以18世纪为中心，对"成熟的江户"进行了描绘，并且尝试对近世社会的全景进行了展望。然而，显然所能覆盖的仅仅是18世纪整体史的一小部分而已，因而在本书的最后部分，我们将以18世纪后期的社会状况为中心，对全书的内容进行补充与

---

① 指在游里、茶屋、料理屋等地的玩乐。

描绘,这里将主要讨论外部压力、宝历①至天明②时期的民众动向及文化状况。

18世纪后期,已经维持了长达一个半世纪的外交原则(即所谓"锁国")开始受到威胁,我们按时事顺序来看的话,主要发生了如下事件:

1771年(明和八年)贝尼奥斯基③漂流至阿波,带来了俄国将有可能入侵的警告。1778年(安永七年)俄国人安季平来到虾夷地④地区,要求与松前藩通商。1791年(宽政三年)5月幕府开始讨论将接待朝鲜使节的地点由江户转至对马,即"易地聘礼"(1811年实施)。1792年(宽政四年)9月俄国使节拉克斯曼⑤在日本漂流民大黑屋光太夫⑥的陪同下来到根室,要求与日本进行通商。拉克斯曼提出的江户入港的要求遭到了幕府拒绝,但取而代之的是幕府以授予信牌⑦的形式,允许其到长崎航船通商。1796年(宽政八年),英国人普罗敦航船至室兰,在近海进行测量。自1797年(宽政九年)起,美国船(荷兰的租用船)开始进入长崎港。

这些动向主要是以俄国的南下政策为基础的,为应对这些状况,虽然进程缓慢,长期以来因所谓的"祖法"——"锁国"观念束缚的幕府终于迈出了其沉重的第一步。

第一,虾夷地的直辖地化。所谓虾夷地,是指除了南端的"和人"居住地域外的北海道阿伊努人的居住地。近世初期以来,这里便长期被视为是松前藩与阿伊努有交易权的地区,而这种交易权便成了在观念上将其视为藩属领地的依据。虽然虾夷地也可以算作是一种作为幕藩制度下的"国内殖民地"的存在,但在俄国的南下政策引起紧张之前,并没有很

---

① 1751—1764年,宝历为桃园、后樱町天皇时期的年号。
② 1781—1789年,天明为光格天皇时期的年号。
③ 贝尼奥斯基(Benyowsky Moritz August Aladar, Graf von, 1741—1786),匈牙利军人,冒险家。据称出身伯爵之家,后加入波兰军队,在1768—1769的对俄战争中被俘,并被流放至堪察加。后趁机越狱逃脱,并抢走俄军军舰一艘,先后漂流至日本、琉球、台湾等地,在漂流至日本期间曾致信给日本荷兰商馆馆长,警告俄国将南下进攻,著有《贝尼奥斯基航海记》。
④ 今北海道。
⑤ 拉克斯曼(Laksman, Adam Kirilovich),俄国外交官,第一任俄国遣日使节。
⑥ 大黑屋光太夫(1751—1828),江户末期伊势国商人,1728年乘船遇台风漂流至俄国,1792年随拉克斯曼返日,后遭江户幕府监禁,其俄罗斯见闻见于《北槎闻略》。
⑦ 即贸易通商航船的许可证。

强的国家边境意识。虾夷地及南千岛一直是飞骅屋等豪商——山口启二先生将其称为"冒险式的开发商人"("锁国与开国")——的活动区域,他们联合独占与阿伊努的贸易权的松前藩,以地方承包事业为名,大规模地进行虾夷扁柏的采伐工作。另一方面,俄国商人为购买皮货也来到了虾夷地,在这里双方开始相互接触。由此,在虾夷地,诸如日本国家的领域、领土、边境等近代性的观念也开始在幕阁的脑海中萌芽。此外由于飞骅屋等的掠夺性采伐,导致了1789年国后阿伊努的叛乱,身为虾夷地原住民的阿伊努民族的抗争也被进一步激化。在这种情况下,幕府着眼于对中国贸易中俵物①等出口商品利润的提高,并考虑到对俄罗斯做出回应及对阿伊努的统治等问题,开始推行虾夷地统治直辖化政策,并于1799年(宽政十一年)开始对东虾夷地进行直辖,又于1807年(文化四年)实现了对整个虾夷地的直辖化(第一次直辖期持续至1821年)。

第二,海防政策。1791年(宽政三年)异国船处置令出台,幕府向诸藩下达了在外国船来航后需对其船只及乘员的活动范围进行限制,并等待幕府指令的指示。1792年(宽政四年)松平定信亲自任海边御备御用挂②(后来的海防挂)一职,开始对对俄政策进行管理,这是幕府为对外交关系进行管理而首次设置的机构。同年,幕府要求各藩提交海防报告书。1792年,幕府下令将林子平幽禁于其原籍藩仙台,并查禁其谈论海防的《三国通览图说》、《海国兵谈》等著作的出版,对其进行压制,这是幕府为防患于未然,阻止有关外交政策的言论通过出版物流入民间并形成舆论的一种尝试。

宝历至天明时期的社会状况——民众世界与权力

然后,从幕府对林子平进行压制一事也可看出,民间社会已经开始具备一种能够对国家外交政策进行品评的知性的文化力量,而幕府亦开始对这种力量持有警戒之心。这一力量的基础,便是如我们在第四章中所

---

① 原意之装在草袋中的物品,这里指江户时代由长崎出口的干鲍、干海参、鱼翅等三类海产品的总称。

② 挂,幕末江户幕府职位名称的一种。

见的,象征着市场社会在18世纪前半期已臻成熟的社会与经济。其背景则在都市的大商店阶层及地方社会的豪农阶层等可称之为社会性权力的阶层的广泛存在。然而到了18世纪后半期,由普通小农、各种手工业者及商人中的小规模经营者,乃至由各种处于身份制周边位置的民众所构成的"民众世界",开始作为民间社会的中、下层组成部分而确立起来。而对幕府和藩等统治权力、以及对大商店和豪农等社会性权力而言,则是出现了一种他们无法忽视的能够形成民间社会"舆论"的重要因素。

在被称为"宝历至天明时期"的18世纪后半期的政治社会状况中,农民暴动、村方骚乱乃至城市区域的捣毁运动①等以前所未有的规模不断高涨,这些都是由于自近世初期起,幕府及诸藩持续不断的过于苛刻的统治、压榨与掠夺,加上民间社会中财富再分配不均的矛盾所导致的,而且以一种前所未见的形式出现的激烈民众运动,也是"江户的成熟"的所谓阴暗面。在始于1783年(天明三年)的天明大饥荒最为严重的时期,全国规模的暴动及捣毁活动连续不断,其中尤以江户、大阪等幕府权力所在地的连续性捣毁活动所造成的冲击最为巨大。在第一章第2节中已经谈到,随着将军德川家治的过世而陷入政权危机的田沼意次,由于在幕府的中枢对同自己声气相通的老中姑息养奸,而导致松平定信等人要求其交出领导权,并开始进行政治改革,其直接契机便是1787年(天明七年)5月肇始于大阪、兵库等地的多达四十余次的全国各地的都市捣毁运动——史称"诸国骚动",特别是自5月20—24日席卷整个江户市区的大规模捣毁运动。

松平定信的宽政改革最大的重心便在于其江户都市政策部分,而其中江户町会所的设立便是直接吸取了天明大规模捣毁运动的教训。江户町会所是作为在饥荒及灾害时期为穷困百姓提供救助的社仓而设立的,其支出由以江户的大商店阶层为中心的都市地主们负担,即便在平常时期,也可以运用资金(町会所的贷款金),以其利息作为原始资金,对贫民们进行生活补助,山口启二先生将其命名为封建性的社会政策。这里值

---

① 即"打ちこわし",专指江户时代中期以降,民众对富商、豪农、高利贷、役所等进行袭击的活动。

第五章　江户的小宇宙

得注意的是在1802年(享和二年)作为穷困百姓和贫民的判断标准而设定的"计日得酬者"的"标准",根据"标准",① 叫卖的小贩及短工,② 各种工匠、零工,③ 佛教信徒、修行者,④ 外来商人,⑤ 近郊的零散地主、家丁及店面商人等中的穷困者可被视为"计日得酬者",也如实地反映出当时的权力阶层是以何种指标来对时至18世纪末期的民众世界的实际情况进行把握的。此外与第三章第1节中所述内容相关联,与① 日用层面、③ 乞讨/劝布施阶层各自相对应,构成了民众世界的下层部分。

松平定信等幕阁认识到,天明捣毁运动的主体是以这种民众世界、特别是以其下层部分为基础的,为了不至在饥荒或物价暴涨时再度发生粮食暴动,需要与都市的社会性权力阶层相联合,对整个民众世界实施"优厚的"社会政策,这便是直至幕末维新时期,一直构成江户都市政策主干的町会所体系。而其中的"计日得酬者"即构成都市民众世界的群众,根据后来的数据统计,在19世纪前半期,"计日得酬者"大约达到了28—29万人,这一数字相当于当时都市人口的6—8成。

文化状况——以民间社会为发信源

至近世成立期之前,以学问为中心的文化体系,一直由统治者武家、公家及有实力的寺社通过以儒学为核心的文字知识独占为基础。民众层面的文化仅仅被限定于艺能等领域,如能乐便是一个典型的例子,优秀的民众艺能早早地便为权力阶层所剥夺,被"精简"掉了。进入近世社会后,17世纪后半期以降,伴随着民间社会的形成,通过都市及地方社会的社会性权力阶层的传播,包括学问在内的知性活动范围开始扩大,与此同时,在民众性文化中没有被权力阶层所剥夺的部分,一些独立的领域开始逐渐扩大,而在进入18世纪以后,作为统治者一方的文化,除了官学性质的御用学问之外,均开始迅速丧失其创造力及主导权,而与之相反的是,由社会性权力阶层及民众世界所构成的民间社会才真正构成了多样文化创造的基础,并且开始成为其发信源。下面我们将通过如下几个事例来增进了解当时的这种状况。

值得注意的是社会性权力阶层的学问动向。例如由大阪的三宅石庵和中井甃庵在1724年(享保九年)创立怀德堂,便是作为以都市商人阶层为主体的教育、研究机关及开放式的学问的熔炉而成长起来的,一时间,富永仲基、中井竹山、山片蟠桃等才俊辈出。甚至于起到了整个西日本学问网络中心的职能。类似的学问中心也开始在各地涌现出来,到了18世纪末期,在大槻玄泽的指导下,又于江户建立了兰学学问所芝兰堂。在这里通过荷兰语传授以医学为中心的欧洲科学性质的学问和文化,为兰学在全国的普及起到了巨大的作用。在这种风潮下,围绕汉诗、和歌、俳谐等多种形式,一种将武士乃至实力农民也卷入其中的文化沙龙、知性的文化团体,不仅仅在大都市,甚至在地方社会的各个角落也开始纷纷多样地生成。出生于上总九十九里①的船主之家的伊能忠敬,曾是佐原②伊能家的入赘女婿,过着隐居生活的他在50岁时来到江户学习天文,在18世纪的最后一年开始了他地图勘测的旅程,而其后他所留下的伟大业绩,显然也与这种民间社会学问、文化的高质量网络的广泛形成有着一定的关联。

歌舞伎及出版文化的隆盛

下面,我们将通过对歌舞伎、浮世绘、戏作③等的观察来了解一下民间社会中、下层人物的文化状况。歌舞伎是在近世初期的都市民众基础上产生的,在上方及江户一直颇受欢迎,进入18世纪后,在与人形净琉璃④的竞争中,逐渐压倒对手,至18世纪后半期便确立了其在传统戏剧乃至整个艺能文化中的核心地位。歌舞伎显然不能仅仅被归结为一种狭义的传统戏剧文化,它是一种广泛地涵盖了作为文学作品的脚本及舞蹈、净琉璃以及以三味线为中心的伴奏、服装、小道具等各个领域的一门综合性

---

① 地名,位于今千叶县中部。
② 即下総佐原,位于今千叶县北部。
③ 江户时代通俗小说的一种。
④ 与歌舞伎同为日本传统剧种之一,因以人形(即人偶)进行演出,净琉璃乐曲伴奏而得名。

的文化与艺术。不仅如此,由于像鹤屋南北(四世)①那样的天才作者的出现,更巩固了其作为民众世界创造力源泉的位置,而且不仅限于武士或社会性权力阶层,尤其是对于都市领域的普通民众而言,歌舞伎也起到了消费的象征及流行源泉的作用。演员们的服装与发型、台词与举止乃至颇费心思的各种小道具等等,无不散发着挑逗"炫耀性消费"的迷人光环。而所演出的剧目更是将"赤穗事件"这样的政治事件或是殉情等社会性事件极为迅速地题材化,从而促进了观赏者中间较为一致的有关政治及社会的共通性心理形成,因此歌舞伎也发展成为艺能史无前例的"畅销"产品,与此同时,较为讽刺的是由于歌舞伎后来成为一种极为高价的商品,其鉴赏者主要是以武士或较有实力的町人为中心,因而也成为一种对于普通民众而言,并非轻而易举就能直接观赏的艺能。

与这种歌舞伎的动向密切关联的是,从江户、大阪等地开始出现的出版文化的发展。首先较为重要的便是浮世绘、特别是锦绘的诞生。从18世纪中期开始,彩色版画开始登场,其中由铃木春信发明的单张印刷的彩色版画被称为锦绘。锦绘以歌舞伎、游廓为主要素材,在经由了歌麿②、写乐③等著名画手之后,其价格也开始变得较为便宜,从而迅速地在普通百姓中普及起来。锦绘中的众多精品显然并非仅靠绘制画稿的画师一人之力,而是凝聚了雕刻师、印刷师等众多技师高超技术的成果,而且不仅仅是进行单张的销售,作为印刷品,它们也得到了大量的复制。

出版文化中另一值得注意的现象是戏作文学④的隆盛。同歌舞伎一样,戏作也多数取材于现实社会的真实事件,在享保时期被幕府正式取缔。其作者多为先前所见之学问网络体系中的人物,他们中的多数是有

---

① 鹤屋南北(1755—1829),江户后期的歌舞伎脚本作者。日本传统艺能的传承多采用袭名制,鹤屋南北在江户时代共传五世(前三世均为歌舞伎演员),其中犹以文中提到的四世鹤屋南北最为名盛,故其又被称为"大南北",代表作有《东海道四谷怪谈》等。
② 喜多川歌麿(1753—1806),江户时代中后期著名浮世绘画师,以美女头像画见长。
③ 江户时代中期浮世绘画师,号东洲斋,风格独特,生卒年代不详。
④ 戏作,字面之意即游戏之作,这里主要指在江户时以江户为中心发展起来的代通俗文学,犹指其中的通俗小说类。

武士身份的知识分子。如对宽政改革进行讽刺的黄表纸①作家恋川春町（仓桥格）②、洒落本③作家山东京传④以及身为旗本用人⑤之子的曲亭马琴⑥等等。其中原本只以儿童为对象的草双纸逐渐发展成为了一种独立的出版形态，因其多采用身边通俗性的主题而赢得了大量的读者。在这一普及中，以地本⑦批发商茑屋重三郎为代表的书肆的存在、廉价的复制技术的普及、租书业的发展等均发挥了重要的作用。在民众世界及都市之外的地方社会，一种以读书为乐的文化也开始广泛而深入地普及、扎根。在这一过程中，包含了普通民众读者层开始对同一作品形成共同的心理感受。虽然因宽政改革期间的恋川笔祸事件及茑屋处分事件等的影响，出版文化受到了权力的压制，然而这种影响只是一时的，在进入19世纪后的文化—文政时期，更为活跃的活动得到了进一步的展开。

民众世界以民间社会为基础，自身成为文化创造的主体，实际上是进入19世纪以后才得以实现的。如第三章第3节中所见，寄席和以其为舞台而诞生的寄席艺能可以说是民众文化创造的顶点。此外，与寄席有着密切关系的鸢者及若者组的所谓行动文化，似乎也可算在其内。

由此可见，在第一章中有所介绍又在其后各章被频频提及的《熙代胜览》所反映的，也许可以称得上是18世纪的社会、文化中多样要素的一种精彩的视觉化结晶。

---

① 江户时代中期至后期出现的成年人读物，为草双纸的一种，因其黄色封面用纸而得名，内容以诙谐讽刺为主。

② 恋川春町(1744—1789)，江户时代中后期的戏作作家，亦为狂歌作者，代表作《金金先生荣华梦》为黄表纸作品之先河。

③ 江户时代中期至后期出现的小说的一种，以江户为中心得到发展，多以花街柳巷为主要题材。

④ 山东京传(1761—1816)，江户时代后期的通俗小说作家、浮世绘画师，代表作有黄表纸《江户生艳气桦烧》、洒落本《通言总篱》等。

⑤ 江户时代大名、旗本家中管理庶务、会计的职务名称，位在家老之次。

⑥ 曲亭马琴(1767—1848)，江户时代后期著名通俗小说作家，曾师从山东京传，江户时代读本名著《南总里见八犬传》的作者。

⑦ 廉价的彩色浮世绘版画、草双纸等。

第五章　江户的小宇宙

微观宇宙与整体史

　　本书多以大都市江户的角落地区如关厢地区的町以及处于青菜、鱼市场社会周边地区为舞台，观察诸如乞食的僧人或是无名的艺能人集团的乞胸各自所固有的无可替代的历史，来探讨《熙代胜览》所描绘的成熟背后所隐藏的深层内容，借以完成对日本史中18世纪所达成就的意义的思考。而且即便是如红薯这样琐碎不起眼的食物的历史，同样潜藏着解开当时整个社会历史的钥匙。即便是在一些个别的细小层面上，仍然有其内在的与整体相关联的微观世界。而整体史正是作为这些个别的、细小的层面的累积而确立存在的。这种个别的微观宇宙与整体史的关系，正如构成人体的各个细胞，它们虽有其各自固有的生命，但同时也支撑着人体这一综合体的生存，如实地反映出生命体中个别与整体的关系。

历史的"最深远宇宙图像"

　　然而，当笔者驰思于前近代历史之际，却总有这样一幅图像浮现眼前。那便是1990年由NASA①发射的哈勃太空望远镜不断向我们传送的各种宇宙的精彩画像之一，名为"最深远宇宙图像"的彩色照片。这幅由哈勃望远镜所拍摄的照片所显示的，仅仅是地球上无法用肉眼观察到的、天体的极为有限的一部分，共拍下了1500—2000个左右的银河（《哈勃望远镜所见之宇宙》，岩波新书），照片恰如其名，上面有闪耀着各种不同光芒的无数银河，宛如掀翻了装满宝石的藏宝盒一般。据说整个宇宙共有多达500亿个左右的银河，而太阳系所属之银河只是其中之一，而太阳又不过只是构成我们银河的无数颗恒星之一。如此广阔之宇宙，正是以这些"小小的"星体为最小单位，又以银河为基本单位而形成其基本的秩序构造的。而这些星体与银河同样有其各自生与死的历程，我们要到达那些其他的天体是断然不可能的，但却可以通过高性能的望远镜，通过对其

---

①　NASA（National Aeronautics and Space Administration）美国国家航空航天局的缩写。

进行细致观察及正确分析的方法,使我们身处地球却探讨各个星体、银河结构乃至真个宇宙结构成为一种可能。

已经成为过去的人类历史,也是由曾经在地球上生存过的人们的活动编织而成的,也正如宇宙的构成。从这一意义上,我们或许可以将江户时代为例,与太阳系从属的银河相比。即江户时代在历史上是离我们最近的前近代,但我们却绝对无法与江户时代的人们进行直接对话。生活在江户的人们的所思与气息、目之所及与曾经有过的温暖全部永远逝去了,但是他们也留下了大量的文书与记录、生活及劳动的痕迹,乃至考古遗迹及遗物、所传承的文化及财产等等,我们可以通过对这些来自过去的讯息的精密分析与过去的人们对话,来贴近已经逝去的社会构造确是绝对能做的。在这种情况下,重量级武器也就是历史学的"哈勃望远镜"、以及其操作方法和数据的解析方法就是以历史为对象的研究者的理论,是对史料的解读能力,也包括所用方法和理解框架。

写到这里,笔者自身的目标似乎仍显得有些模糊,其实一言蔽之,即是一种以对民众世界细节的精致描写为主轴的整体史的构想。与千篇一律的以著名人物、掌权者的人物形象为中心的历史叙述相对照,只有叙述那些历史上默默无闻的人们所编织的民众世界的精细图画,不断探求历史的"最深远宇宙图像"。

最后,我们将对本书中所述的方法及框架进行再一次的总结。

对于社会的分层把握

第一,所谓"分层构造"式的社会的把握方法。作为对于过去社会的分析及复原的框架,本书列举出了社会性权力、身份性周边及市场社会三个要素。其要点在于通过这些框架,复原我们关注的社会集团的状况以及相互关系、或者以与权力之间关系为基础的社会结构的实际状态。而在此之际,重要的是对社会的"分层式把握",通过这种方法得到的社会关系模型即为分层构造。所谓"分层式把握",简而言之,即在关注部分与整体关系的同时,对社会进行结构性把握的方法,这种方法是以在第一章中引用的塚田孝先生所谓社会集团(联合组织)中的"重层与复合"的思考方法为前提的。只是本书中并非只是将集团间相互关系在同一维度下进行平面化的场面设定及复原,而是如同银河构造一般,以找寻其中一定的立体化秩序构造为重点的。也就是说,以社会集团相互的"重层与复合"关系为基础,作为一种包含了由权力及社会性权力支配的统治、从属关系,或是矛盾、对抗等关系的秩序构造,将其设定为如同银河一般的立体性结构体进行复原,而作为其结果,我们将其中所发现的内容称为分层构造。

这一分层构造与本书在关注历史细节的同时进行整体史展望的方法与视角有着深刻的关联。所谓历史细节,并非是指这样那样一些琐碎的事实片断。重要的是剥出构成社会基础的无数个社会集团,从历史的背后拼接出一个个社会集团所承担"小"的历史的实际状态。如此才可明了所发现的社会集团相互间的这种"重层与复合"关系,进而解明由领主权力、社会性权力形成的分层构造存在的具体样态,在此基础上,叙述包含了众多分层构造的社会整体实像。这是一种接近第一章中所述的整体史的途径。就这一点而言,本书的内容与整体史仍尚有很远距离,只能说是停留在对从近世社会的分层构造中所选出的几个例子进行素描。然而,正是向着这一方向的努力,才可以克服以政治史为始终的单一的"通史",开辟一条以整体史为目标的历史叙述的道路。

社会性权力与地域

第二,社会性权力与分层构造及地域间的关系。本书以"成熟"为关键词,尝试对18世纪进行了定位,其要点在社会性权力的性质。社会性权力在分层构造的形成及其走向解体的过程,以各种不同的形式发挥着作用,就这一点而言,第二章中所列举的诸如三井那样的超级大商店便是一个很好的例子。三井的各个店铺在与江户、大阪、京都等各地店铺的周边社会、或所占有屋敷地(町敷地)的各居民层(店众)缔结固有的社会关系的同时,也由于交易及往来关系等原因,与各种各样的社会集团有着一定的联系,因而其自身便是将其社会结构秩序化的规定性因素。关于这一点,虽然在第四章中所见的以市场为中心的批发商联合体,也会因业种的不同有着规模上的差异,但实际上是以复数大商店为中心的表店批发商们所组成的复合体,如果将其作为整体,也可以将其视为社会性权力的一种。总之,将属下的中间商纳入市场联合体组织的行列,在同市场地主的共生中,将生产地和消费地的关系结构化,来支配零星的生产者及贩卖者,操控"日用"层,以维持市场的机能,这便是批发商联合体的性质,可将其视为一种与大商店有着不同特征的社会性权力。

而这种由社会性权力所规定的分层构造的确立则是大都市领域内社会"成熟"的具体内涵及实质性内容。即使在本书中基本未能涉及的地方社会,如第二章第1节所多次谈到的由豪农等社会性权力所决定的那些特定的分层结构,其形成中经历的各阶段基本上与都市领域同步。18世纪,特别是在其发展的后半段,社会的分层结构已经超越了都市与农村而确立,可看做是其成熟时期。

我们可将因上述社会性权力秩序化、结构化了的社会、亦即分层构造在一定空间上的展开称作"地域"。而18世纪的都市社会中,以大商店为中轴的社会(大商店社会)及以批发商联合体为核心形成的市场社会,可将其视作都市领域内产生的地域的具体事例。而以村方地主=豪农为核心、以一定的分层结构作为基础的社会=空间上的展开,则可算作是地方社会中的地域。这种以对社会的分层式把握为基础的地域概念,不仅仅对近世史,对近代史,乃至在现代社会论方面,在考虑地域问题时,都可成为一种方法。

18世纪与"成熟"

第三,18世纪在日本历史中的定位。本书为"18世纪"所注入的意义便在于描绘出日本前近代漫长的历程中,日本史与世界史真正相遇之前所达到的程度。包括衣食住的独特性、人们之间相互的结合关系、家的意识、宗教、民俗、艺术等等各种多样的侧面,即日本"固有文化"的形与质均在18世纪这一时期成熟并结晶成型。所谓传统社会即是这样由过去的人们、集团为之赋形并集聚了历史个性的成果的产物。至于如何详细追寻其具体的内涵及其在19世纪后的变貌与解体的历史,对于进入21

世纪的我们而言,就是要弄清我们应从过去继承什么、又失去了什么,这是极为重要的课题。本书只不过是对至18世纪为止的历史所达到的成就进行了管窥,笔者希望这一努力可以成为考量其中所具有的成熟意味以及与整齐划一的现代社会的差异的材料之一。

  作为支撑日本近代化的御雇外国人①中的一员,爱德华·莫尔斯②曾以东京帝国大学第一代动物学教授之职于1877—1882年先后三次滞留日本,在其滞留期间,曾收集了当时日本的大量民用器具、工艺品、陶器等用品及大量的照片。这些资料如今都收藏在美国东部城市塞勒姆的皮博迪博物馆中,即闻名世界的莫尔斯收藏。这些收藏本源于莫尔斯为了多向后世传达一些有关近代化浪潮下正在消失、又有着无可替代价值的日本固有文化的想法,正是拜莫氏所赐,今天我们才有机会接近前近代所留下的部分遗产。那些可爱的梳子、发簪、拨浪鼓、换装人偶、迷子札③、练字本、商店的招牌、工匠的工具等等,其中的每一件都是来自过去的赠礼。其中的一张照片犹为印象深刻,虽然至今我们仍没有弄清照片上的具体地点,但照片拍的是卖点心的人把米粉团送给孩子以及孩子们高兴的脸庞,孩子们的那些表情实际上也与《熙代胜览》的世界相通,也正凝聚着18世纪的结晶。照片上的孩子们在风云激荡的近代化过程中度过了什么样的人生呢?而作为照片中的孩子的子孙或是曾孙、玄孙的我们如今又会以何种面孔展现在数码相机、录像机之中呢?对于其中体现出来的近代化的意义,我们必须做深入的思考。

---

  ① 明治维新后,政府为向发达国家学习先进的技术、知识及制度在政府官厅及学校内所招募的外国人。
  ② 爱德华·莫尔斯(Edward. Sylvester. Morse, 1838—1925)美国动物学家,进化论者。明治初期曾在东京大学主讲动物学,其对大森贝塚的调查与研究为日本的人类学及史前史的发展做出了贡献。
  ③ 为防止孩子走失,而记着姓名住址的牌子,一般系在儿童的腰间。迷子即迷路的孩子。

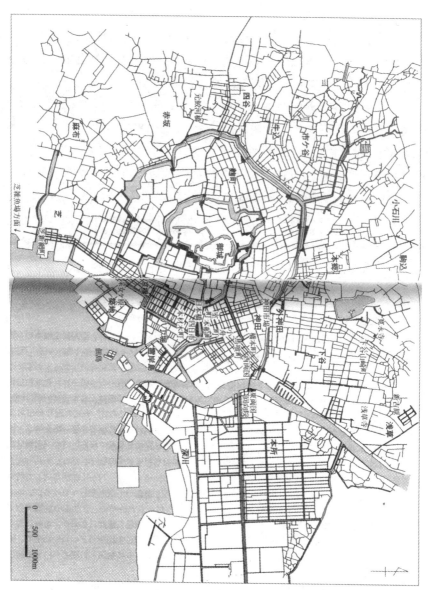

《江户街市图》(图中所载均为本书中出现的主要地名)
(《宽文时期江户地图》,转载自《图集日本都市史》原图,东京大学出版会)

年表

公元	年号	天皇	将军	日本国内事件	东亚世界
1701	元禄十四	东山	纲吉	3月,赤穗藩主浅野长矩因在江户城中刺伤高家吉良义央而遭赐死。同年,在大阪设置铜业行会。	
1702	十五			3月,新井白石上呈《藩翰谱》。闰8月,前年之前的金银诉讼不再追究。12月,赤穗流浪武士袭击吉良义央。	
1703	十六			2月,赤穗流浪武士大石良雄等被处死。5月,近松门左卫门的《曾根崎殉情》首演。	
1704	宝永元			8月,江户城中的轿夫归日用行会支配。改名家宣。12月,甲府藩主纲丰成为将军后继者,柳泽吉保调至甲府。同年,京都的三井本店移至冷泉町。	
1705	二			1月,增加天皇御用。2月,开垦大和川流域。2—8月,伊势神宫参拜盛行。5月,大阪豪商淀屋三郎右卫门被处以抄家。10月,德川吉宗成为纪州藩主。	
1707	四			11月,富士山大喷发。	
1708	五			闰1月,为救恤受灾百姓每一百石征收二两税金。9月,编写江户城内日用人丁副本。	8月,西多提航行至屋久岛。
1709	六	中御门	家宣	1月,德川纲吉去世。提拔新井白石。废止怜惜动物的条令。3月,再造东大寺大佛殿。6月,江户城中的消防人夫归日用行会支配。11月,新井白石向讯意大利传教士西多提。	

（续表）

公元	年号	天皇	将军	日本国内事件	东亚世界
1710	七			4月，新井白石起草武家禁令并公布。改铸金银。8月，江户城中的旅店结成工会。封立闲院宫家。同年，三井家族设立三井大元方。	
1711	正德元			2月，新井白石改善朝鲜使节的待遇。3月，近松门左卫门的《冥界的信使》首演。废止大阪铜业发行所。11月，安房北条潘的农民上诉至江户（万石骚动）。	
1712	二			3月，新井白石向荷兰人询问西洋时势。8月，派遣御用巡见使。9月，罢免勘定奉行获原重秀。	
1713	三		家继	1月，贝原益轩写成《养生训》。同年，寺岛良安（大阪町医师）写成《和汉三才图绘》。	
1714	四			2月，发生绘岛/生岛事件（将军府内女侍与歌舞伎山村座子私通事件）。3月，取缔江户的祭祀歌舞伎演出。废除山村座，处罚银座行政长官等。改铸金银（正德金银）。江户寺庙神社前禁止茶屋妓女。10月，制定摄家宫方公家禁令。	
1715	五			1月，出台正德新例（长崎海舶互市新例）。对中国船只发行信牌。同年，新井白石写成《西洋纪要》。	
1716	享保元	吉宗		5月，德川吉宗罢免新井白石、间部诠房等。9月，重新设置乌见番。复活猎鹰场。同年，新井白石写成《古史通》《折柴记》。	《康熙字典》成书。
1717	二			2月，提拔大冈忠相为江户町奉行。3月，修订武家禁令。5月，禁止使用无标记的斗。含翠堂创立。	中国船只走私贸易盛行。长崎贸易额增长。

（续表）

公元	年号	天皇	将军	日本国内事件	东亚世界
1718	三			6月，江户山王、神田社的祭祀定为隔年举行。7月，严禁日莲宗三鸟派的传教活动。8月，调查浪人、医师所有的枪支。同年，伊势神宫参拜盛行。	
1719	四			1月，松前氏等级达到万石以上。制定虾夷的通商规则。3月，江户城中设置防火地。7月，吉宗向西川如见询问天文学事宜。不再受理金银借贷的诉讼。	吉宗接见朝鲜通信使。
1720	五			1月，指示大冈忠相等制定刑罚准则。指示长崎奉行缓和禁书。	荷兰商船的贸易额减少。
1721	享保六			8月，市民消防组织成立。12月，近松门左卫门的《殉情天网岛》首演。2月，田中丘隅写成《民间省要》。6月，调查各地田地、户口。8月，设置诉状箱。开设小石川药园。同年，命令江户的商人及各行手艺人结成行会。芝地区二组鲜鱼批发商联手。	
1722	七			4月，严禁典卖土地。7月，指示各大名上交米粮。缓和参觐交代的期间。金牧开垦新田。告示牌奖励新田开发。设置各地轮班勤务组织。8月，在千叶左仓、小竺遗书》、《家传记》。在江户小石川设置养生所。11月，三井高平撰写成《宗衍义大意》。	
1723	八			2月，出羽国村山郡发生典卖土地骚动（长滞骚动）。3月，各国人口调查定为每隔六年一次。6月，取缔江户的乞僧。设立捧禄制。8月，撤销典卖土地禁令。11月，奖励新田开发。	清朝禁止基督教，将传教士驱逐至澳门。
1724	九			3月，大坂发生大火。5月，指示江户城中22个行业成立行会。大坂建立怀德堂。6月，京都疫病流行。7月，设置甲府勤务。	

(续表)

公元	年号	天皇	将军	日本国内事件	东亚世界
1725	十			7月，禁止幕臣向诉状箱中投书。同年，从荷兰进口洋马。	维图斯—白令的第一次勘察加探险开始。
1726	十一			6月，怀德堂获得幕府的援助。12月，指示下调物价。美作津山爆发农民起义（山中起义）。	
1727	十二			2月，于大坂堂岛设立米交易所。5月，江户设置菜种批发店。9月，大坂奉行所设置诉状箱。	柬埔寨使节出访至长崎，获得通行证。
1728	十三			3月，记录三井创业史的《胁田藤右卫门控》成书。4月，吉宗参拜日光东照宫。9月，禁止授予盲僧官位一院号。11月，大坂堂岛的米商反对米价交易所。第二个月交易所被废止。	
1729	十四			3月，太宰春台写成《经济录》。闰9月，药商十九轩获得营业许可。12月，废止相对济令，再次开始受理借贷诉讼。同年，《女大学》成书。石田梅岩的心学盛行。	
1730	十五			2月，限定江户城中的旅馆为两百零二人。4月，停止各大名上缴大米，恢复参勤交代制度。6月，再次许可发行藩属纸币。罢免老中水野忠之。京都发生大火（西阵烧毁）。11月，田安家创立。	
1731	十六			4月，指示20万石以上的大名买米。6月，指示大坂豪商买米。7月，为调节米价向加贺藩借入15万两。	

（续表）

公元	年号	天皇	将军	日本国内事件	东亚世界
1732	十七			5月，尾张藩主德川宗春的奢侈受到谴责。6月，京都冷泉町传言出现妖怪。同年，西日本发生因虫害引起的饥荒（享保饥荒），饿死者甚多。关东地区作物丰收，各大名被指示屯米。	
1733	十八			1月，江户贫困者袭击米商一高间传兵卫。各地纷纷响应。米价高涨。10月，药神商会所对本土胡萝卜进行检查。同年，阿波藩开始丁蒌监专卖制。	
1734	十九			9月，制定养儿育女的规则。12月，增加二条、大坂两城的御用米屯积量，并在甲府、清水也开始丁屯米。同年，疫病流行。因衣食歉收频繁发生饥荒。《仁风一览》同世。	俄国编著《日本志》。
1735	二十	樱町		2月，青木昆阳写成《蕃薯考》。3月，作为院御料进献一万石。	9月，高宗乾隆即位。
1736	元文元			3月，更改代官所经费支付额。5月，改铸金银（元文金银）。6月，因产铜量减少，限定每年长崎港接受中国船只为25艘。	俄船只探险鄂霍次克近海。
1737	二			2月，确定质地纷争的受理规则。6月，松平乘邑被任命为老中管家计。勘定岭守神尾春央被命为勘定奉行。	俄船只航行至抚岛近海。
1738	三			3月，规定远奉行以及各级官员的俸禄。	
1739	元文四			1月，尾张藩主德川宗春被软禁。2月，鸟取藩农民暴动（因伯起义）。5月，陆奥、安房、伊豆沿海外国船只出没，下令监视。同年，石田梅岩写成《都鄙问答》。	5月，斯潘贝尔格指挥的俄船只到达安房沿岸，与当地居民接触。

（续表）

公元	年号	天皇	将军	日本国内事件	东亚世界
1740	五			1月,江户流行痘疮。闰7月,取缔地下卖淫女,旅店送饭女。11月,一桥家族创立。同年,青木昆阳、野吕元丈开始学习荷兰语。	
1741	宽保元			7月,伊予松山藩的农民强烈抗议专卖方式(久万山骚动)。10月,因奢侈过度,姬路藩主被罚闭关思过。	
1742	二			4月,制定公事方御定书。8月,关东等地发大水。11月,因产铜量不足,减少长崎贸易额。从这年起,富士讲被禁压。	6月,柬埔寨船只到达长崎,申请通行许可证并获得批准。
1743	延享元			8月,相模国材木座村的鱼商因卖淫事件被告发。9月,为提高米价,指示江户、大坂町百姓买米闲置。	
1745	二		家重	4月,大和川沿线居民反对勘定奉行地检,提起诉讼。9月,吉宗隐居西丸。10月,罢免老中松平乘邑。闰12月,规定江户城中寺院神社前的店家由町奉行管理。同年,丰后节广为流行。	
1746	三			3月,改定武家禁令。7月,加贺藩的大槻传藏被处以软禁(加贸骚动)。8月,长崎唐人宅地的中国人引起骚动。竹田出云的《菅原传授习鉴》首演。	
1747	四	桃园		4月,勘定奉行指示各代官对各村进行实态调查。竹田出云的《义经千本樱》首演。同年,第二代竹田出云的《假名手本忠臣藏》基准的计算,农民起义、暴动频繁发生。	
1748	宽延元			8月,竹田出云的人形净琉璃《假名手本忠臣藏》在竹本座首演。10月,出羽国村山郡的农民起义运往江户。	

(续表)

公元	年号		天皇	将军	日本国内事件	东亚世界
1749	二				1月,长崎扩大与中国船只的贸易。4月,熊本藩实施野漆树籽专卖制。	
1750	三				5月,全国实施定免制。同年,佐渡、陆奥信夫、伊达郡藩领、会津藩、二本松藩等地发生农民起义。1月,严禁农民集体强行上告,结党、逃散。伊予大洲藩发生集体上告(内之子骚动)。7月,甲斐幕领内发生武装起义(米仓骚动)。废止大坂铜业行会,产铜全由长崎直销。8月,二条城烧毁。	
1751	宝历元				4月,越后高田发生大地震。7月,江户木绵批发店,大传马町组和白子组产生纠纷诉讼。	松前藩士加藤嘉兵卫探险虾夷地。
1752	二				8月,宣布禁止会津蜡的走私贩卖。同年,长州藩主制定藩政改革方针。	
1753	三				4月,指示各大名对其实际收入的十分之一进行屯粮。12月,指示萨摩藩进行木曾川改修工程。	
1754	四				闰2月,山胁东洋等在京都实施人体解剖。4月,《日本山海名物图绘》成书。8月,美浓郡上藩领的农民集体强行上告(宝历郡上起义)。10月,废止贞享历,采用宝历甲戌历。	
1755	五				2月,安藤昌益写成《自然真营道》。12月,指示各大名,幕领卖出一年的屯粮。同年,奥羽地区发生大饥荒。	
1756	六				2月,指示各大名,幕领卖出屯粮。11月,阿波德岛藩的农民发动起义(五社骚动)。	陆奥的漂流民吕宋助左卫门回国。
1757	七				1月,竹内式部就评批儒书一事,接受京都所司代的调查。7月,田村蓝水举办物产会。	

(续表)

公元	年号	天皇	将军	日本国内事件	东亚世界
1758	八			7月,竹内式部被逮捕,与其余17名朝臣一同被处罚(宝历事件)。12月,清水家创立。同年,长州藩、熊本藩、松代藩等进行藩政改革。	
1759	九			2月,山县大贰写成《柳子新论》。5月,竹内式部遭流放。8月,停止新银票的发行,全部废止金票、钱票。	
1760	宝历十		家治	4月,因宝历事件牵连,七名朝臣被处罚。	
1761	十一			12月,信浓上田藩的农民暴动(上田骚动)。同年,阿波藩开始藩政改革。	
1762	十二	后樱町		2月,信浓饭田藩的农民,反对御用金课税引发暴动(千人讲骚动)。	
1763	十三			11月,江户城中设置人参行会。	
1764	明和元			2月,平贺源内制作火浣布。闰12月,因反对日光日照宫第一百五十回法事增收捐款,农民发动起义(传马骚动)。	2月,家治会见朝鲜通信使。11月,会见琉球使节。俄国开始在千岛的殖民活动。
1765	二			5月,多纪安元开设医学馆获得许可。同年,开始从荷兰船只进口金银钱币。	
1766	三			3月,因禁真宗秘藏门徒。10月,阿波藩设置蓝玉交易所。	俄船只进入到择捉岛。
1767	四			3月,关八州设置稻籽收购批发店。5月,山县大贰、藤井右门被处以死刑,竹内式部被流放(明和事件)。7月,田沼意次升任为侧用人。8月,调查矿山的情况,奖励开发。11月,地下净土真宗信徒被告发。同年,米泽藩主上杉鹰山开始藩政改革。	

(续表)

公元	年号		天皇	将军	日本国内事件	东亚世界
1768		五			3月,福井藩的农民发动起义(襄虫骚动)。4月,上田秋成写成《雨月物语》。	
1770		七	后桃园		4月,禁止起义结党。6月,铃木春信去世。7月,大坂油批发商集休上缴营业税。1月,新着场付浦小柴村的案例获得评定所批准。	
1771		八			3月,前野良泽,杉田玄白见习人体解剖。7月,肥前唐津藩的农民集休上告(虹之松原起义)。12月,飞弹的农民发动起义(大原骚动),神宫参拜盛行。	别纽夫斯基漂流至阿波,奄美大岛。
1772	安永元				1月,会津藩开始藩政改革。大坂的天满青果市场批发商,中间商得到公认。2月,江户发生大火(目黑行人坂大火)。9月,发行南镣二朱银。同年,酒樽货船批发商获得公认。	
1773		二			闰3月,飞弹的农民发动起义(大原骚动)。4月,菱形围栏货船批发商获得公认。5月,前野良泽,杉田玄白写成《解休医学馆扩建费用》。	
1774		三			8月,飞弹的农民发动起义(大原骚动)。同年,松前藩委派飞弹屋久兵卫负责国后岛一带。	
1775		四			6月,家冶在日光参拜神社。11月,平贺源内制作医用摩擦发电机。对从事业,三弦,针灸等行业的盲人进行审查管理。	吐温贝格作为荷兰商馆医生来日。
1776		五			4月,制定关八州稻籽中间商制度。	
1777		六			1月,信依高井水内郡发生起义(中野骚动)。5月,设置飞弹郡代。	

(续表)

公元	年号	天皇	将军	日本国内事件	东亚世界
1778	七	光格		1月，限定江户的札差为109家。2月，向高锅藩设立藩校明伦堂。5月，松井源水成为江户浅草寺内商人的总管。国7月，限定贩卖人参的药种商。	6月，得抚岛的俄居民航行至根室，请求通商。
1779	八			1月，越前丸冈藩的农民暴动（丸冈骚动）。5月，松前的渔民因反对长崎海产品的垄断收购。日本桥的商人在金至町一丁目提交保证书。手岛堵庵设立时习舍。	8月，松前藩拒绝丁俄船只的通商要求。
1780	九			8月，在大坂设置铁业行会，在江户、京都、大坂设置黄铜行会。11月，山田屋辩太郎从京都冷泉町出逃。	
1781	天明元			8月，上野的农民暴动（绢丝运上骚动）。10月，近江膳所藩的渔民暴动。	
1782	二			7月，著手开发印旗沼。同年，天明大饥荒。	
1783	三			1月，松江藩的商人、农民发动起义《三刀屋骚动》。7月，大槻玄泽写成《兰学阶梯》。9月，因浅间山大喷发导致的作物歉收，上野农民暴动。	大黑屋光太夫等流至堪察加半岛。
1784	天明四			工藤平助写成《赤虾夷风说考》。被称为"救世大明神"。11月，限定江户城中的兑换所为六四三家。同年，林子平写成《三国通览图说》。	
1785	五			3月，佐野政言刺伤田沼意知。同年，老中田沼意次召开《落话会》。8月，老中田沼意欲跨台。中止印旗沼工程。10月，停止调查虾夷地区。同年，大槻玄泽设立芝兰堂。林子平写成《海国兵谈》。	最上德内探险千岛，前往待抚岛。
1786	六			4月，立川谈州楼在江户召开《落话会》。	最上德内探险千岛，前往待抚岛。

（续表）

公元	年号	天皇	将军	日本国内事件	东亚世界
1787	七		家齐	5月，江户、大坂发生暴动。6月，禁止垄断收购大米。7月，宽政改革开始。8月，三年俭约令出台。12月，相模津久井的农民暴动（土平治骚动）。	
1788	八			1月，柴野栗山提拔为儒臣。3月，老中松平定信任命为将军助理。4月，停止使用南镣二朱银。7月，飞弹代官的农民越级上诉，郡代被流放（大原骚动）。8月，严肃代官所勤务人员纲纪。	6月，延长朝鲜通信使的来朝进献。
1789	宽政元			1月，在幕府领地内建乡仓贮存谷粮。7月，编辑《孝义录》。开始营造皇宫。8月，松前藩没收飞弹屋的承包地。发布旗本御家人的弃捐令。指示各大名屯粮。在江户猿屋町设置贷款会所。同年，司马江汉开始创作铜版画、铜版画。	5月，国后岛，目梨郡的阿伊努人备起抵抗大和族人侵，被松前藩镇压。
1790	二			2月，在石川岛设置闹市区。5月，禁止宽政异学。11月，奖励地方农民从江户返村。因米价下跌，奖励屯米买卖。	2月，荷兰商馆长的参见改为每五年一次。12月，将军家齐会见琉球使节。
1791	三			1月，下令江户禁止男女混浴。3月，处罚山东京传。9月，指示各大名警戒外来船只。12月，江户城中开始采用七分储蓄来维持町会所运营。	
1792	四			闰2月，在江户桥广小路内设立御膳卫门。5月，软禁林子平，禁止出版《海国兵谈》。7月，在德丸原设置炮术练习场。9月，浅草寺内出现杂要卖艺者。11月，幕府中止典仁亲王的尊号宣下。甲斐国的农民越级上诉（大桥骚动）。	俄使节拉库苏曼航行至根室，要求通商。

(续表)

公元	年号	天皇	将军	日本国内事件	东亚世界
1793	五			3月，松平定信巡视伊豆、相模沿岸。7月，定信辞任老中。命令堀田保己一设置和学讲谈所。9月，家齐会见大黑屋光太夫。11月，在圣兰堂进行学问吟诵。	目付石川忠房等指示拉库苏曼回航至长崎。
1794	六			8月，取缔日莲宗不受不施派。9月，缓和酿酒限制。闰11月，在芝兰堂庆祝荷兰正月。	俄开始在择捉岛的殖民活动。
1795	七			6月，下令保护朝鲜漂流船只。11月，南部藩的农民因反对新税集体上告。	
1796	八			稻村三伯写成《波留麻和解》。4月，江户设立青果衙门。	
1797	九			8月，废止江户的日用行会。10月，指示南部、津轻藩进行松前、箱馆防备。12月，将圣堂作为昌平坂学问所，由幕府管理。	美船只首次驶入长崎港。
1798	十			1月，磐城的农民暴动（浅川骚动）。2月，限制女净瑠璃师。6月，本居宣长写成《古事记传》。对浅草等杂耍艺人一事进行调解。	近藤重藏在择捉岛建立标柱。
1799	十一			2月，指示松平忠明巡检虾夷地区。2月，作成杂要艺人来历书。9月，江户青山久保町的青果商签发商定书。11月，指示南部、津轻藩防备东虾夷地。	1月，东虾夷地收为幕府领地。
1800	十二			5月，在虾夷地设置海关。	伊能忠敬测量虾夷地。

参考文献

佐佐木润之介《幕末社会论》(滈书房,1969年)

佐佐木隆尔《世界中德亚洲与日本》(御茶水书房,1988年)

佐藤信—吉田伸之主编《都市社会史》(《新体系日本史》丛书,共6卷,山川出版社,2001年)

铃木良《近代日本部落问题研究序说》(兵库部落问题研究所,1985年)

高桥伸夫—吉田伸之—宫本雅明—伊藤毅编《图集 日本都市史》(东京大学出版会,1993年)

塚田孝《近世日本身份制研究》(兵库部落问题研究所,1987年)

塚田孝《身份制社会与市民社会》(柏书房,1992年)

塚田孝《近世身份制与周缘社会》(东京大学出版会,1997年)

塚田孝《由身份论思考历史学》(校仓书房,2000年)

林基《享保与宽政》(《国民的历史》丛书共16卷)(文英堂,1971年)

山口启二—佐佐木润之介《幕藩体制》(《体系 日本史》丛书共4卷,日本评论社,1971年)

山口启二《幕藩制形成史研究》(校仓书房,1974年)

山口启二《锁国与开国》(岩波书店,1993年)

吉田伸之《近世巨大都市的社会结构》(东京大学出版会,1991年)

吉田伸之编著《"发结新三"的历史世界》(《重读历史》丛书共19卷,朝日新闻社,1994年)

吉田伸之《近世都市社会的身份结构》(东京大学出版会,1998年)

吉田伸之《巨大城下町江户的分层结构》(山川出版社,2000年)

译后记

熊远报

《成熟的江户》为东京大学研究生院人文社会科学研究科吉田伸之教授的著作之一，主要是以德川幕府后期日本的首都江户——今天的东京为研究对象，具体讨论以18世纪巨大城市江户为中心的城市社会经济结构的大著。原为日本著名史学家网野善彦等主编的26卷本《日本历史》的第17卷，与此卷前后相连的池上裕子的《织田/丰臣政权与江户幕府 从织田/丰臣时代到江户时代初期》、横田冬彦的《天下泰平 江户时代（17世纪）》、井上胜生的《开国与幕末变革 江户时代（19世纪）》、鬼头宏的《作为文明的江户系统 近世史的论点》配合，构成专论江户时代的系列著作，五部大著之间各有特色，在时代上前后关联，吉田先生承担了阐释18世纪的日本城市、特别是都城江户的重任。

《成熟的江户》由五章组成，第一章为作者的理论展开和观点说明。即作者抛开传统的通史式编撰方式，强调整体史的重要性。亦即以社会阶层结合的"重层与复合"理论以及从社会内部生成的权力与社会的分层结构的角度，来理解18世纪巨大城市江户的秩序结构。第二章主要从豪商巨贾与城市中街区的关系，讨论了城市中社会内部生成的权力。作者以在日本社会经济结构中至今仍具有重要地位的三井集团的前身三井越后屋的成长与事业扩张过程为例，探讨了豪商大贾逐渐收购城市地基，扩张业务和拓展店铺,在街区、地方社会中不断增大影响力的过程,这一过程中,以经济力量为后盾的豪商不断侵蚀街区、城市街道社会中原有的小规模商业店铺、工匠以及他们的共同体组织的权力体系,并取而代之。第三章主要讨论了城市中的社会身份问题,其重点在那些处于社会边缘、无法归类于"士农工商"社会身份范畴的人。在近世日本社会中,几乎所有的人都隶属于士农工商这一基本社会身份范畴中,加上天皇家和臣僚、僧侣、神职人员,另外还有一部分贱民等等都有其特定的社会身份定位。但还是有一部分人游离于这些身份框架之外,如城市中以天计值的各种职业类型的雇工、因种种理由而沦落的乞丐以及近于乞丐和艺能之间的人群。作者特别注意城市社会的底层、游离于主流社会身份之外的社会群体在俯视城市社会整体时的重要价值。第四章具体讨论了大城市的商人与市场社会的关系,作者注重汇聚于市场中的各类人群,尤其注重批发商、中介商与商业店铺的经营者,以这些商人为线索揭示产地与消费之间的商品流通结构、金融与全国市场间的关系,并深入到市场中的具体场景。第五章为作者对成熟时期的巨大城市江户的基本状况的整体把握。涉及城市的公共空间与境界、外部压力、庶民世界与权力体系互动中的秩序变动、庶民的文化创造与江户的出版、娱乐,以及再次对把握18世纪江户时代的方法和理论的强调。通过以上的理论展开和十分具体微观的事例研究,为我们展示出一幅融汇从君临城市的社会上层——豪商,到身处边缘的社会最底层的乞丐等各阶层的18世纪成熟时期江户的画卷。

作者吉田伸之教授毕业于东京大学文学部和研究生院,经千叶大学文学部,长期在东京大学文学部工作,主要从事近世日本史、尤其是城市史研究。他的研究集中在江户时代的首都,出版的主要研究成果有《近世巨大城市的社会结构》(东京大学出版会1991年版)、《近世城市社会的身份结构》(东京大学出版会1998年版)、《巨大城下町江户的分层结构》(山川出版社2000年版)等等。吉田先生还主编过多种著作,包括笔者也参与过的4卷本《传统城市 分层结构》(东京大学出版会2010年版)。吉田先生在40岁前后开始,就主持一个高水平的学术刊物《都市史研究年报》,由历史学专业出版社山川出版社出版,在学术出版不太景气的日本坚持至今，周围聚集了大批城市史、建筑史的学者，包括众多优秀的年轻学者。吉田先生长期主持日本学术振兴会（类似中国的国家科学基金）的大型研究计划，特别是最近五年，主持人文社会科学领域中屈指可数的最优秀研究计划（科研S），为此在东京大学设立了都市史研究中心，担任主任，与研究计划的主要参与者、多项重大科研计划（COE、GCOE、科研A）负责人之一、东京大学工学部著名的建筑史专家伊藤毅教授等共同推动城市史的研究。

吉田先生从年轻时起就活跃于学术界，参与日本代表性学会的"历史学研究会"的事务以及《历史学研究》杂志的编辑工作等，数年前还担任日本历史学界最大的组织"史学会"的理事长。吉田先生受法国年鉴学派的影响，他所作的城市社会经济史研究，理论与实证结合，不断地吸收国外学术界的最新研究成果。他善于整合各种学术资源，注重国际学术合作，强调横向、纵向比较，强调多学科、多地域交叉以及城市间的比较研究。在他主持的学术活动中，总有不少与历史学训练不同的学科，包括绘画、地图等，尤其是理工系列的城市规划、建筑学、建筑史的学者参与，而且参与者的研究地域与时代未必尽同，往往有不少国外城市史的研究者参加，研究者往往也是多国籍集团，他的研究团队一直以来就与很多机构合作，如伦敦大学、法国高等研究院、意大利的那波里大学以及中国、韩国、美国的学者在不同的课题中加入研究团队，共同组织国际学术研讨会，出版研究成果。吉田先生和他的研究团队虽各有自己的研究专守，但各自的研究又不是局限于专业领域和特定时段内的闭门造车，研究团队成员相互影响，视野非常开阔，能够吸纳不同地域和专业研究的最新成果。其影响因此能够超越日本史范围，对日本的中国史研究、亚洲史研究以及外国史研究均有不小的冲击力，而且团队中的年龄结构合理，年轻学者受到重视，通过编辑刊物、主持国际学术会议等活动得到很好的培养。吉田先生的研究和他整合各种学术资源、多学科交叉、多地域比较研究的组织方式，以及培养研究生和年轻学者的做法对国内学术界是一个很好的借鉴。

自16世纪以来，中国社会受国内经济和金融政策变动的影响，以及活跃的国际贸易推动,新兴市镇的成长和传统城市的膨胀趋势一直延续至今,城市在中国的社会经济结构中的地位愈来愈重要,但我们对中国城市史和现代城市的了解有多少却是一个很大的疑问。尽管近年来我们开始重视城市史、特别是近代城市史的研究,但如果放在国际学术研究的环境以及漫长的中国城市发展史的背景下,如上海、天津等的研究虽有不少佳绩,但国内研究的整体状况应该说还比较初步,展开的空间非常广阔,在具体实施过程中,吸收日本学界的实证研究以及整合多种学术资源和从事多学科、多地域比较研究的学术组织方式,对目前中国学术界实现有限投入和高质量产出目标也许是一个有效的方法。

本书在翻译出版过程中,得到了众多单位和个人的支持和帮助,作者吉田伸之教授为本书的出版耗费了不少心血,还专门做了不少修订和调整。本书从翻译到出版,历经坎坷,代红光(第二章和第五章)、杜洋(第三章)、孙敏(第四章)、谢阳(年表)提供了初译稿。笔者翻译了第一章,并对部分初译稿进行了校译和重译,中国林业大学的於国瑛老师也通读了初译稿,校正了不少初译中的问题。本书的出版得到日本三得利财团海外学术出版助成基金的赞助,特别是财团事务局的高嶋麻衣子女士、山内典子女士长年来对本书推迟出版一再的宽容和耐心等待,在此一并致谢。

由于种种原因,本书对众多珍贵的图版不得不割爱,特别是收藏于德国柏林亚洲美术馆的《熙代胜览》,作为城市史研究的直观史料,十分详细且写实地描绘了18世纪江户时代首都的繁华闹市,对研究当时巨大城市的空间结构、市区的设施配置、市场以及活动于街道、市场中的各类人群具有非常重要的价值。